今日から
モノ知り
シリーズ

トコトンやさしい

アミノ酸の本

体の大部分を構成する「アミノ酸」。人間が生命を維持するためには、必要不可欠な成分です。アミノ酸に関する研究開発は日々進み、新たな特性や活用法が発見されています。

味の素株式会社 編著

B&Tブックス
日刊工業新聞社

はじめに

みなさんは「アミノ酸」と聞いて、何を思い浮かべるでしょうか?筋肉と関係がありそうだなと思う人もいるでしょう。スポーツをやっている人の中には、コンディションを整えるためにアミノ酸を飲んでいる人がいるかもしれませんね。お肉やお魚のタンパク質にも含まれることを知っている方もいらっしゃるでしょう。

実はアミノ酸は地球上にはとてもありふれた物質です。地球上のアミノ酸の大部分は、他のアミノ酸と結合したタンパク質の形で存在し、私たち人間を含む生物の体を構成しています。しかし単体のアミノ酸を目にする機会はあまり多くありません。そのため、アミノ酸がどんなものかを具体的にイメージすることは難しいと思います。

人間を含む動物は必要なアミノ酸のすべてを自分自身の体内で作ることができないので、食物やエサを食べ、その中のタンパク質をアミノ酸に分解して、アミノ酸を体内に取り込み利用しています。食品やエサもそのもとは生物ですから、生物から生物へアミノ酸が移動していくことになります。ここにアミノ酸を通じた生命の循環があります。アミノ酸は生命の根源的な物質であり、その起源の解明は、生命の起源の解明にもつながります。

アミノ酸は私たちの体で、様々な働きをしています。またアミノ酸の様々な性質を利用し、人の生活を豊かにするためにいろいろな場面で活用されています。私たちは普段、アミノ酸を直接目に触れることなく、また意識することなく生活を送っていますが、アミノ酸のことを少しでも知ってもらいたい、より豊かな生命と生活のためにアミノ酸を役立ててもらいたいという思いから、本書の企画が持ち上がりました。

本書では、アミノ酸の働きをできるだけわかりやすく解説し、いろいろな利用のされ方を紹介します。第1章「アミノ酸って何」ではアミノ酸の基本的な性質や構造と種類、機能を解説しています。第2章「アミノ酸はどうやってできる」では、アミノ酸の製造や分析の方法を説明します。第3章では、食や栄養におけるアミノ酸の機能や重要性を、第4章から第7章にかけては、それぞれ「健康」「美容」「スポーツ」「医療」におけるアミノ酸の機能やその利用について紹介します。第8章では新たに広がってきたアミノ酸の活用法について触れています。この本を手にとっていただいた方々に、アミノ酸の多彩な機能やその利用について少しでも興味を持っていただければ幸いです。今後さらに、アミノ酸の世界がより広く、深く、進んでいくことを期待しています。

最後に、本書の企画から出版まで、日刊工業新聞社の木村文香様、土坂裕子様には長期間にわたる辛抱強いサポートをいただきました。お二人のご尽力がなければ本書の完成はありませんでした。お二人には心より感謝いたします。

２０１７年３月

著者代表　味の素株式会社研究開発企画部　小林久峰

トコトンやさしい

アミノ酸の本

目次

目次 CONTENTS

第1章 アミノ酸って何

第2章 アミノ酸はどうやってできる

第3章 アミノ酸と食・栄養

第4章 アミノ酸と健康

第5章 アミノ酸と美容

第6章 アミノ酸とスポーツ

第7章 アミノ酸と医療

第8章 アミノ酸利用の広がり

コラム

本書で使われる用語について

アミノ酸やその種類などについては、以下のように複数の呼び方や表記があるものがありますが、引用元の記載に合わせた場合を除き、本書においては原則として下線の用語で記載しました。

・分岐鎖アミノ酸、分枝アミノ酸
・必須アミノ酸、不可欠アミノ酸
・非必須アミノ酸、可欠アミノ酸
・リジン、リシン
・スレオニン、トレオニン
・タンパク、たんぱく、蛋白

またアミノ酸について、L体、D体の表示をしていない場合は、一般にL体のアミノ酸を意味します。

第1章

アミノ酸って何

1 タンパク質を作るアミノ酸

いのちのもと「アミノ酸」

私たち人間の体は、その約20％がタンパク質でできています。私たちの体のおよそ6割は水分なので、水分を除いた残りの固形分の約半分がタンパク質ということになります。人間の体の中には、約10万種類のタンパク質があると言われています。肌や毛髪、筋肉や骨・内臓、それ以外にも、体の中では赤血球や白血球など様々な場所でタンパク質がこれらを形作っています。体の中のほとんどのものは、タンパク質抜きではできないのです。

このタンパク質は、アミノ酸がつながってできたものです。アミノ酸の構造については後述しますが、アミノ酸同士は、アミノ酸の中のアミノ基と呼ばれる部分と、別のアミノ酸のカルボキシ基と呼ばれる部分でつながることができ、これをペプチド結合と言います。このペプチド結合によって、アミノ酸が2個～数十個つながったものをペプチドと呼び、さらに数百個以上のたくさんのアミノ酸がつながったものをタンパク質と呼んでいます。そして、これらタンパク質は、たった20種類のアミノ酸からできています。つまりアミノ酸のつながった数とその配列が様々であることにより、約10万種類ものタンパク質が出来上がるのです。

タンパク質は「体を作っている」だけではなく、生命活動のほとんどをつかさどっています。体内では、各種の酵素となり体内での様々な物質の代謝に関わったり、ホルモンとなって体の調節をしたり、抗体となって体を守ったり、様々な生体内の反応に関わっています。

たった20種類のアミノ酸が10万種類のタンパク質となり、「いのちのもと」となっています。私たちが、いや地球上のすべての生物が生きていく上で、アミノ酸はなくてはならないものなのです。

要点BOX

- ●タンパク質は私たちの体を形作り、生命活動をつかさどっている
- ●20種類のアミノ酸が、結合しタンパク質を作る

私たちの体を作るタンパク質はアミノ酸でできている

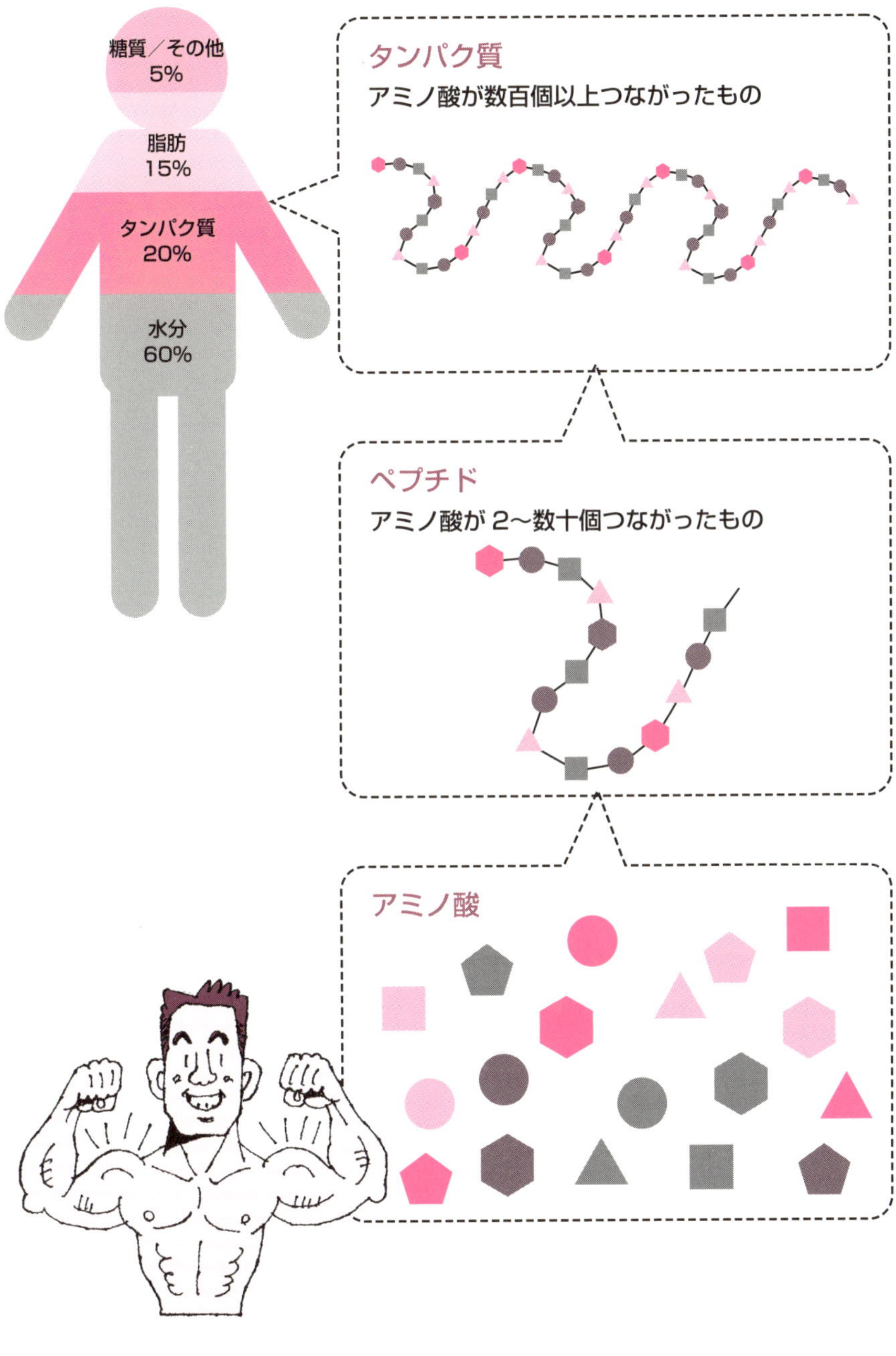

2 アミノ酸が体を作る

タンパク質の消化吸収と再合成

私たちは、いのちのもとであるアミノ酸を、食べ物を食べることにより体内に取り込んでいます。しかし食べ物に含まれるタンパク質は、そのままでは体に吸収することができません。タンパク質は様々なアミノ酸がつながってできていますが、これを消化酵素の働きで1つ1つのアミノ酸に分解することで体内に吸収することができるようになります。つまり肉や魚などを食べると、それらのタンパク質は、消化により分解されてアミノ酸となってから体内に吸収されます。そして、吸収されたアミノ酸は血液によって全身の細胞へ運ばれ、そこでアミノ酸同士がつながって、人間の体内に必要なタンパク質に再合成されるのです。この仕組みがあるので、牛肉を食べて、牛のタンパク質を取り入れても、私たちの体が牛のようになってしまうことはありません。

アミノ酸がタンパク質になる時にはＤＮＡが関係しています。ＤＮＡは、アミノ酸がつながる順番を決めています。私たち人間は、人間のＤＮＡを持っており、それに従って、牛ではなく人間のタンパク質が作られます。20種類のアミノ酸はＤＮＡに従っていろいろな順序で多数結合し様々な種類のタンパク質を作ります。人間のＤＮＡの長さは約1・8ｍもある長いひも状をしており、その中には塩基と呼ばれる部分が並んでいます。塩基にはアデニン（Ａ）、グアニン（Ｇ）、シトシン（Ｃ）とチミン（Ｔ）の4種類があり、これが様々な順序で30億個ほど並び、この並び方配列が遺伝情報、つまり生物の設計図となります。アミノ酸はこれら4種の塩基のうち3個ずつの塩基の組み合わせ（64通り）によって決定されます。1つのアミノ酸に対して、複数の組み合わせが関係しているものや、タンパク質の合成の開始や停止を指定する組み合わせもあります。

要点BOX

- ●タンパク質を食べ、アミノ酸を体に取り入れる
- ●DNAに基づいてアミノ酸が結合し、様々なタンパク質が作られる

食べたタンパク質はアミノ酸に分解されタンパク質に再合成される

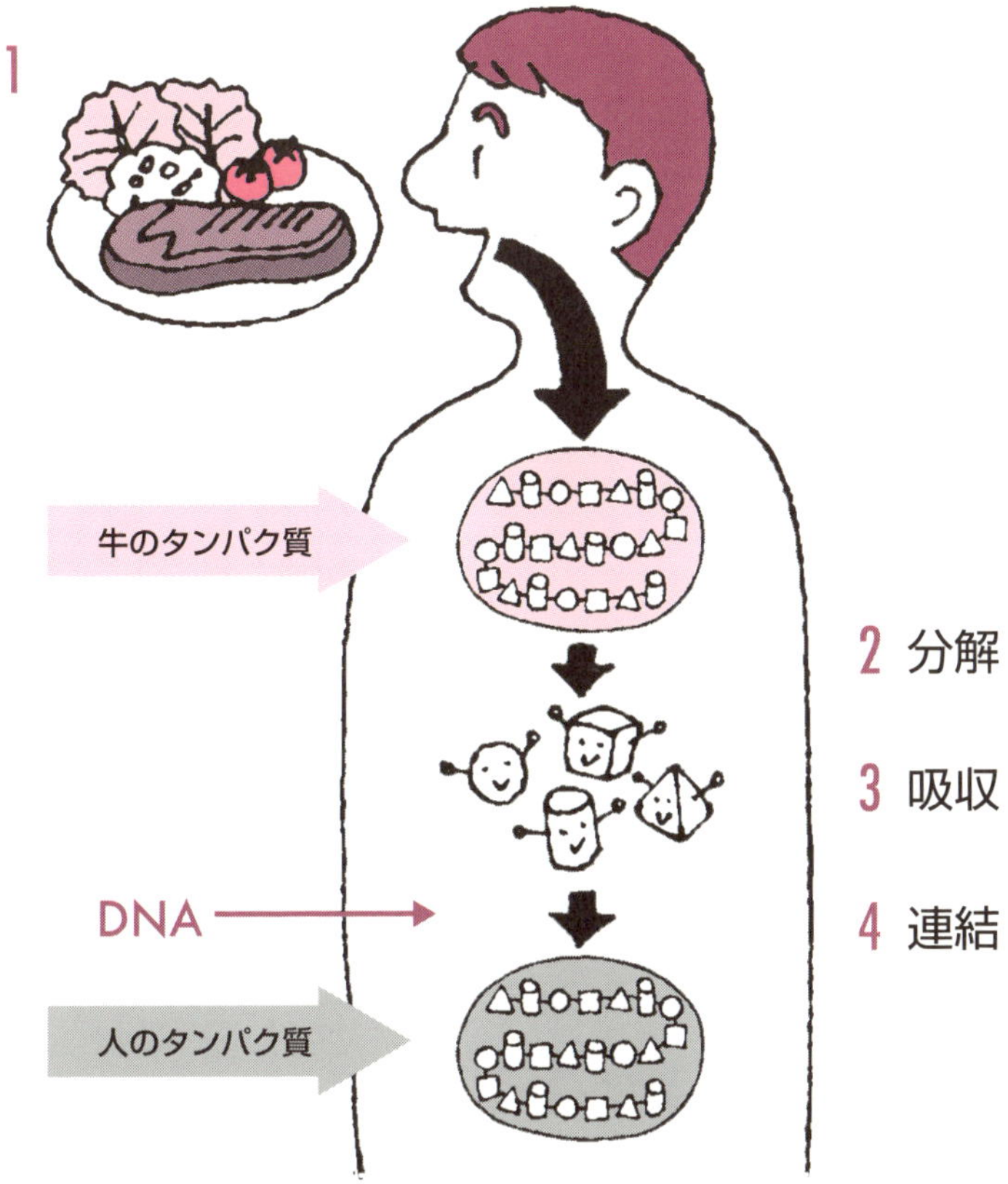

1　牛肉などのタンパク質を食べる

2　食べた後、アミノ酸に分解される

3　小腸で吸収され、全身の細胞に行き渡る

4　DNA に従ってアミノ酸が再び連結され、タンパク質になる

※DNA はアミノ酸が連結する順番を決める、タンパク質を作る設計図です。

3 アミノ酸の構造

形が性質を決める

アミノ酸は、炭素（C）、水素（H）、窒素（N）、酸素（O）の4つの元素と、一部のアミノ酸は硫黄（S）で構成されています。アミノ酸は、その中にアミノ基（$-NH_2$）とカルボキシ基（-COOH）という構造を持っているのが特徴です。

上図のRの部分は、様々な元素のかたまりを示していて、側鎖と呼ばれます。その側鎖の違いによってアミノ酸の性質の違いが生まれます。これによって、アミノ酸の種類は無限に考えられますが、タンパク質を構成する20種類のアミノ酸だけを指してアミノ酸と呼ぶこともあります。

アミノ酸には、アミノ基とカルボキシ基が結合する炭素の位置によって、α（アルファ）、β（ベータ）、γ（ガンマ）などの種類があります。α-アミノ酸はアミノ基とカルボキシ基が同じ炭素に結合したもので、β-アミノ酸はアミノ基が結合した炭素とカルボキシ基の間にもう1つ炭素があるもの、γ-アミノ酸は2つ炭素があるものです。タンパク質を構成するアミノ酸はすべてα-アミノ酸です。α-アミノ酸には、L型とD型の2種類のアミノ酸が存在しますが、タンパク質の構成に使用されるアミノ酸はすべてL型です。

タンパク質は、アミノ酸がいろいろな組み合わせで、様々な形につながることによってできています。その基本的な結合は、ペプチド結合と呼ばれます。これは隣り合ったアミノ酸のカルボキシ基（-COOH）とアミノ基（$-NH_2$）が結合してつながるものです。その際、カルボキシ基の（OH）とアミノ基の水素（H）が外れ、ペプチド結合の部分は、（-CO-NH-）となるとともに、水（H_2O）ができます。

このようにアミノ酸がペプチド結合によって、次々とつながったものがタンパク質になります。通常、つながったアミノ酸の数が2個から数十個の場合はペプチドと呼び、それ以上のアミノ酸がつながったものをタンパク質と呼んでいます。

要点BOX

- ●炭素にアミノ基とカルボキシ基が結合したものが基本構造
- ●ペプチド結合でつながるとタンパク質

アミノ酸の構造

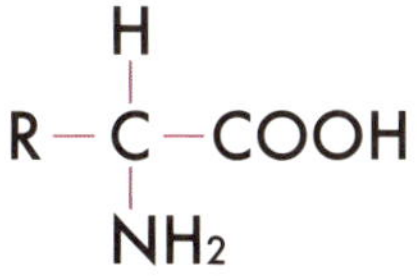

α－アミノ酸

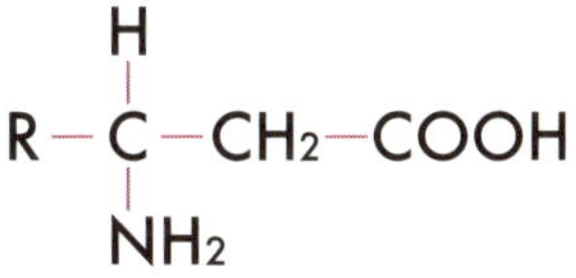

β－アミノ酸

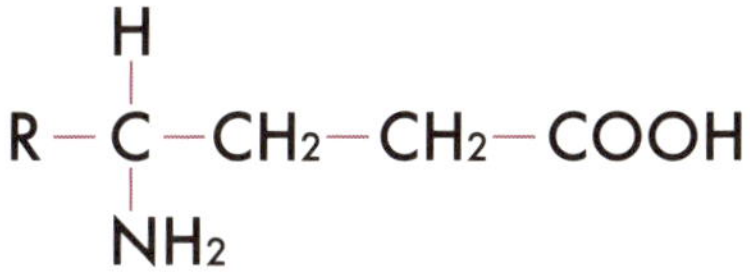

γ－アミノ酸

アミノ酸のペプチド結合

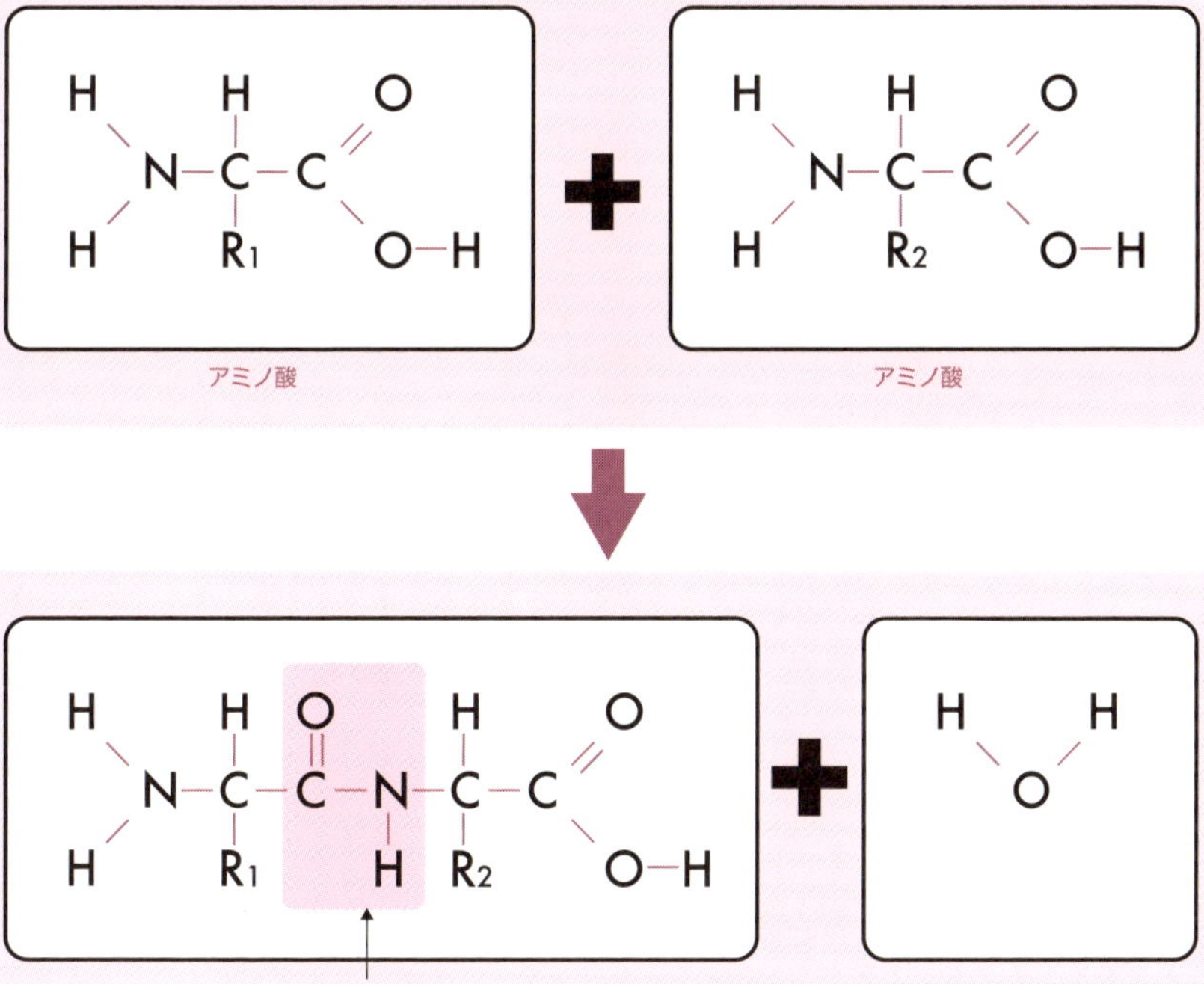

4 アミノ酸の種類①

必須アミノ酸

タンパク質を構成する20種類のアミノ酸は、必須アミノ酸と非必須アミノ酸に分類されます。必須アミノ酸とは、体内で合成できないアミノ酸のため、食物から摂取しなければならないアミノ酸のことで、人間では9種類あります。ここでは必須アミノ酸に分類される9種のアミノ酸を紹介します。

イソロイシン、バリン、ロイシン：これら3つのアミノ酸は、側鎖に枝分かれ構造があるという構造上の特徴から分岐鎖アミノ酸あるいはＢＣＡＡ（branched-chain amino acid）と呼ばれます。ＢＣＡＡは食物中の必須アミノ酸の50％を占める必要度の高いアミノ酸です。タンパク質の合成・分解を調整し、筋肉のエネルギー源になることが知られています。

スレオニン：穀物など植物のタンパク質では比較的含量が高いが消化吸収が悪いため、不足しがちなアミノ酸の1つです。

トリプトファン：側鎖にインドール環を持つアミノ酸で、生体内では最も少ないアミノ酸ですが、神経伝達物質その他の生理活性物質の原料としても重要なアミノ酸です。

ヒスチジン：人の体内でも合成することができますが、その量が少なく必要量に足りないため、必須アミノ酸に分類されています。側鎖にイミダゾール環を持ち、酵素の働きなどに重要なアミノ酸です。

フェニルアラニン：側鎖にフェニル基（ベンゼン環）を持つアミノ酸です。チロシンに代謝され、生理活性物質である各種のアミンを生成します。

メチオニン：側鎖に硫黄を含んだ含硫アミノ酸で、一般に植物のタンパク質に含まれる量は少ないです。

リジン：植物のタンパク質には含量が少ないため、動物性のタンパク質をあまり食べない場合は、最も不足する可能性の高いアミノ酸です。

要点BOX

- ●体内で合成できず、食物から摂取する必要があるのは必須アミノ酸
- ●最も不足しやすい必須アミノ酸はリジン

9種類の必須アミノ酸

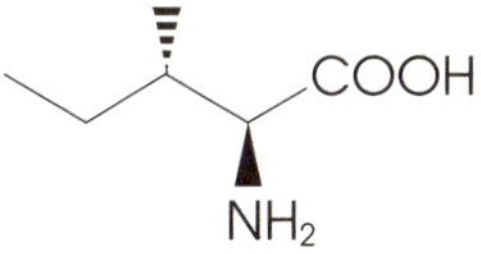

L-イソロイシン

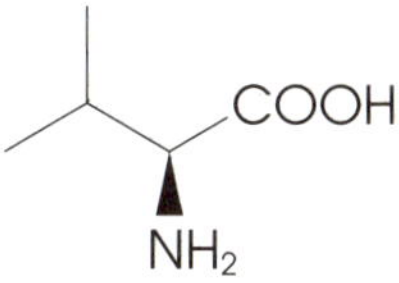

L-バリン

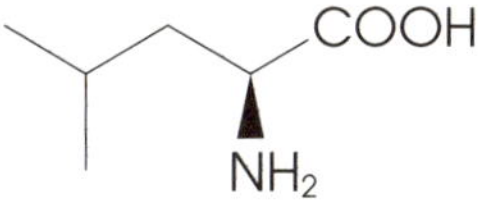

L-ロイシン

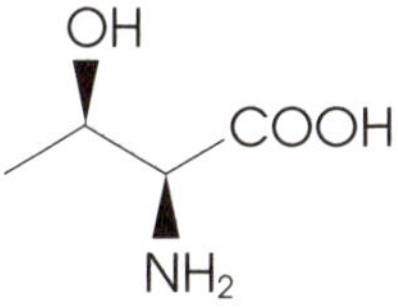

L-スレオニン

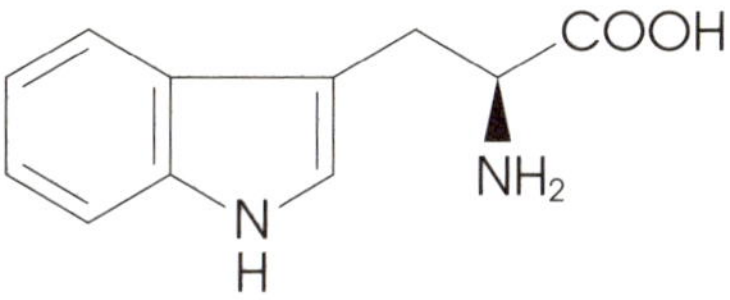

L-トリプトファン

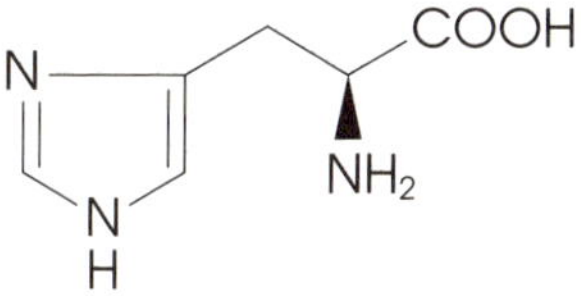

L-ヒスチジン

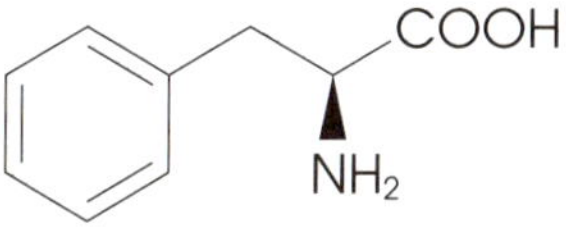

L-フェニルアラニン

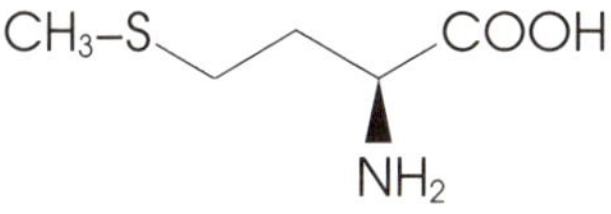

L-メチオニン

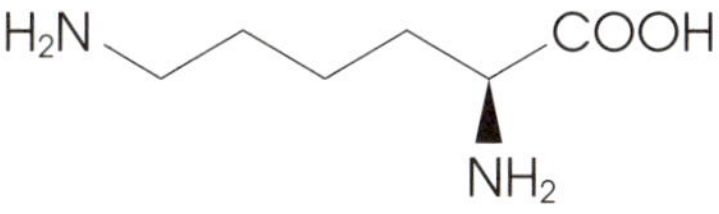

L-リジン

5 アミノ酸の種類②

非必須アミノ酸

非必須アミノ酸とは、タンパク質を構成する20種類のアミノ酸のうち、体内で合成できるため食物から摂取することが必須ではないアミノ酸（人間では11種類）です。ただしこれらにも体内では重要な働きがあり、不要なアミノ酸ではありません。

アラニン：肝臓で糖を作り出す主なアミノ酸です。

アルギニン：最も強いアルカリ性を示します。非必須アミノ酸ですが、成長期には体内での合成が十分ではなく、準必須アミノ酸とされます。

グリシン：アミノ酸の中では最も単純な構造です。タンパク質の中に比較的多量に存在し、特にコラーゲン（ゼラチン）のアミノ酸のうち、3分の1がグリシンです。

グルタミン：非必須アミノ酸ですが、大きな怪我・手術を受けた時や重篤な感染症など体がストレスを受けた時には生合成量が不足するため、準必須アミノ酸に分類されます。

グルタミン酸：広くタンパク質中に存在するアミノ酸です。体内でのアミノ酸の代謝の中心的な役割を担っています。脳内で有毒なアンモニアの解毒や、神経伝達物質としても働いています。うま味物質としても重要です。

システイン：硫黄を含む、含硫アミノ酸の一種です。システインが2つ硫黄のところで結合したもの（ジスルフィド結合）がシスチンです。シスチンはタンパク質のケラチンを構成し、髪の毛や羊毛などに多く含まれます。

セリン：反応性に富み、酵素の重要な役割を果たしたり、リン酸化を受けることで細胞内の情報伝達の働きがあります。

プロリン：イミノ酸の一種ですが、通常アミノ酸として扱われます。コラーゲンに多く含まれます。

この他、アスパラギン、アスパラギン酸、チロシンは非必須アミノ酸です。

要点BOX

- 非必須アミノ酸にも体内で大事な働きがある
- 体の状態によって、食物などで摂取する必要が高まるアミノ酸を準必須アミノ酸と呼ぶ

非必須アミノ酸

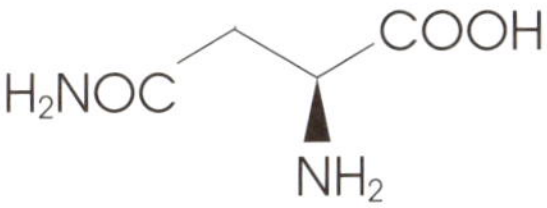

L-アスパラギン

L-アスパラギン酸

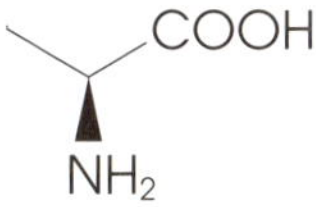

L-アラニン

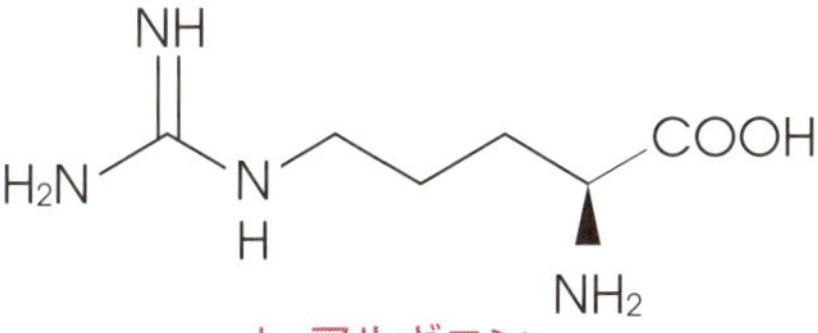

L-アルギニン

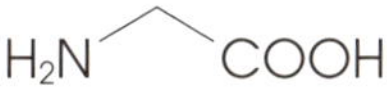

グリシン

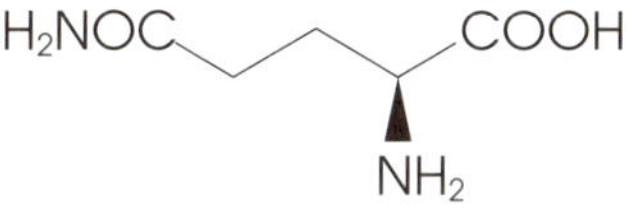

L-グルタミン

L-グルタミン酸

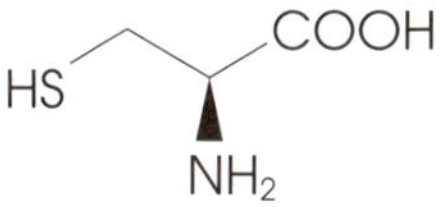

L-システイン

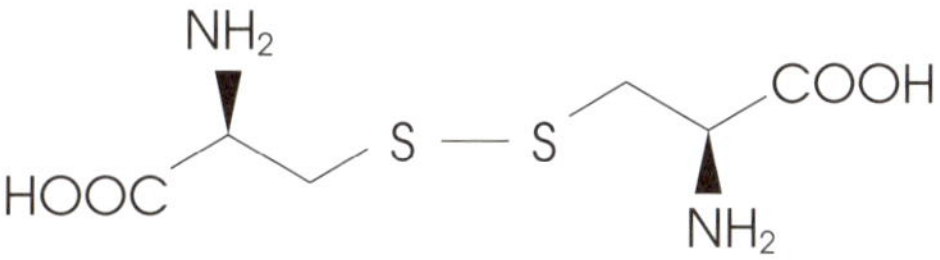

L-シスチン

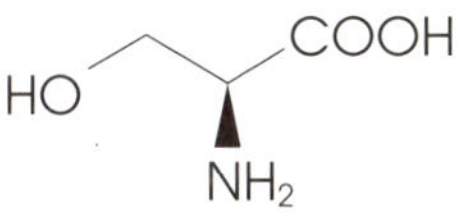

L-セリン

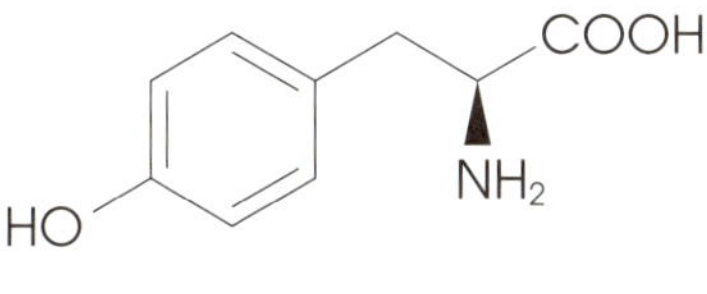

L-チロシン

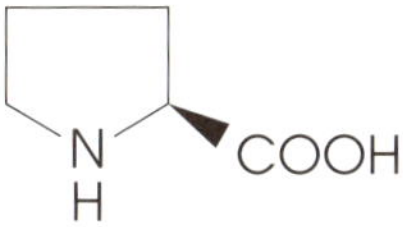

L-プロリン

6 アミノ酸の分類

様々な分類方法

前項では、タンパク質を構成する20種類のアミノ酸を、主に体内で合成できるかできないか、またそれによって食物から摂取する必要があるかによって、必須アミノ酸と非必須アミノ酸に分類しました。これは栄養学的な分類です。他にもアミノ酸はその様々な特徴や性質によっていくつかの分類方法があります。

構造上の特徴による分類では、側鎖に芳香環を持つ芳香族アミノ酸とそれ以外の脂肪族アミノ酸に大別されます。芳香族アミノ酸には、ベンゼン環を持つフェニルアラニンとチロシン、インドール環を持つトリプトファン、イミダゾール環を持つヒスチジンの4種類があります。脂肪族アミノ酸の中には、さらにその側鎖の特徴によって、枝分かれ構造のあるイソロイシン・バリン・ロイシンは、分岐鎖アミノ酸に分類されます。メチオニンとシステインは硫黄を持つことから含硫アミノ酸と呼ばれます。セリン、スレオニン、チロシンの3種のアミノ酸は、水酸基（ヒドロキシル基）を持つために、ヒドロキシアミノ酸に分類されます。プロリンにはアミノ基がなく、イミノ基を有するため、本来はアミノ酸ではなく、イミノ酸と呼ばれる物質ですが、他のアミノ酸と同様に、遺伝子に暗号化されているため通常アミノ酸の一種として扱われます。

アミノ酸をその化学的な性質によって、中性アミノ酸・酸性アミノ酸・塩基性アミノ酸に分類する方法があります。アミノ酸には、アミノ基がありますが、これは塩基性を示します。一方、カルボキシ基は酸性を示します。これら塩基性基と酸性基の数が同じ場合は、酸性と塩基性が釣り合い、ほぼ中性を示すため、中性アミノ酸に分類されます。さらに、グルタミン酸とアスパラギン酸については、アミノ基が1つで、カルボキシ基を2つ持ち、酸性となるため酸性アミノ酸になります。逆にリジン、アルギニン、ヒスチジンはアミノ基が2つ、カルボキシ基が1つで塩基性となるため塩基性アミノ酸に分類されます。

要点BOX

- ●アミノ酸の側鎖により分類される
- ●化学的な性質によっても中性・酸性・塩基性に分類される

芳香族アミノ酸の側鎖

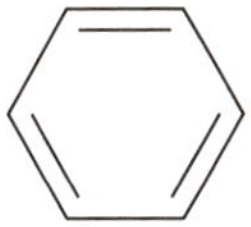

ベンゼン環

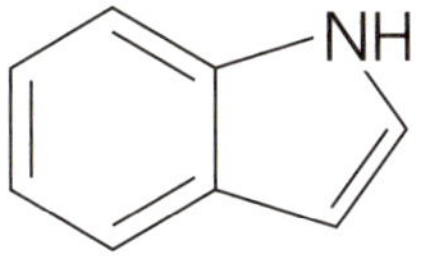

インドール環

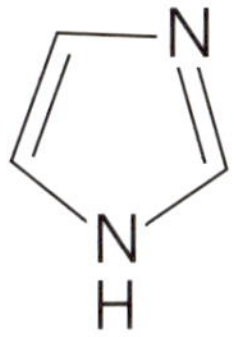

イミダゾール環

アミノ酸の各種分類

	栄養学的分類	化学的分類	構造による分類	
アスパラギン	非必須アミノ酸	中性アミノ酸	脂肪族アミノ酸	
アスパラギン酸	非必須アミノ酸	酸性アミノ酸	脂肪族アミノ酸	
アラニン	非必須アミノ酸	中性アミノ酸	脂肪族アミノ酸	
アルギニン	非必須アミノ酸	塩基性アミノ酸	脂肪族アミノ酸	
イソロイシン	必須アミノ酸	中性アミノ酸	脂肪族アミノ酸	分岐鎖アミノ酸
グリシン	非必須アミノ酸	中性アミノ酸	脂肪族アミノ酸	
グルタミン	非必須アミノ酸	中性アミノ酸	脂肪族アミノ酸	
グルタミン酸	非必須アミノ酸	酸性アミノ酸	脂肪族アミノ酸	
システイン	非必須アミノ酸	中性アミノ酸	脂肪族アミノ酸	含硫アミノ酸
スレオニン	必須アミノ酸	中性アミノ酸	脂肪族アミノ酸	ヒドロキシアミノ酸
セリン	非必須アミノ酸	中性アミノ酸	脂肪族アミノ酸	ヒドロキシアミノ酸
チロシン	非必須アミノ酸	中性アミノ酸	芳香族アミノ酸	ヒドロキシアミノ酸
トリプトファン	必須アミノ酸	中性アミノ酸	芳香族アミノ酸	
バリン	必須アミノ酸	中性アミノ酸	脂肪族アミノ酸	分岐鎖アミノ酸
ヒスチジン	必須アミノ酸	塩基性アミノ酸	脂肪族アミノ酸	
フェニルアラニン	必須アミノ酸	中性アミノ酸	芳香族アミノ酸	
プロリン	非必須アミノ酸	中性アミノ酸	芳香族アミノ酸	イミノ酸
メチオニン	必須アミノ酸	中性アミノ酸	脂肪族アミノ酸	含硫アミノ酸
リジン	必須アミノ酸	塩基性アミノ酸	脂肪族アミノ酸	
ロイシン	必須アミノ酸	中性アミノ酸	脂肪族アミノ酸	分岐鎖アミノ酸

7 アミノ酸の体内での働き

様々な働きを持つアミノ酸

アミノ酸の体内での働きは、タンパク質を作ることだけではありません。タンパク質を作ることの次に重要な働きは、エネルギーを作ることです。人間の体内でのエネルギー源として主なものは、グルコースと脂肪酸ですが、アミノ酸もエネルギー源として使用されます。飢餓や長時間の運動などの際は、筋肉はそのタンパク質を分解し、アミノ酸をエネルギー源として利用します。アミノ酸のうちＢＣＡＡは筋肉で直接エネルギーとして使われる他、筋肉はアラニンやグルタミンを生成して放出し、アラニンは肝臓でグルコースとなり、また筋肉などのエネルギーとして利用されます。グルタミンは腸や免疫に関する細胞のエネルギー源となります。

グリシン、アスパラギン酸、グルタミン酸はそのものが中枢神経系で神経伝達物質として働きます。グルタミン酸からはγ-アミノ酪酸（ＧＡＢＡ）が、フェニルアラニン、チロシンからはドーパミンやアドレナリンなどが、トリプトファンからはセロトニンやメラトニンが、またヒスチジンからはヒスタミンが生成され、それぞれ神経伝達物質やホルモンとして働きます。

体内の重要な抗酸化物質の1つであるグルタチオンは、グルタミン酸、システイン、グリシンの3つのアミノ酸からなります。ヒスチジンは筋肉の抗酸化物質であるカルノシンやアンセリンの材料となります。エネルギー貯蔵物質として重要なクレアチンリン酸は、グリシン、アルギニン、メチオニンの3つのアミノ酸を材料に合成されます。血液中で酸素を運ぶヘモグロビンのヘムもグリシンから合成されます。

体内でアルギニンから合成される一酸化窒素（ＮＯ）は、中枢神経伝達の制御に関与し、また血管の拡張によって血流を増加させます。免疫細胞の一種であるマクロファージはＮＯを産生して病原菌を殺すために使います。遺伝子ＤＮＡの4つの塩基も、グリシン、グルタミン、アスパラギン酸から生成されます。

要点BOX

- アミノ酸は体を形作るだけではなく、エネルギーにもなる
- 様々な生理活性物質となって生命活動を維持

筋タンパク質の分解とアミノ酸のエネルギーとしての利用

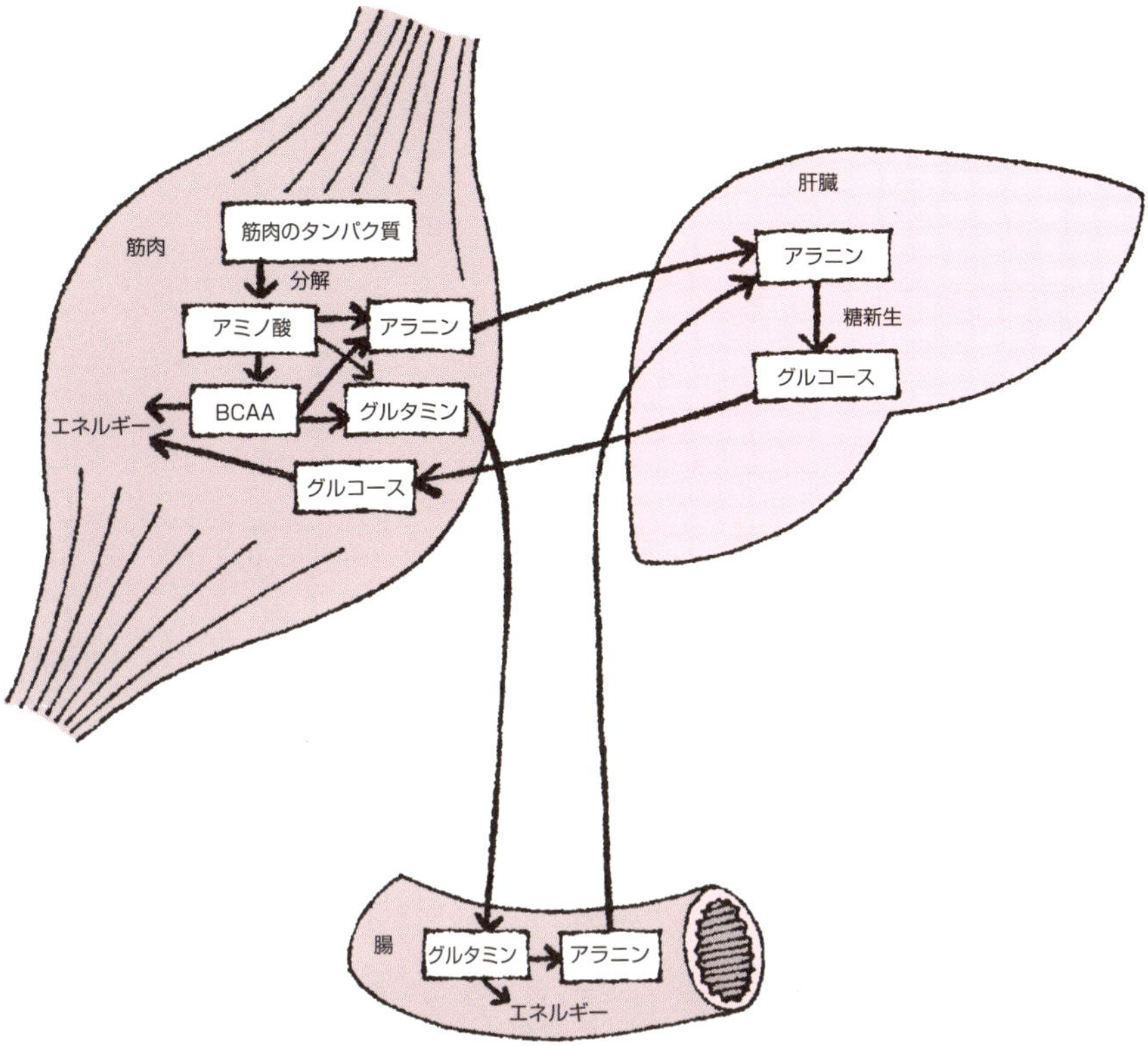

アミノ酸からの神経伝達物質：ホルモンの合成

グルタミン酸 → γ-アミノ酪酸（GABA）

フェニルアラニン → チロシン → ドーパ → ドーパミン → ノルアドレナリン → アドレナリン

トリプトファン → セロトニン → メラトニン

ヒスチジン → ヒスタミン

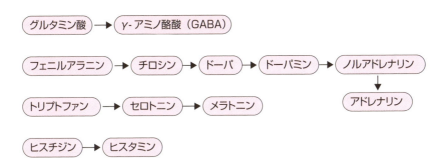

8 アミノ酸の誕生

アミノ酸はどこからやってきた？

アミノ酸は生命の根源的な物質です。地球上に生命が誕生したのは、地球にアミノ酸があったからこそだと考えられます。したがって、アミノ酸がどうやって誕生したのかを解明することは、生命の誕生の謎を解く大きな手がかりともなります。

原始の地球は、水、メタン、アンモニア、水素を主成分とする大気に覆われており、そこで生命が誕生したと考える説があります。そのような大気中の単純な成分からアミノ酸ができることを初めて証明したのがミラーです。１９５３年にミラーがシカゴ大学のユーリーの研究室で行ったユーリー・ミラーの実験として知られています。それは、密閉したガラスの容器に原子の大気を想定した水、メタン、アンモニア、水素を入れ、水を熱した水蒸気でガスを循環させ、ガスが混合している部分に、雷を模して6万ボルトの高電圧の放電を続けたところ、1週間後には水中にグリシンやアラニン、アスパラギン酸などが生じました。これを契機に、アミノ酸を作る実験が多数行われました。

しかしその後、最初の生命が誕生した時の大気はメタンやアンモニアなどではなく、二酸化炭素や窒素などが主成分であったと考えられるようになってきましたが、そのような環境においても、アミノ酸が生成することが確認されています。

一方、アミノ酸は宇宙からやってきたとする説もあります。１９６９年にオーストラリアに落下した「マーチソン隕石」からアミノ酸が検出されています。２０１６年には、ヨーロッパ宇宙機関の彗星探査機「ロゼッタ」の宇宙空間での調査により、チュリュモフ・ゲラシメンコ彗星にグリシンが存在することが発表されています。地球上の生命のもとであるアミノ酸が宇宙からやってきた可能性や、宇宙でどのようにアミノ酸が生成するのかについて、さらに研究が進められています。

要点BOX

- ●原始の地球上で大気の成分よりアミノ酸が生成したと考えられていた
- ●アミノ酸は宇宙からやってきた可能性もある

ユーリー・ミラーの実験

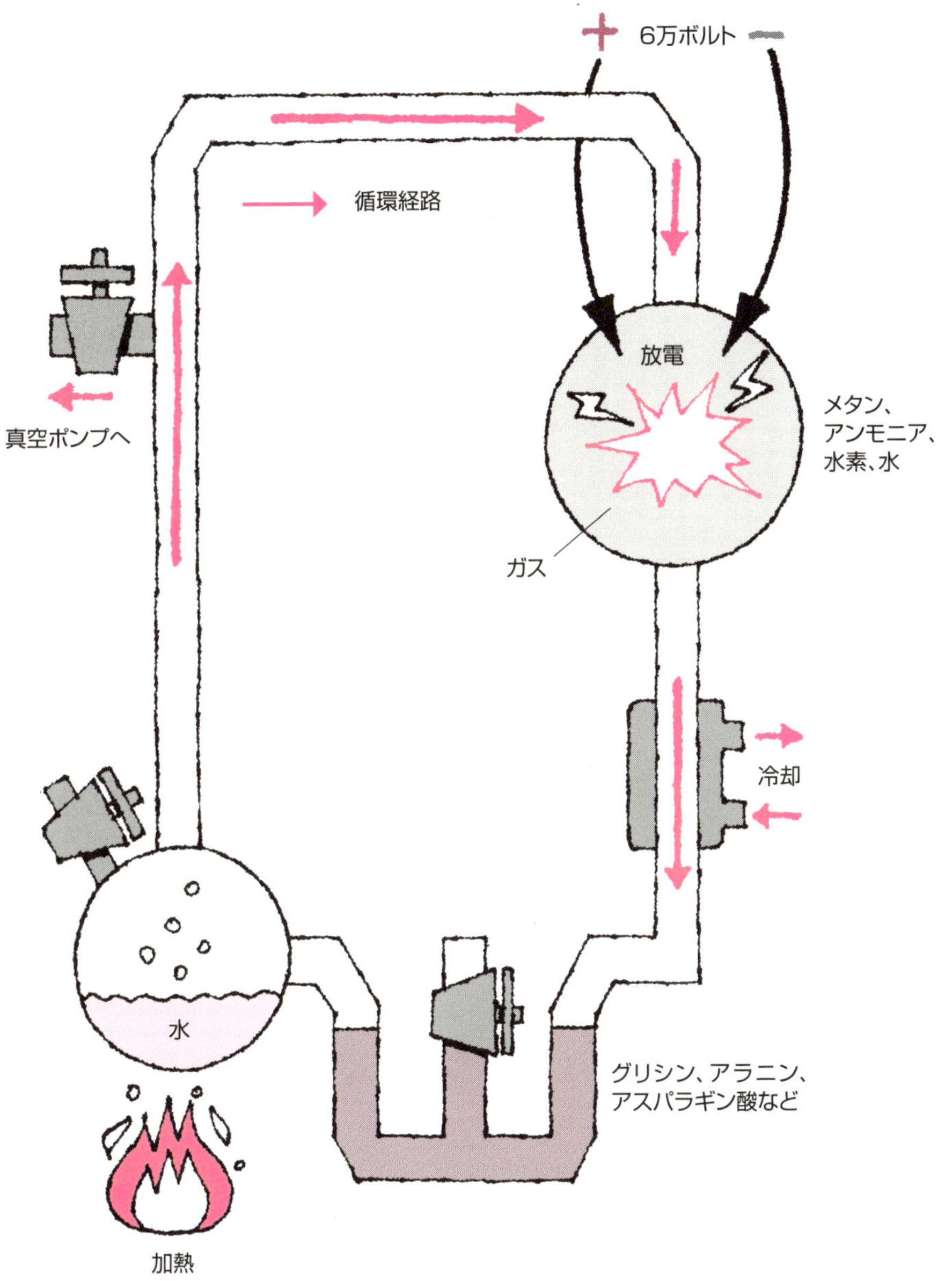

6万ボルト
循環経路
真空ポンプへ
放電
メタン、
アンモニア、
水素、水
ガス
冷却
水
グリシン、アラニン、
アスパラギン酸など
加熱

9 アミノ酸発見の歴史

約２００年前の発見

アミノ酸が初めて発見されたのは、１８０６年です。フランスの化学者であるL．N．ボグランとP．J．ロビゲが、アスパラガスの芽の煮汁からアミノ酸を結晶として取り出すことに成功しました。このアミノ酸は、アスパラガスにちなんでアスパラギンと名づけられました。

その後、１８１０年にはイギリスのW．H．ウォラストンが、尿結石の主成分としてシスチンを発見、さらにシスチンからシステインを調整しました。しかし１８９９年に牛の角からシスチンが単離されるまでは、システインがタンパク質を構成するとは考えられていませんでした。

タンパク質をトリプシンという消化酵素で処理したものが、塩素や臭素によって紫色になることは古くから知られていました。１８９０年にノイマイスターがこの紫色になる物質をトリプトファンと命名しました。その後１９０２年にホプキンスがカゼインの酵素分解物から分離に成功し、タンパク質を構成するアミノ酸の一種であることがわかりました。アラニンは１８５０年に化学合成によって作られた後、１８７５年に絹糸のタンパク質の加水分解物から得られています。またプロリンも１９００年に化学合成された後、その翌年に牛乳に含まれるタンパク質であるカゼインの加水分解物から見つかりました。

最も単純な構造のアミノ酸であるグリシンは１８２０年にゼラチンから単離されました。グリシンには甘味があるので、当初ゼラチン糖と命名されましたが、その後１８４８年にギリシャ語の甘い（Glykys）にちなんで、グリシン（glycine）の名前が付けられました。

その他にも肉や羊毛からロイシンが単離されるなど、アミノ酸が次々と発見され、１９３５年のスレオニンの発見までに、私たちの体のタンパク質を構成するすべてのアミノ酸が発見されました。

要点BOX

●最初のアミノ酸の発見は、アスパラガスから
●1935年のスレオニンの発見により20種のタンパク質構成アミノ酸がすべて発見される

アミノ酸発見の歴史

年	アミノ酸	発見者	由来など
1806	アスパラギン	Vaquelin, Robiquet	アスパラガスの芽の煮汁から発見
1810	シスチン	Wollaston	膀胱結石中に発見。1899年に牛の角より単離されるまでは、タンパク質を構成するとは考えられていなかった
1819	ロイシン	Proust	チーズの加水分解物から不純な状態で得られた。1820年にBraconnotが肉や羊毛から単離してロイシンと命名
1820	グリシン	Braconnot	膠(ゼラチン)中に発見し、甘みを有するので“ゼラチン糖”と命名(2年後に改名)
1827	アスパラギン酸	Plisson, Henry	アスパラギンの加水分解物から発見
1846	チロシン	Liebig	カゼインのアルカリ分解物および、チーズからも同一物を発見しチーズのTyrosにちなんでチロシンと命名
1850	アラニン	Strecker	アセトアルデヒドにアンモニアと青酸を作用させて合成的に得た化合物をアラニンと命名。1888年にWelyが絹フィブロインから分離
1856	バリン	Gorup-Besanez	膵臓の抽出物より発見
1865	セリン	Cramer	セリシン(絹糸の外部付着タンパク質)の加水分解質から単離
1866	グルタミン酸	Ritthausen	小麦のタンパク質グルテンから発見
1879	フェニルアラニン	Schulze, Barbieri	マメ科のルピナスの芽
1883	グルタミン	Schulze, Bosshard	テンサイの搾り汁
1886	アルギニン	Schulze, Steiger	マメ科のルピナスの芽
1889	リジン	Drechsel	カゼインの加水分解物
1890	トリプトファン	Neumeister	Neumeisterが命名。1902年にHopkinsらがカゼインの酵素分解物からの分離に成功
1896	ヒスチジン	Kossel, Hedin	タンパク質の加水分解物
1901	プロリン	Fischer	カゼインの加水分解物。実際には前年の1900年にWillstatterが合成していた
1904	イソロイシン	Ehrlich	サトウダイコンの糖蜜から発見
1922	メチオニン	Mueller	カゼインの加水分解物
1935	スレオニン	Rose	血液のフィブリンの加水分解物。これでタンパク質を構成する20種類のアミノ酸すべてが発見される

10 タンパク質を作らないアミノ酸①

遺伝子に暗号化されていないアミノ酸

本書で紹介するアミノ酸は主にタンパク質を構成するアミノ酸（20種）ですが、自然界にはタンパク質に組み込まれない非タンパク質性アミノ酸も多数知られています（２００種以上）。多くは特定の限られた動・植物種で見つかっており、その役割が不明なものも多く含まれます。生命体は個々のタンパク質を作るための設計図として、遺伝子の中に20種のアミノ酸の並べ方が暗号化されていますが、本項（および次項）で紹介するアミノ酸は遺伝子に暗号化されていないため、タンパク質の一部とならず人では遊離アミノ酸として血流を介して様々な組織、臓器に存在しています。近年これら非タンパク質性アミノ酸の一部では興味深い生理機能を有することが明らかにされ、医薬品や農薬、健康食品などの機能性素材として活用が進められています。ここでは人の健康や生活に深く関わる非タンパク質性アミノ酸について代表事例を紹介します。

脳の活動をコントロールする物質は神経伝達物質と呼ばれます。面白いことに多くはグルタミン酸やアスパラギン酸などのアミノ酸類やアミノ酸に由来するアミン類（アミノ基を持つ化合物でセロトニンなどが代表例）です。非タンパク質性アミノ酸のγ-アミノ酪酸（ＧＡＢＡ、ギャバ）も神経伝達物質の1つであり、脳内でグルタミン酸から作られます。グルタミン酸が基本的に興奮性の神経伝達物質であるのと対照的にＧＡＢＡは不安状態や興奮を和らげる働きがあるとされます。動物の脳や脊髄など神経組織に多く存在しますが、発芽玄米やカカオなどにも多く含まれるためこれら素材を活用した様々な健康食品が開発されています。ドーパ（Ｌ-ＤＯＰＡ）は神経伝達性アミンの1つであるドーパミンの前駆体で、脳内で脱炭酸酵素によりドーパミンに変換されます。そのためドーパミンの不足によって引き起こされるパーキンソン病の有力な治療薬として使われています。

要点BOX

●タンパク質の材料にならないアミノ酸がある
●神経伝達性物質の多くはアミノ酸およびその関連物質である

主な非タンパク質性アミノ酸の性質と構造

アミノ酸	推定される機能·利用法·存在·生産法など	構造
γ-アミノ酪酸（GABA）	不安状態や興奮を和らげる抑制性の神経伝達物質として働く。発芽玄米の成分として有名。グルタミン酸から作られる	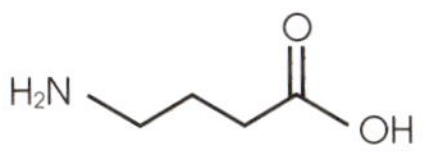
ドーパ（L-DOPA）	生体（脳）内で神経伝達物質のドーパミンやノルアドレナリンに変換される。パーキンソン病の治療薬。チロシンから微生物変換（酵素）法によって作られる	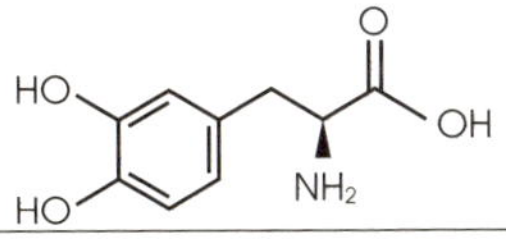
オルニチン	肝臓でアンモニアを尿素に変えて解毒する際にアルギニンから生成するアミノ酸。シジミに多く含まれる。糖から微生物発酵法により生産される	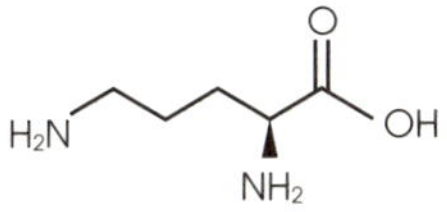
シトルリン	肝臓でのアンモニア解毒に関与する。体内でアルギニンに変換され血管拡張作用を示すNOを産生する。スイカに多い。糖から発酵法によって生産される	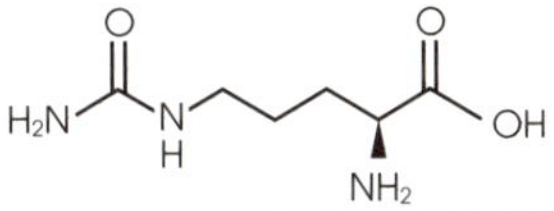
クレアチン	リン酸化されクレアチリン酸として筋肉中のエネルギー貯蔵物質として働く。筋収縮時に生体エネルギー（ATP）を再生する。クレアチンの代謝物（クレアチニン）は腎機能の評価に利用される	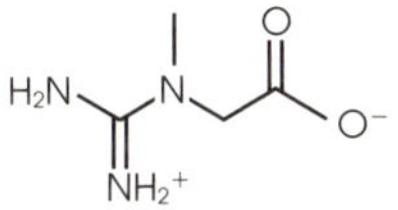
カルニチン	筋肉に豊富に存在し脂肪酸の代謝、エネルギー生成に関与する。ダイエット素材としての利用が進められている。アミノ基ではなく4級アンモニウムを持つ（アミノ酸誘導体）	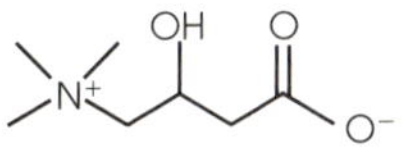
5-アミノレブリン酸（ALA）	血液成分（ヘモグロビン）やエネルギー産生に関わる物質の原料となる。植物生長を促進する効果も有する。主に微生物（光合成細菌）から発酵法により作られる	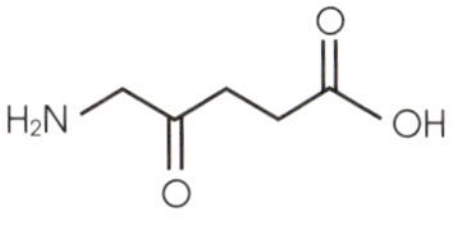

※カルニチンはアミノ基を持たないため、定義上はアミノ酸ではないが、生体での重要性からアミノ酸関連物質としてここに含めた

11 タンパク質を作らないアミノ酸②

動植物の生長や健康を陰で支えるアミノ酸

肝臓は体内の有害なアンモニアを無害な尿素へと変換してから尿中へ排出する役割を持っています。尿素回路と呼ばれるこの窒素代謝系にはオルニチンとシトルリンが重要な役割を担っています。オルニチンは余分なアンモニアを取り込んでシトルリンに、次いでアルギニンに変換され、さらにアルギニンは尿素とオルニチンに変換され回路が一回りします。肝臓機能が低下するとこの回路がうまく回らなくなりますが、これらアミノ酸を適宜摂取することでこの回路が活性化し肝臓機能の健全化に寄与すると考えられています。また2つのアミノ酸は細胞の分裂に必要なポリアミンの合成材料にもなります。またオルニチンは成長ホルモンの分泌促進や消化管の保護作用を持ち、シトルリンはアルギニンに変換されて一酸化窒素（NO）を産生し血流改善の効果があります（36項参照：アルギニン）。これらアミノ酸はこの多機能性を活用して健康素材としての活用が進められています。

クレアチンやカルニチンは筋肉中に多く存在し、エネルギー生産に関わるアミノ酸関連物質です。クレアチンにリン酸基が結合してできるクレアチンリン酸は筋肉が収縮する際に消費されるエネルギーの再生に関わります。そのため持久力を高める効果を持つと言われています。カルニチンは脂肪の構成成分である脂肪酸を細胞内のエネルギー生産であるミトコンドリアに運んで効率的に燃焼させる作用を持つとされます。そのためダイエット効果のある素材として期待されています。

5-アミノレブリン酸は血液成分やエネルギー生成に関わる生体物質の原料となります。加齢とともに失われる傾向があるため、高齢者向けの健康素材として利用が進められています。一方、植物の葉緑素の原料でもあり、肥料として与えると葉緑素が増え光合成活性も高まり花付きや果実の収量も増えるとされます。

要点BOX

- オルニチンとシトルリンは窒素代謝に関与
- クレアチンやカルニチンは筋肉でのエネルギー代謝に関与

オルニチン・シトルリンの役割

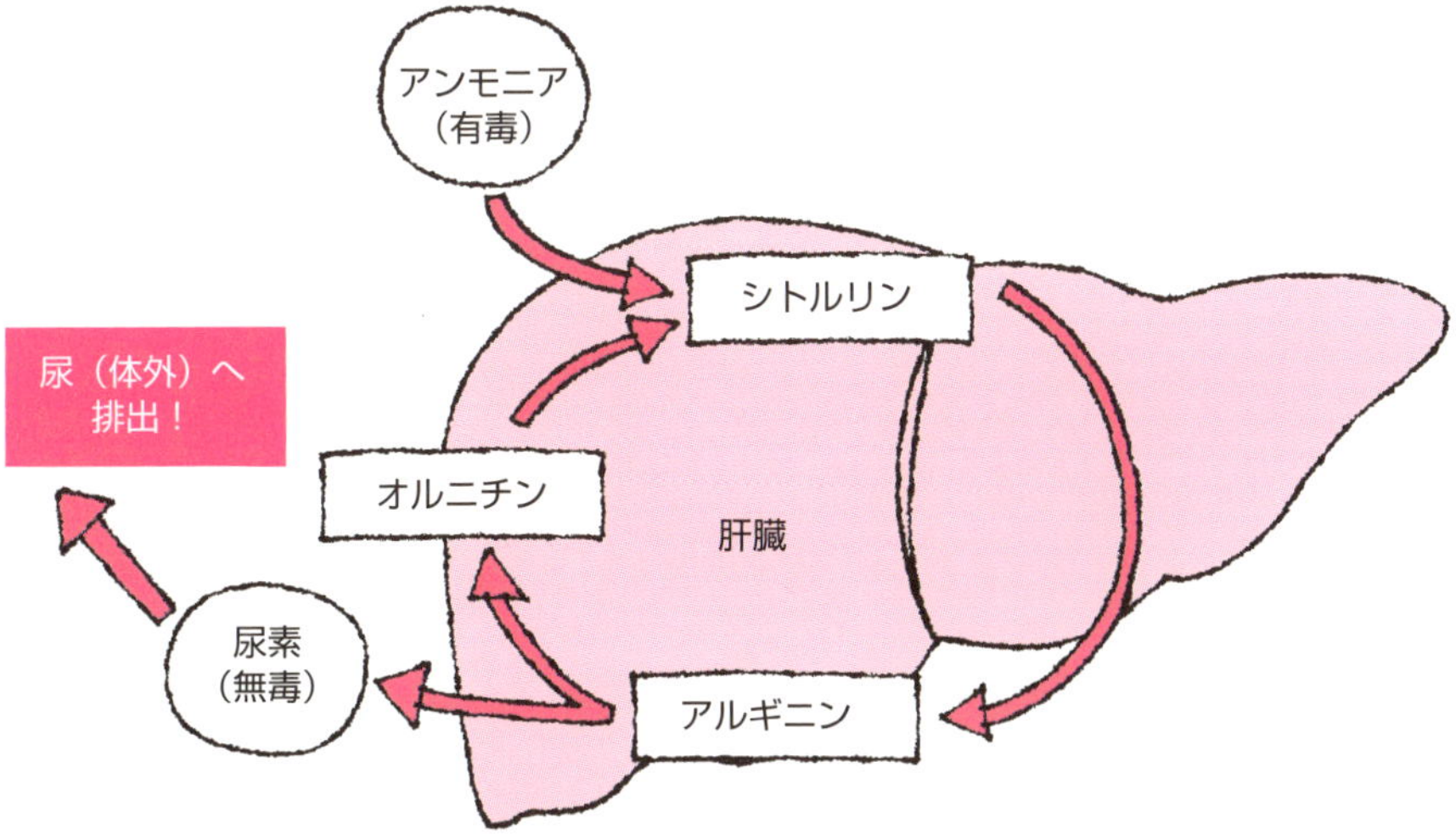

肝臓中でアルギンとともに尿素回路の主要成分として
アンモニア解毒に関与。

生体内でのカルニチンの働き

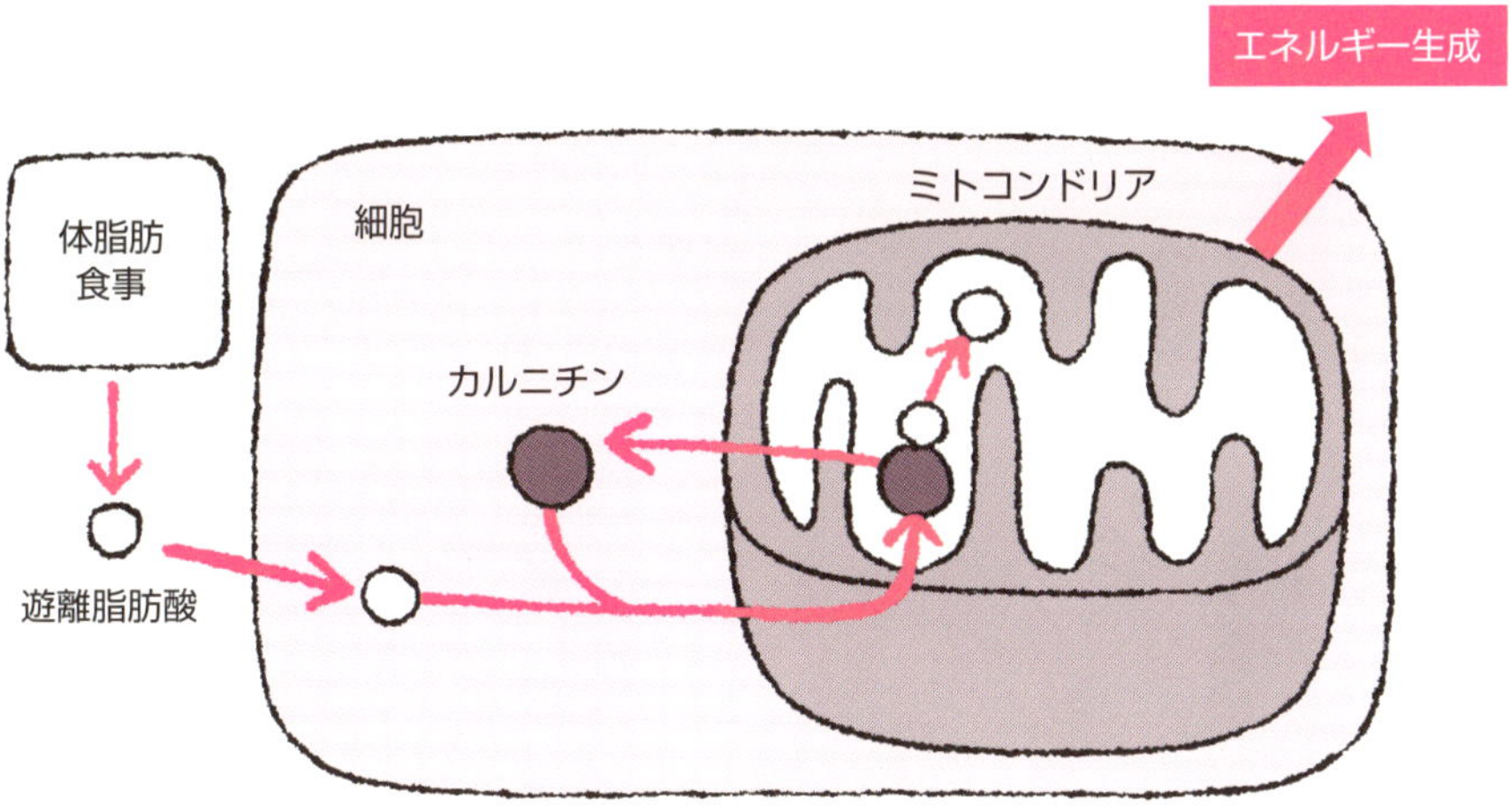

カルニチンは脂肪酸と結合してエネルギー生産の場であるミトコンドリアの内部に運び脂肪燃焼（エネルギー生産）を促す役割を持つ

Column

アミノ酸利用の歴史

アミノ酸には、以下の4つの機能があります。

・体を作り調子を整える「栄養素」としての機能

・味を作る「呈味成分」としての機能

・体の働きをサポートする「生理作用」

・化学的な「反応性」

これらの機能を活かし、アミノ酸は医薬品、食品、香粧品、飼料、その他（樹脂添加剤など）として人の生活に利用されています。

アミノ酸が工業生産され、人の生活に利用されるようになったのは日本が最初です。1909年に小麦のタンパク質からの抽出によりグルタミン酸を製造し、うま味調味料「味の素®」として発売したのが、アミノ酸の工業化の始まりです。さらに1956年には、世界に先駆け、日本でアミノ酸が輸液（静脈栄養剤、いわゆる点滴）の成分に使用され、医薬分野における最初のアミノ酸利用となっています。

食品の用途では、うま味調味料へのグルタミン酸の利用の他、食品添加物としてのグリシンの利用、甘味料アスパルテームの商品化、ネスレ社による乳児用粉ミルクへのリジンの添加、1975年には学校給食のパンにリジンが添加されています。1979年にはアミノ酸を飲料に添加した「アルギンZ」が発売されました。

1995年にはアミノ酸スポーツ用サプリメント「アミノバイタル®」プロが発売になりましたが、当時の市場調査ではアミノ酸の認知度は5%を下回っていました。一般にアミノ酸が知られるきっかけになったのは、2001年、アミノ酸を取り上げたテレビの情報番組でした。一挙にアミノ酸への関心が高まり、同年より2003年ころまでにアミノ酸を含有した飲料が多数発売され、アミノ酸飲料のブームとなりました。

発売当時の「アルギンZ」

発売当時の「味の素®」

第2章

アミノ酸はどうやってできる

12 アミノ酸を生産する方法

種類によって様々な方法がある

アミノ酸を生産する方法はいくつかの種類があります。グルタミン酸の最初の生産方法は抽出法です。グルタミン酸がアミノ酸の一種であることから、小麦や大豆のタンパク質を加水分解してアミノ酸の混合物を得、そこからグルタミン酸を抽出するという方法です。ただし、この方法は、原料を安定的に確保するのが大変な上、副生物が多く出るという難点があります。例えば、小麦を原料とすると、小麦のデンプンが大量に副生物として生成します。一方大豆を用いる場合には、大豆の油脂が大量に副生します。そのため、抽出法でアミノ酸を生産する場合には、小麦デンプンや大豆油脂の高度利用（事業化）が必要です。

多く含まれる原料を用いて抽出法で生産される他のアミノ酸もあります。システインというアミノ酸は毛髪に多く含まれているため、中国などでは毛髪を集めてそこからシステインを抽出しています。

合成法は、化学的に合成する方法です。グリシンなどの単純な構造のアミノ酸の生産に適しています。一方難点は、重装備な生産設備が必要になることです。グルタミン酸についても合成法が検討され、1962年に生産方法が開発されましたが、現在では合成法での生産は行われていません。

発酵法は、サトウキビなどの天然の糖とアンモニアを微生物が食べて、アミノ酸を作り出す方法です（14項参照）。原料の安定供給や生産設備など大量生産に適しているのは発酵法です。微生物の力を借りて有用な物質を生産する方法で、みそ・しょうゆ・お酒・納豆・ヨーグルトなどは発酵で得られる食品です。ただし、糖から効率よくグルタミン酸を生産する微生物を見つけることが必要です。

要点BOX

- アミノ酸を作るには、種類に応じて抽出、化学合成、発酵法が用いられる
- 一般に発酵法が最も優れたアミノ酸の生産法

各種アミノ酸の生産方法

品名	指定生産量(t/年)		主な製法				用途				
	国内	世界	発酵	酵素	合成	抽出	医薬	食品	化粧品	飼料	工業用その他
グリシン	14,000	22,000			●		●	●	●	●	●
L-アラニン	250	550		●	●(分割)		●	●	●		
DL-アラニン	1,500	1,500			●		●	●			
L-アスパラギン酸	3,000	7,000		●			●	●	●		●
L-アスパラギン	60	60		●		●	●	●			
L-アルギニン類	1,000	1,200	●				●	●	●		
L-システイン類	900	1,500		●		●	●	●	●		
Lグルタミン酸ナトリウム	85,000	1,000,000	●				●	●		●	●
L-グルタミン	1,200	1,300	●				●				
L-ヒスチジン類	400	400	●				●				
L-イソロイシン	350	400	●				●	●			
L-ロイシン	350	500				●	●				
L-リジン塩酸塩	500	25,000	●				●	●	●	●	●
L-メチオニン	200	300			●(分割)		●	●	●		
Dl-メチオニン	35,000	35,000			●		●	●	●	●	
L-フェニルアラニン	2,500	8,000	●		●(分割)		●	●			●
L-プロリン	250	350	●			●	●	●	●		
L-セリン	100	200	●	●		●	●		●		
L-スレオニン	350	4,000	●				●	●	●	●	
L-トリプトファン	400	500	●	●			●			●	
L-チロシン	70	120				●	●				
L-パリン	400	500	●		●(分割)		●	●			

(1994.4末現在・(社)日本必須アミノ酸協会推定)

用語解説

副生物：ある製品を生産する過程で主生産品とともに副次的に産出されるもの。例えば小麦からアミノ酸を抽出生産する場合はデンプンがアミノ酸の10倍程度副生すると言われる。

13 発酵法でアミノ酸を作るには

アミノ酸を作るコリネバクテリウム細菌

発酵法とは、微生物の力を借りて糖などの原料から有用な物質を生産する方法です。もし、糖を食べてグルタミン酸を作り出す微生物を見つけることができれば、グルタミン酸を簡単に効率よく生産できるようになると考えられます。ただし、そんなに便利な菌が存在するのでしょうか。また、どのような方法でその便利な菌を見つけるのでしょうか。

スクリーニング（探索）という方法があります。見つけたい微生物が自然界にそもそも存在するのかしないのか、という疑問はまずは考えないで、とにかく探すのです。自然界には多種多様な生物はたくさん存在していて、例えば、土の中1gには1億個以上の微生物がいると言われています。人間はこれまでの研究でたくさんの菌を知っていますが、まだ誰も知らなかった菌もたくさんいて、その方がむしろ多くいると考えられています。ただし、グルタミン酸を作ってくれるような都合の良い微生物が本当にいるのか、また、もし存在するとしたらどこにいるのか、誰にもわかりません。いるかいないかわからない中、探す方法をいろいろ工夫しながら「必ず見つけられる」と信じて探し続けていくうちに運がよければ見つかるのです。

そのような苦労と工夫を続けているうちに、とうとうグルタミン酸を作る発酵菌が自然界から見つけ出されました。協和醗酵工業㈱（現在の協和発酵バイオ㈱）の研究者により見いだされた生産菌は、コリネバクテリウム菌（Corynebacterium glutamicum）という微生物でした。現在でもほぼすべてのグルタミン酸はこの種に属する菌株を用いて生産されています。そして、求めてきた菌が一度見つかってしまうと、他の人たちも自信を持って探し始め、似たような方法で同様の株がいくつも見つけられてきました。

要点BOX

- ●発酵法成功のカギは目的の微生物をスクリーニングにより見つけること
- ●アミノ酸生産菌は日本の研究者が見つけた

アミノ酸を作る有用な微生物

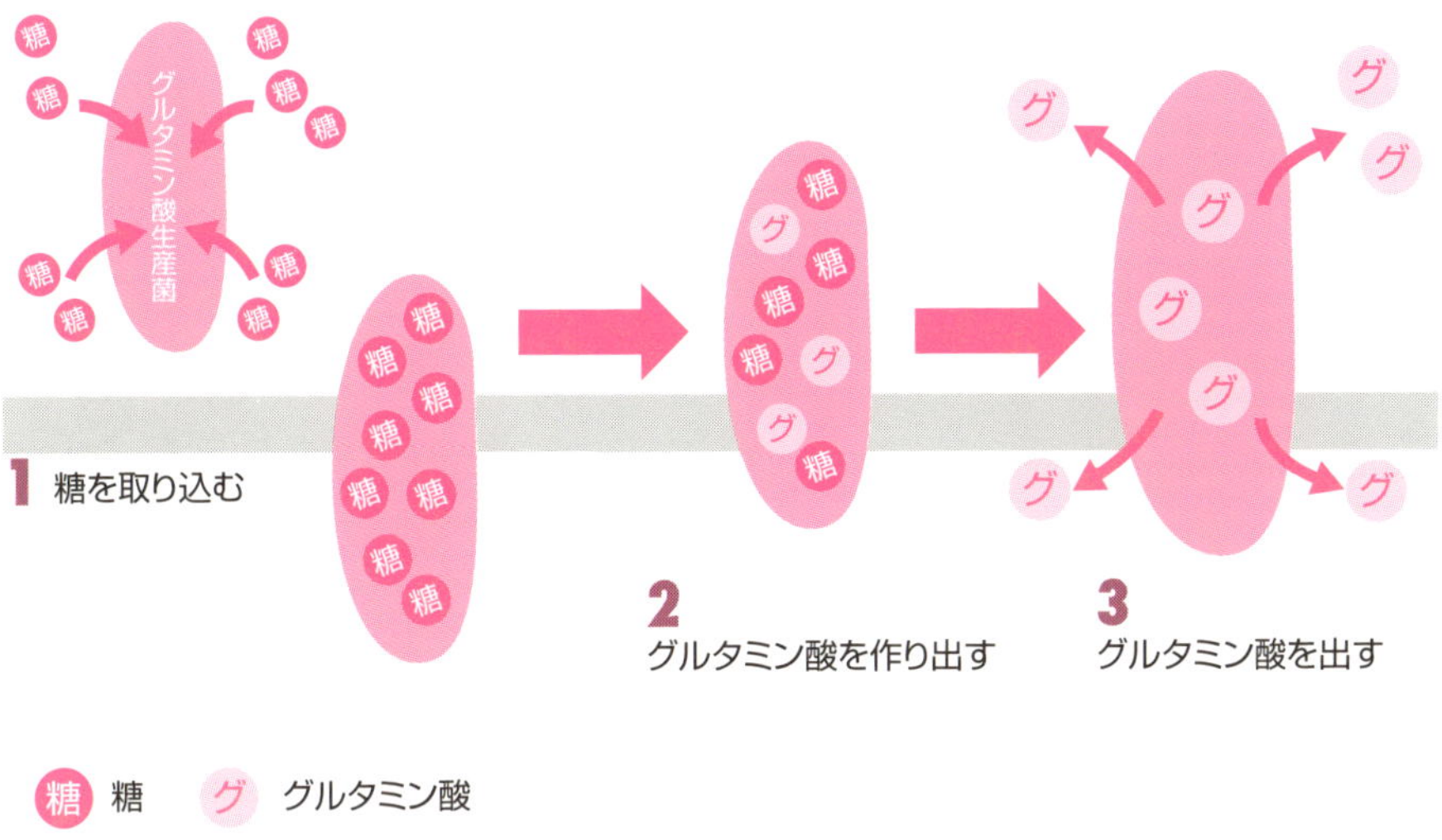

アミノ酸生産菌

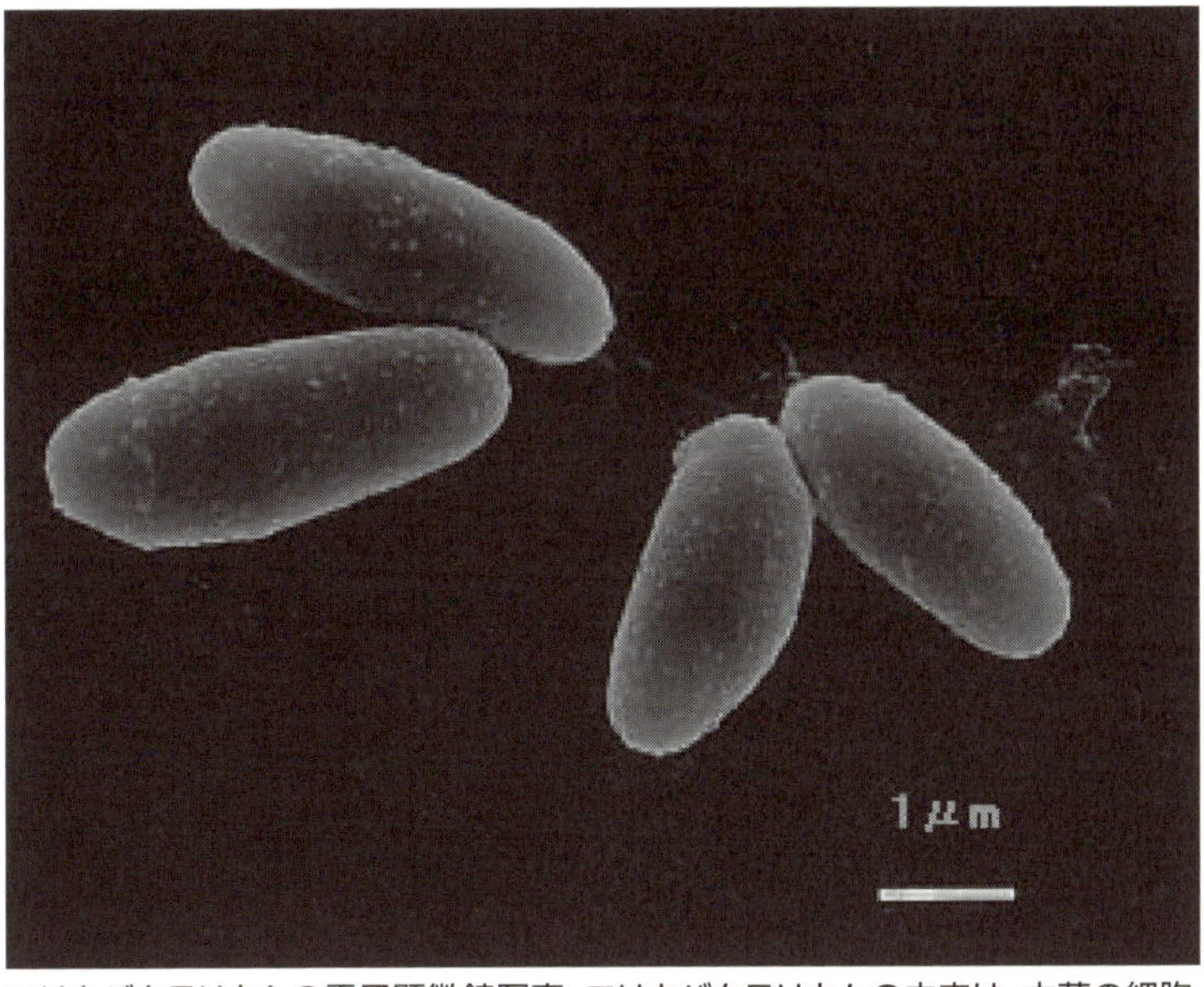

コリネバクテリウムの電子顕微鏡写真。コリネバクテリウムの由来は、本菌の細胞形態に由来します（Coryne- bacterium：棍棒状の菌という意味のラテン語）

14 発酵法によるアミノ酸生産

目的とする微生物を見つけたら、生産方法の開発が必要です。同じ微生物でも原料や条件によって生産性や効率は大きく変わります。お酒を造る時でも、作り方で品質が変わってくるのと似ています。そこで、原料や条件をどうしたら最も効率よく生産できるかなど温度・pH・空気量・栄養などの条件を整えて、その環境で微生物が効率的に生産する方法が開発されてきたのです。

発酵法によるうま味調味料（グルタミン酸ナトリウム）の生産方法を図に示しました。糖蜜を主とする原料液に生産菌の微生物を加え培養すると、この液の中で糖からグルタミン酸ができます。培養により生成したグルタミン酸を結晶として沈殿させ、水酸化ナトリウムを加えて中和させることにより、グルタミン酸ナトリウムができるのです。

この発酵法は、特殊な設備を必要とせずにうま味調味料を大量に安定して生産でき、コストが低く、しかも副生物が少なくて収率が良い方法であり、画期的な新技術でした。特殊な設備を必要としないため、日本だけでなく原料農作物が豊富にある海外の途上国に発酵工場を建設することにより、効率的に生産させるとともに、生産量を向上させることが可能となります。発酵法の誕生により、コストが安くなるとともに、生産レベルは飛躍的に向上しました。

また、グルタミン酸生産菌について、微生物の生合成経路を研究して改変することにより、他のアミノ酸の生産菌も作られていきました。特に、リジン、スレオニン、トリプトファンは鶏や豚といった家畜の飼料添加物として、飼料の栄養改善を通じた家畜の効率的な体重増加を行えるので世界各地で使用されており、中でもリジンは現在ではグルタミン酸に匹敵する量が生産されています。

要点BOX

- 発酵法は安定・低コスト、簡易設備での生産可能
- 多くのアミノ酸が発酵法で作られている

グルタミン酸ナトリウムのできるまで

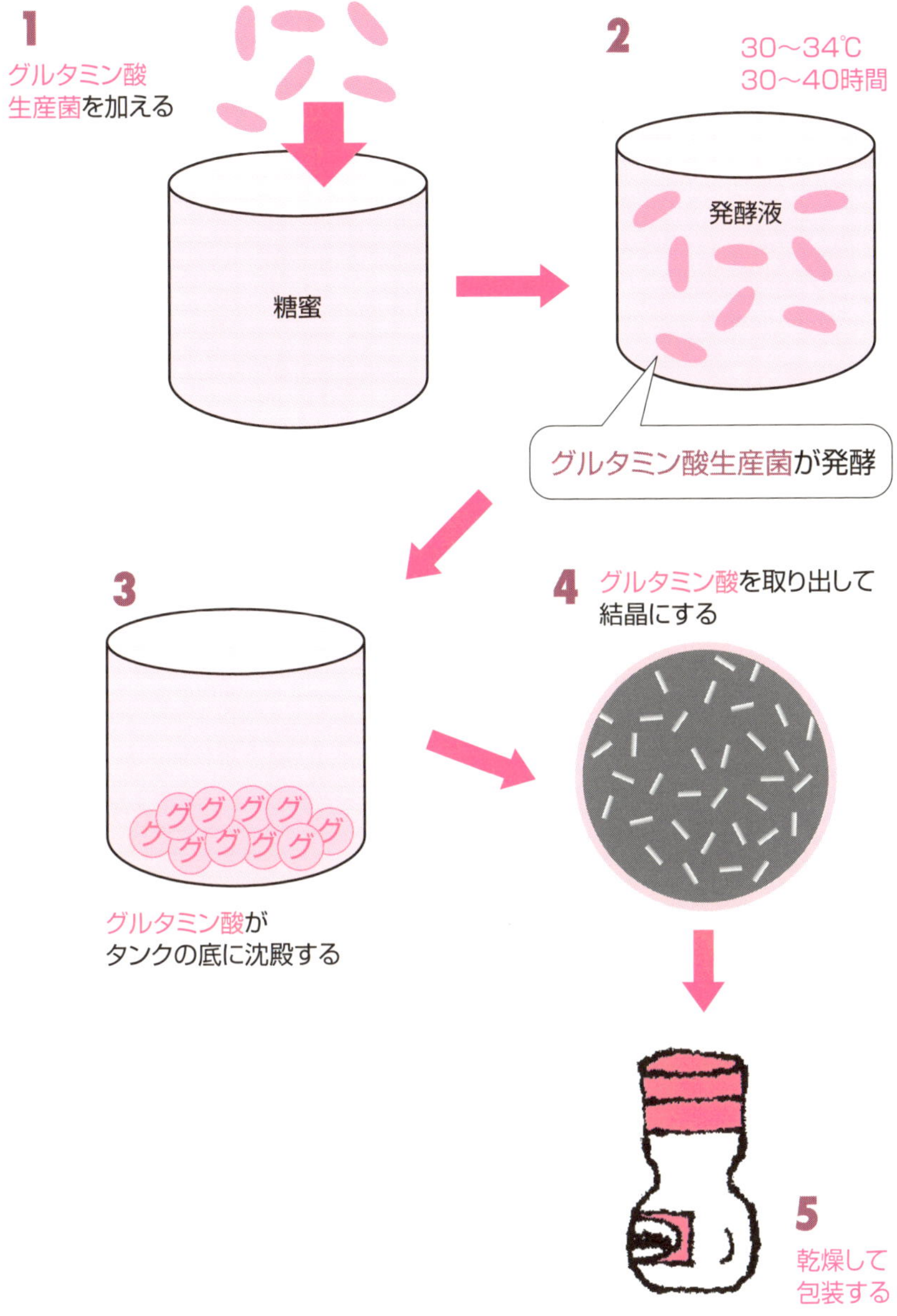

15 日本が誇るアミノ酸発酵工業

発見・発明・改良すべてが日本発

日本の池田菊苗博士がうま味物質グルタミン酸を発見し、味の素㈱の創業者である鈴木三郎助とともに「味の素®」を発売したのが始まりですが、その後のグルタミン酸発酵（アミノ酸発酵）・核酸発酵は、応用微生物学で長年にわたって日本が世界をリードしてきた分野です。グルタミン酸生産菌の発見に始まり、アミノ酸発酵生産条件の設定・生産収率向上や、グルタミン酸以外のアミノ酸発酵への展開など、日本のバイオ研究およびバイオ産業が常に世界の第一線を走ってきました。

先に述べたとおり、グルタミン酸生産菌を見つけ出して発酵法によるうま味調味料の生産に初めて成功したのは、協和醗酵工業㈱という会社でした。味の素㈱や日本の多くの企業は、協和醗酵工業㈱に追いつけ追い越せとその後技術開発を進めていきました。発酵法を開発し改良を続けていく中で、有用微生物の自然界からの分離法、微生物の改変、培養・精製などの幅広い知見と技術が蓄積されていきました。特に、アミノ酸発酵という実学を進めるために、微生物のアミノ酸生合成経路の調節機構の解明など、基礎的な学問の発展も進められ、産学協同の成功事例として競争の中でお互いが切磋琢磨され、この分野では常に日本が世界をリードし、日本のバイオ産業の発展に大きく貢献してきたのです。

現在、世界中で発酵法によるうま味調味料の生産が行われています。タイ、ベトナム、マレーシア、インドネシア、中国、米国、ペルー、ブラジルなどが主な生産地ですが、生産量も世界全体で２００万トン以上であり、今でも毎年増加を続けています。グルタミン酸ナトリウムは、現在では世界の１００以上の国や地域で販売されており、世界共通の商品となっています。

要点BOX

●アミノ酸発酵工業は日本発で日本の技術が世界をリード
●世界中で生産されるうま味調味料

世界中で生産されるうま味調味料とその原料

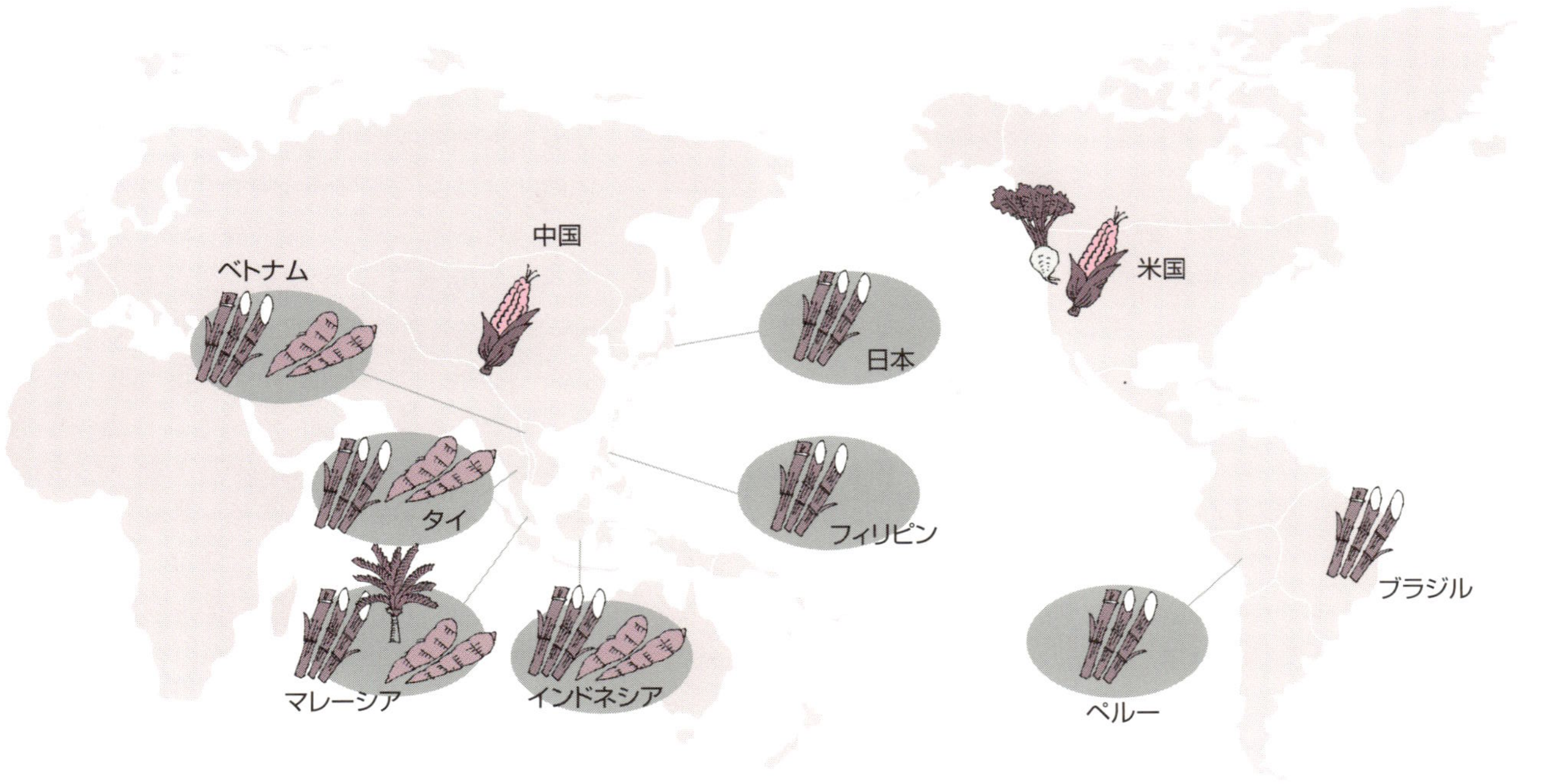

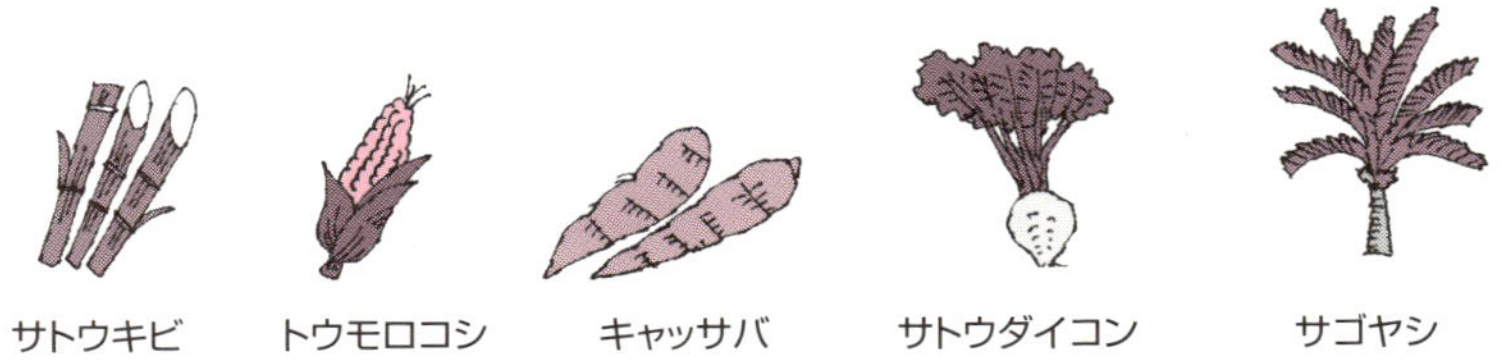

アミノ酸は世界各地において、その土地で得られる安価な原料（砂糖やデンプンなど）を用いて生産されています。

16 環境にやさしいアミノ酸発酵

廃棄物の出ない工場

現在、アミノ酸の生産は世界中で行われています。生産方法はほとんどが発酵法です。ただし、アミノ酸の原料としては、それぞれの国でその国の農作物を主な原料としています（15項参照）。例えば、南米や東南アジアを中心に、代表的な原料はサトウキビの糖蜜です。糖蜜というのは、サトウキビのしぼり汁から砂糖を取り出して残った液体です。砂糖を生産している国では、サトウキビの糖蜜が豊富にあるのです。一方、欧米や中国では、サトウダイコンの糖蜜や、トウモロコシなどが用いられます。トウモロコシは、デンプン（コーンスターチ）を分解して糖にして用います。また、東南アジアでは、キャッサバ（タピオカデンプンの原料となる芋）や、サゴヤシなどのデンプンを糖化して用いる場合もあります。その土地にあった原料からうま味調味料が作られているのです。どの原料を用いても、得られるアミノ酸は同じ物質です。

アミノ酸生産工場では、微生物が増殖した発酵液から、製品となるアミノ酸を取り出します。培養液からアミノ酸の粗い結晶を取り出し、さらに結晶から不純物を取り除くことによって、製品であるきれいなアミノ酸を製造しています。

そして、これらの工程においては、発酵副生物が発生します。培養液の中から、製品のアミノ酸を取り出した残りですが、アミノ酸自体に加えて微生物の菌体やアミノ酸以外の栄養物質も存在しています。

これらの副生物には窒素や有機物といった栄養分が多量に含まれており、肥料や飼料としての有効利用が進められています。肥料として用いられた畑からは、サトウキビなどの農産物が生産され、さらにそれが工場の原料になる、という、持続可能な循環型の生産サイクルとなっているのです。現在では、発生する発酵副生物のほとんどが液体肥料や飼料として有効利用されています。

要点BOX

- ●発酵原料は各国の安価な主要作物を利用
- ●発酵の副生物も肥料・飼料などに有効利用

アミノ酸発酵工業:廃棄物の出ない生産システム

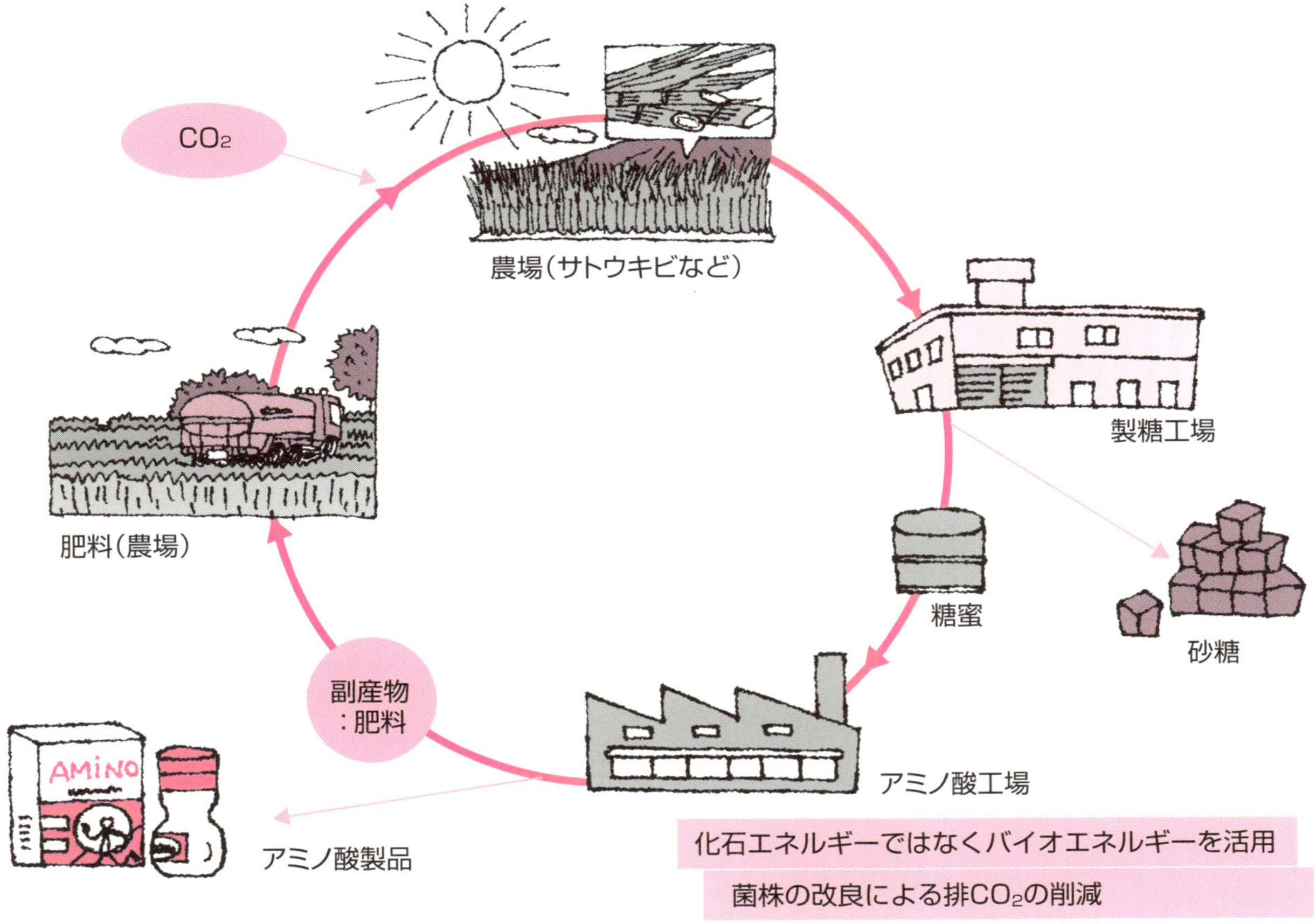

17 日本で進化を続ける全自動分析計

ニンヒドリン法によるアミノ酸分析

アミノ酸は生命にとって重要な栄養素であるだけでなく、様々な働きをしていることが知られています。では、食品や生体中に含まれる数十種類のアミノ酸の種類と量はどのように測るのでしょうか。

アミノ酸の一斉分析法は、1906年にロシアの植物学者ツヴェットが報告したクロマトグラフィーの原理（装置はクロマトグラフと言います）を用います。ペーパークロマトグラフィーと似ていますが、紙の代わりに樹脂の粒が詰まった筒（カラム）を使います。アミノ酸はそれぞれの個性（化学構造の違い）により樹脂の隙間を流れる速さが異なるため分離され、カラムから溶出するまでの時間でアミノ酸の種類がわかります。しかしながら、アミノ酸には色がなく、カラムからの溶出を確認できません。そこでニンヒドリンという試薬が用いられます。カラムから出てきたアミノ酸はニンヒドリン試薬と反応してルーエマンズパープルという色素になります。その色素特有の吸光波長を吸光度計で検出することで、アミノ酸がカラム中に保持されていた時間がわかります。アミノ酸の濃度は、濃度がすでにわかっている標準品を同じ方法で分析し、吸光度を比較することで計算できます。

これら原理に基づく分析を1958年に全自動化したのが、ロックフェラー研究所のスタイン、ムーアらで、後にノーベル化学賞を受賞しています。製品化したのはベックマン社で、日本では味の素㈱がいち早く製品一号機を導入した記録が残っています。なお、本装置では1分析に一日かかりましたが、㈱日立製作所や日本電子㈱など国内メーカーの努力により、生体中に含まれる40種類のアミノ酸が約120分で分析できるようになりました。高精度なアミノ酸分析法のゴールドスタンダードとして、世界中でアミノ酸研究や品質管理を支えています。出汁《だし》や発酵食品など、アミノ酸と古くから関わりが深い日本だから、アミノ酸の分析が発展したのかもしれません。

要点BOX

●ニンヒドリン試薬はアミノ酸を特異的に呈色
●全自動アミノ酸分析計は日本で洗練され、アミノ酸の研究や診断、品質管理を支えている

ミハイル・ツヴェットが報告したクロマトグラフィー

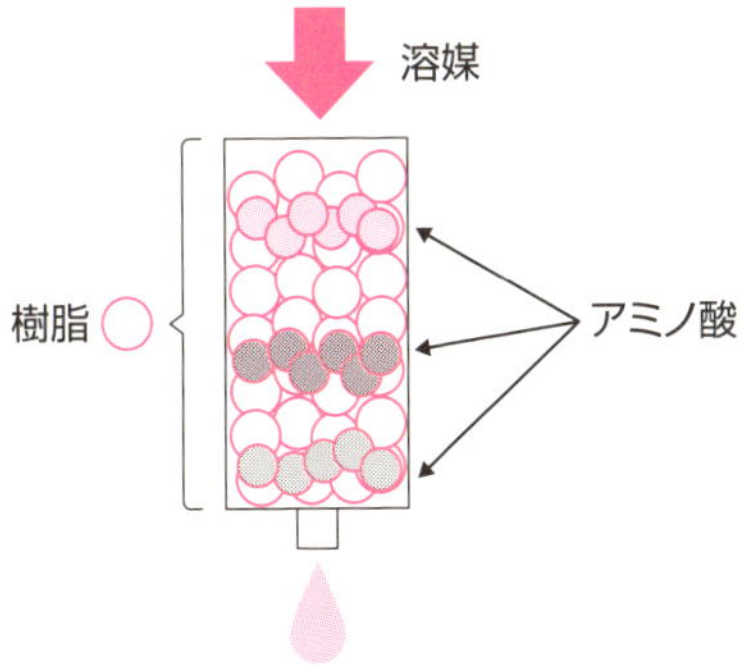

ミハイル・ツヴェット

ニンヒドリン試薬

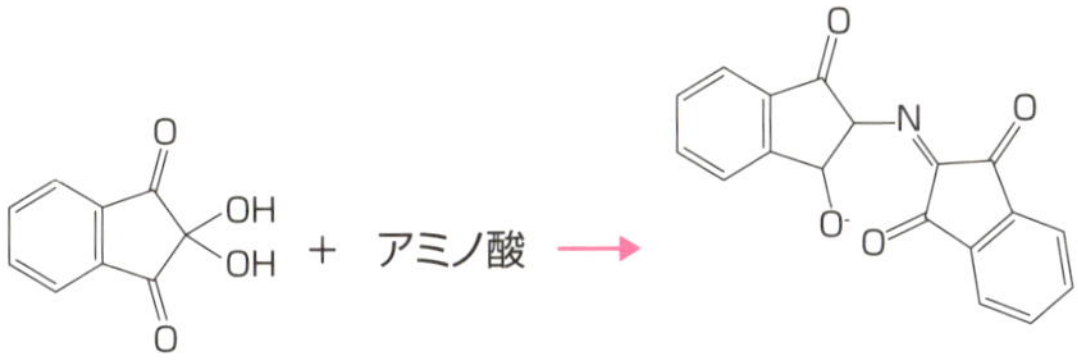

ニンヒドリン2分子

ルーエマンズパープル
＋　アルデヒド

ニンヒドリン試薬は指紋検査（指から分泌されるタンパク質を呈色）にも使われています

全自動アミノ酸分析計の原理（概略）

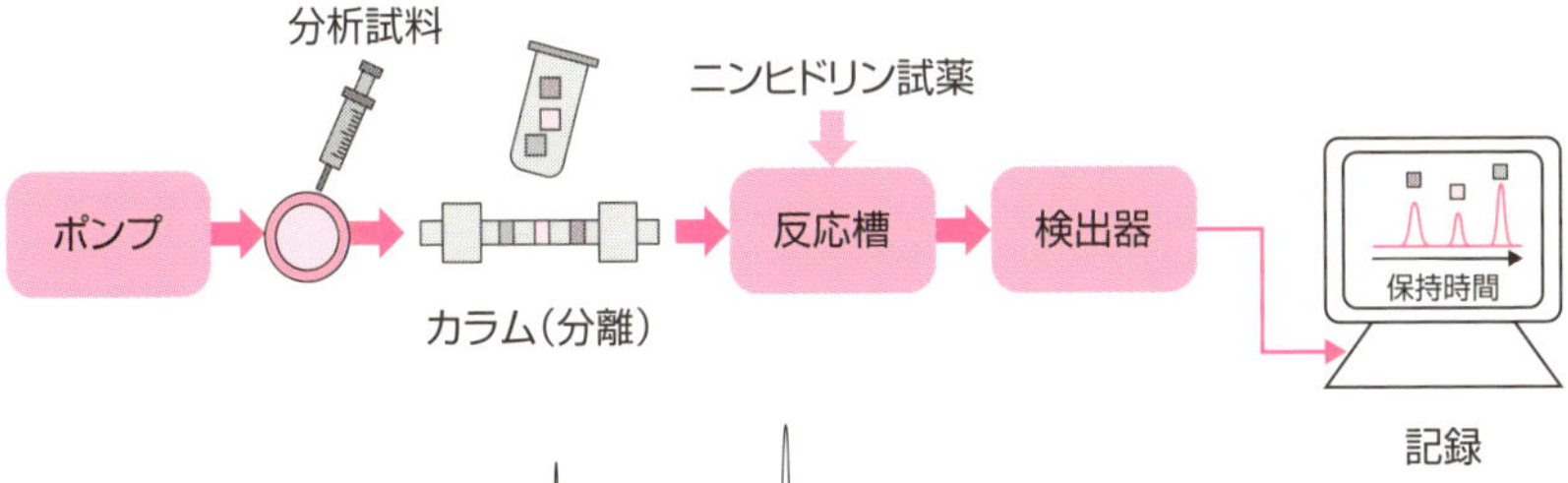

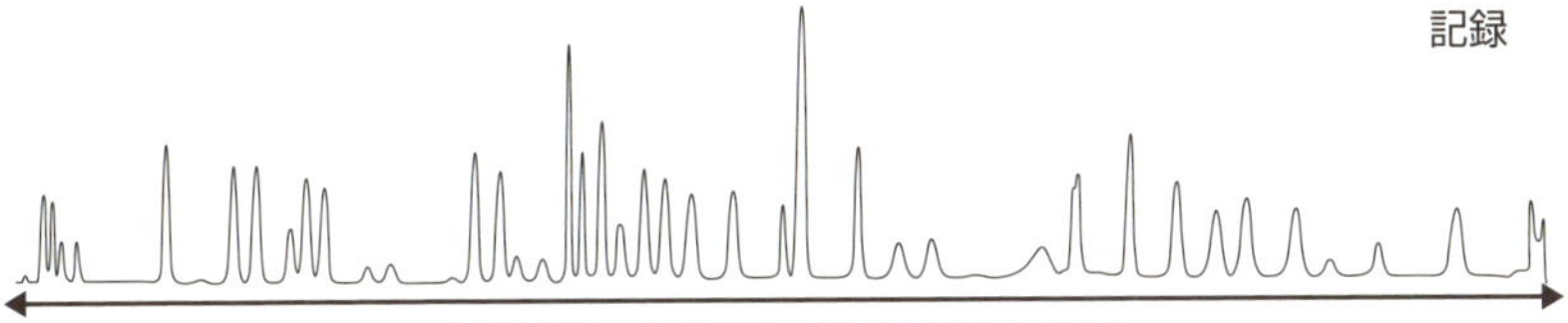

約2時間で生体アミノ酸40種類を分析

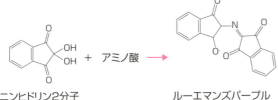

18 質量分析計を用いた最新のアミノ酸分析法

最新のアミノ酸分析技術

数十種類のアミノ酸を一斉分析する装置としては、分離にクロマトグラフ、検出にニンヒドリン試薬と吸光度計を用いる自動分析装置が主流です（17項参照）。一方、アミノ酸の働きを調べる最新の研究などから、微量なアミノ酸を分析したい（高感度化）、分析効率を上げたいといったニーズも生まれています。

1つの解決法として、アミノ酸に蛍光（光る）物質を結合させ、蛍光検出器で高感度に検出する方法があります。さらに最新の方法として、質量分析計を検出器として用いる方法が報告されています。1990年代から普及している質量分析計は、イオン化させた分子の重さ（正確には質量と電荷数の比）を指標として検出できます。吸光度や蛍光による検出では、カラム中に保持される時間だけがアミノ酸の種類を見分ける指標ですが、質量分析計を用いることで質量電荷比という2つ目の指標が追加され、クロマトグラフで完全分離させる必要がなくなり、分析時間の大幅な短縮（高速処理）につながりました。

さらに、試料をクロマトグラフに導入する前に、電荷付与を促進する試薬でアミノ酸を修飾することで、質量分析での高い検出感度を得ることができます。市販もされている3-アミノピリジル-*N*-ヒドロキシサクシミニジルカルバメートを用いると、38種類のアミノ酸を約11分の分析時間で高感度（約1億分の1g以下でも）に分析できるという報告があります。食品分析をはじめ、臨床アミノ酸分析などへの応用が進んでいます。

さて、高精度、高感度、短時間な分析を目指してきたアミノ酸分析ですが、次はどこに向かうのでしょうか。進歩著しい血糖値計のようなマイクロチップ化やリアルタイム検出、またＭＲＩのような3次元分布情報の抽出などが可能になれば、さらにアミノ酸の秘密に迫れるかもしれません。

要点BOX

- ●アミノ酸分析で高感度・高処理化のニーズ
- ●質量分析計を検出器としたアミノ酸分析計が開発されている

質量分析の仕組み

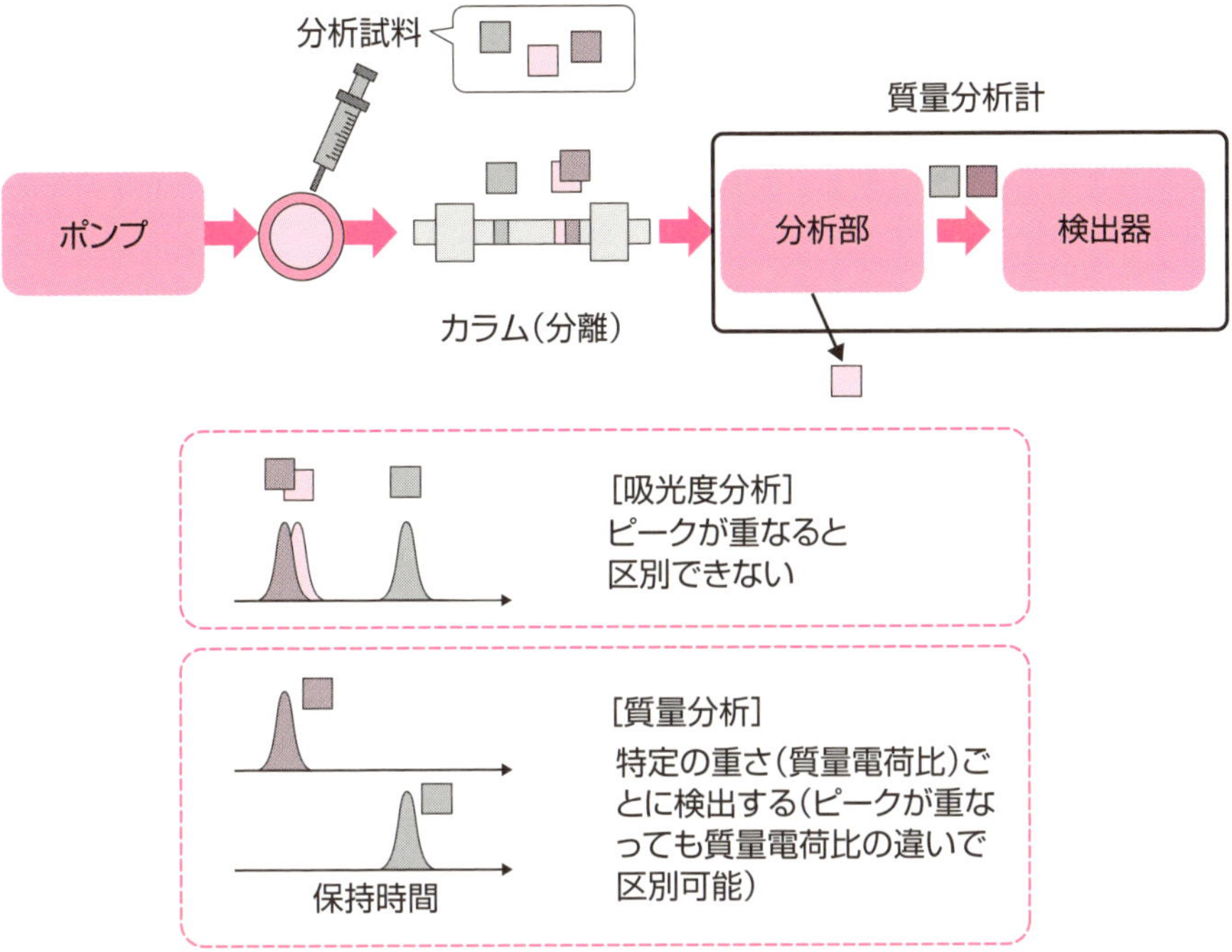

3-アミノピリジル-*N*-ヒドロキシサクシミニジルカルバメートを用いた38種類のアミノ酸の一斉分析例

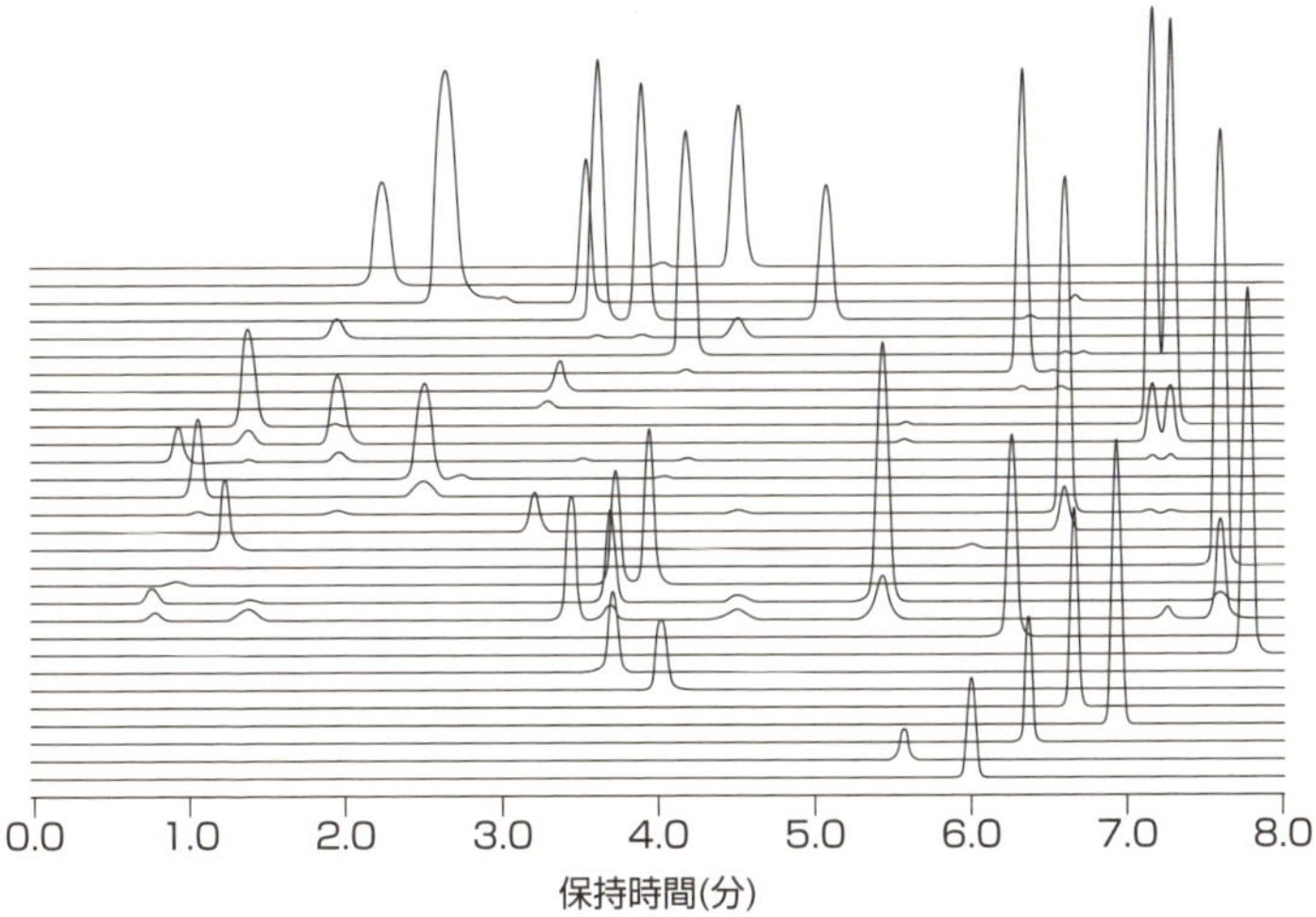

出典:K. Shimbo, et al.Rapid Commun Mass Spectrom. 10,1483 (2009)を改編

Column

昆布ではなく小麦から製造ーアミノ酸生産のはじまり

アミノ酸の生産は、１９０８年に東京帝国大学の池田菊苗博士が発見した昆布の「うま味成分」が、アミノ酸の一種「グルタミン酸」であったことに始まります。池田博士は、12kgの昆布から約30gのグルタミン酸を抽出することに成功しました。しかし、この方法ではうま味調味料を商品化するには、あまりにも多量の昆布が必要です。例えば、100gのうま味調味料を作るためには50kgもの昆布が必要となります。

そこで、昆布以外の原料からグルタミン酸が作れないかを検討し、小麦や大豆を用いることを考え付きました。グルタミン酸がアミノ酸の一種であるので、小麦や大豆のタンパク質を加水分解してアミノ酸の混合物を得、そこからグルタミン酸を抽出するという新製法を開発しました。

分解抽出法は強い塩酸を使うので、工場で生産する場合には容器や施設が腐食してしまうことが最大の問題でした。池田博士は大学の研究室でグルタミン酸の生産方法を発明しましたが、研究室の実験と工場での大量生産とでは、必要な設備などは当然大きく異なります。

例えば、塩酸分解の容器として実験室ではガラスのフラスコなどを用いますが、簡単に割れてしまうガラスでは工業生産はできません。当時は、塩酸を使って分解するというような工業は世界中にも例がなかったので、工場の設備については試行錯誤を繰り返しながら作り出していく必要があったのです。金属や合金は塩酸で溶けてしまうので使うことができませんでした。一方、高級な磁器の甕《かめ》も試されましたがすぐに割れてしまい、これも使うことは不可能でした。いろいろと試した結果、道明寺甕という愛知県常滑市で作られている粘土製の甕が値段も安く壊れにくいことを発見し、この甕を使って生産が始まったのです。

なお、分解抽出法の原料である小麦グルテンの分解物には「グルタミン酸」以外にも各種のアミノ酸がたくさん含まれていました。「この副生する他のアミノ酸をもっと有効利用できないか？」と考えたことが、その後広がっていくアミノ酸関連事業の始まりでした。

小麦

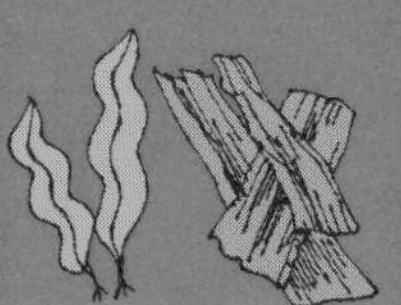
昆布

第3章

アミノ酸と食・栄養

19 うま味の相乗効果

世界の料理で使われてきた、料理をおいしくする仕組み

　１９０８年昆布だしのうま味成分が、アミノ酸の１つであるグルタミン酸であることが池田菊苗博士によって発見され、次いで、博士の弟子の小玉新太郎氏が、かつおだしのうま味成分はイノシン酸であることを発見しました。グルタミン酸は、小麦タンパク質グルテンを分解すれば簡単に得られるため、うま味調味料として製造されましたが、イノシン酸の製造法を開発することは困難でした。その約半世紀後、遺伝物質リボ核酸（ＲＮＡ）をある種の酵素で分解すると、うま味を示すグアニル酸（干ししいたけのうま味成分）やイノシン酸などが得られることがわかりました。この製造法の発明者の國中明博士が、グルタミン酸とグアニル酸をなめ比べしていた時、口の中で両者が混ざり強いうま味を感じました。その時、グルタミン酸などのアミノ酸系うま味物質と、イノシン酸などの核酸系うま味物質の間に非常に強いうま味の増強（うま味の相乗効果）が起こることが発見されました。

　このうま味の相乗効果は莫大で、単独で味を感じられないようなもの同士を混合しても、はっきりうま味を感じられるほどです。かつおと昆布の合わせ出汁《だし》が濃く感じられるのはこのような仕組みによるもので、和風だしだけでなく世界中の伝統料理の出汁にも、アミノ酸系と核酸系のうま味物質を含む食材が組み合わせて用いられています。両者を混ぜた時のうま味強度の予測式も、人が味わって行う精密な評価（官能評価）実験から確立されました。

　２０００年代に入ると、舌の味細胞で味物質をキャッチするタンパク質「味覚受容体」が発見され、中でも、うま味受容体（Ｔ１Ｒ１／Ｔ１Ｒ３）は、うま味の相乗効果にも関わることがわかりました。つまり、グルタミン酸などのアミノ酸系うま味物質のうま味受容体への結合が、イノシン酸などの核酸系うま味物質で強められるのです。

要点BOX

- ●アミノ酸系と核酸系のうま味物質を混ぜて味わうと、うま味の相乗効果が感じられる
- ●これは「うま味受容体」の上で起こる

出汁中で起こるうま味の相乗効果

アミノ酸系うま味物質（酸性L-アミノ酸）グルタミン酸など ＋ 核酸系うま味物質（5'-リボヌクレオタイド）イノシン酸など ＝ うま味の強さ ↑↑

	アミノ酸系	核酸系
和（だし）	昆布	鰹節
洋（フォン）	トマト・玉葱	牛すね肉
中（タン）	白菜	鶏肉・しいたけ

和食、洋食（フランス料理）、中華料理の出汁に使われる、代表的な食材。グルタミン酸など（アミノ酸系うま味物質）とイノシン酸など（核酸系うま味物質）の多い食材を組み合わせて用いる。

うま味の相乗効果の大きさ

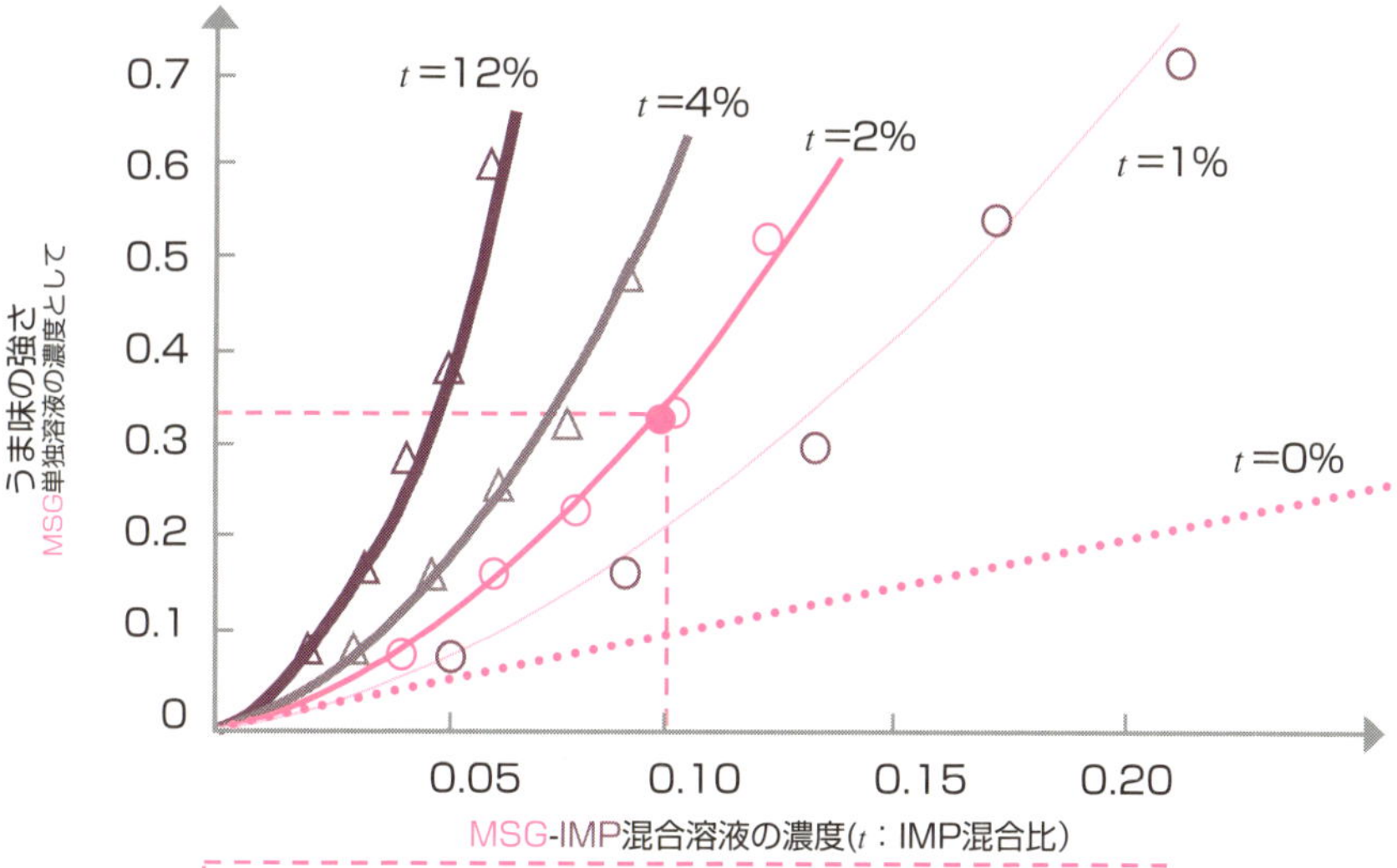

MSG 0.098% + IMP0.002% = MSG 0.333% のうま味強度

グルタミン酸（L-グルタミン酸ナトリウム（1水和物）（MSG））とイノシン酸（5-イノシン酸二ナトリウム（7.5水和物）（IMP））混合溶液のうま味の強さと等しい、MSGのみの溶液の濃度。●の混合溶液のうま味の強さはグラフ下のようになる。

出典:S.Yamaguchi, 5 Journal of Food Science, 32, 473（1967）[うま味の相乗効果の式確立]

20 うま味を用いて上手に減塩

「うま味」は、5基本味の1つ

塩は、摂取しなければならない必須のミネラルという位置づけのみならず、食品の腐敗防止や保存などにも使用され、人類が発展してきた歴史において大きな役割を果たしてきました。一方で、高血圧などの生活習慣病と食塩摂取量の関連性が、近年の研究報告から知られるようになりました。

２０１４年の日本人成人の平均塩分摂取量は、男性10・９ｇ／日、女性９・２ｇ／日であると厚生労働省より発表されています。この食塩摂取量は、世界保健機関／食糧農業機関（ＷＨＯ／ＦＡＯ）が定める目標量５ｇ／日や、２０１５年４月に厚生労働省が定めた男性８ｇ／日以下、女性７ｇ／日以下の目標量を大きく上回ります。日本では味噌や醤油などの食塩が多く含まれる調味料を伝統的に使用するために、ＷＨＯ／ＦＡＯの目標量である５ｇ／日を実現することは困難であると思われていました。しかし、近年になり生活習慣病の発症や予防の観点から、積極的に塩分の摂取量を減らす試みが行われるようになりました。

例えば、医療現場での塩分摂取量制限による食事療法や、健康人での減塩への取り組みが行われています。しかし、残念なことに「塩味の足りない減塩料理はあまりおいしくない」と思われ、場合によっては食事を摂る量が減ってしまうこともあるようです。

減塩料理のおいしさを損なわない工夫としては、うま味（出汁）、酸味（柑橘類）、辛味（スパイス）や食感（香ばしさ）などで味付けをすることが知られています。実際に病院で提供されている通常食を約30％減塩した際に低下する官能評価指標は、うま味調味料を活用することで減塩前の通常食と同等となることが報告されています。このことは、出汁に代表されるうま味調味料を減塩食に活用することで、おいしさを損なわない減塩食を提供できる実例と言えます。

要点BOX

- ●5基本味とは、塩味、酸味、甘味、苦味とうま味が知られていて、うま味はこの一種
- ●うま味調味料は、おいしい減塩食に貢献

食塩摂取における食品摂取からの寄与割合

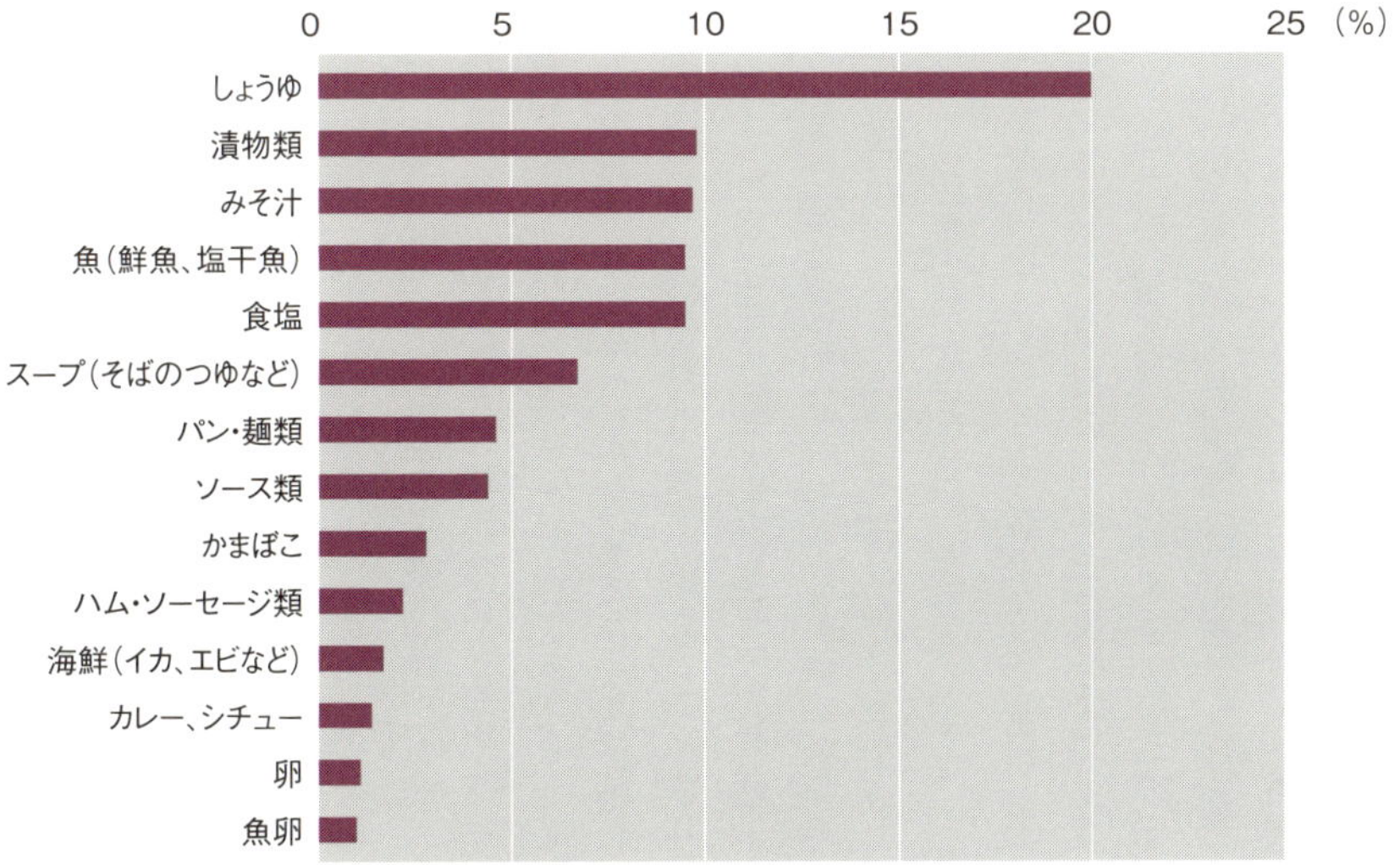

出典：CAM Anderson他, J. Am. Diet. Assoc. 110, 736 (2010) を改編

うま味を活用した減塩食

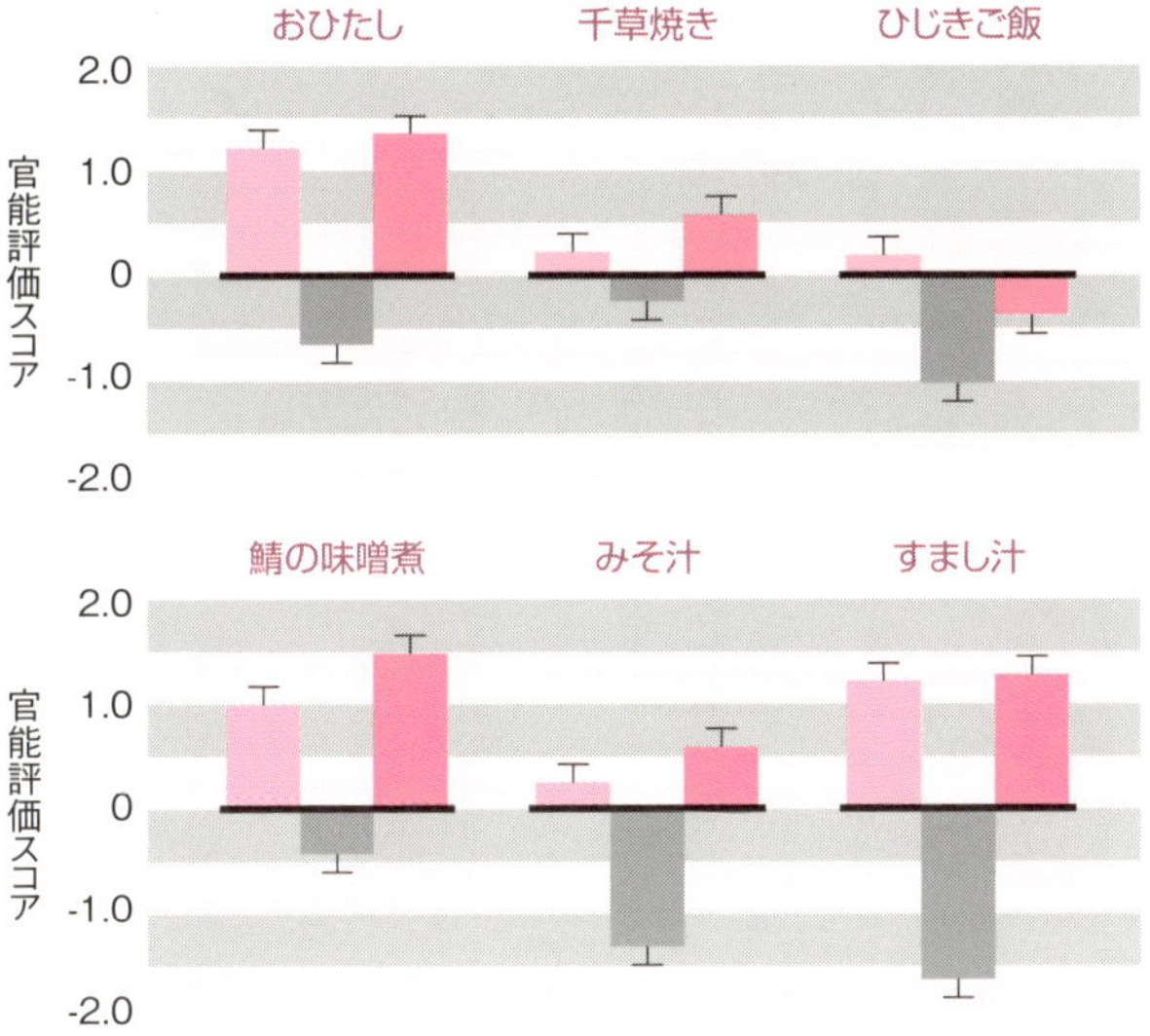

塩分の少ない食事の実践と日常の継続的な摂取には、減塩した食事への満足感が得られないために病院や日常の生活の場では減塩の実施が困難な場合が多い事が知られている。そこで、うま味調味料を活用したおいしさを保った減塩食を使用する試みもなされている。

出典：石田眞弓 他, 日本栄養・食糧学会誌, 64, 305（2011）

用語解説

官能評価指標：人間の感覚（視覚・聴覚・味覚・嗅覚・触覚など）を用いて食品などの指標（おいしさや味の強さなど）を判定する検査。

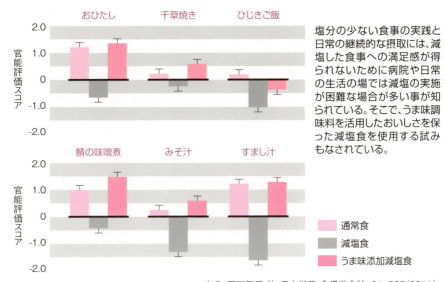

21 グルタミン酸は健康な食生活を支える？

満足感の付与

日本型食生活と健康の観点から、出汁・うま味の満足感の付与が世界から注目されています。これは、WASHOKU（和食）がUNESCO無形文化遺産に登録された時に、和食の特徴の1つとして『一汁三菜を基本とする日本の食事スタイルは理想的な栄養バランスと言われています。また、「うま味（UMAMI）」を上手に使うことによって動物性油脂の少ない食生活を実現しており、日本人の長寿や肥満防止に役立っています。』（出典：農林水産省ホームページ）と記載されたことが関係しています。

食欲は生存本能の1つですが、私たちの食欲は基本的に2つの生理的な感覚「飢え（Hunger）と満腹（Satiety）」のバランスで決まります。いわゆる食事のおいしさ・楽しさ・満足感（Deliciousness/Pleasantness/Satisfaction）といった、より高次の感覚はこの原始的な食欲本能を調節するアクセルあるいはブレーキとして働くと考えられます。近年、代表的なうま味物質であるグルタミン酸が、この満足感の醸成に寄与していることを示唆する知見が増えてきました。

下図にその一例を示します。英国サセックス大学の研究者らは、食前のスープにうま味物質（この場合はグルタミン酸と核酸のミックス）を添加すると、食事の前半の食欲を上げると同時に（アペタイザー効果）、食後の満腹感を上げる効果（サタイエティ効果）が観察されることを報告しています。また、米国モネル化学感覚センターでは、乳児の調整乳に母乳レベルのグルタミン酸を入れることで、乳児の理想的なミルク摂取量に近づけることができると報告しています。

近い将来、うま味（グルタミン酸）と満足感の関係について、学術的にはっきりとした結論が出て、うま味を活用した日本の食事スタイルと健康長寿の関係が明らかになっていくものと期待できます。

要点BOX

- 和食のエッセンス、うま味の本質はグルタミン酸である
- 食事の満足感の秘密はグルタミン酸にあり

食欲のバランス

食欲（Appetite）は飢え（Hunger）と満腹感（Satiety）のバランスで調節される

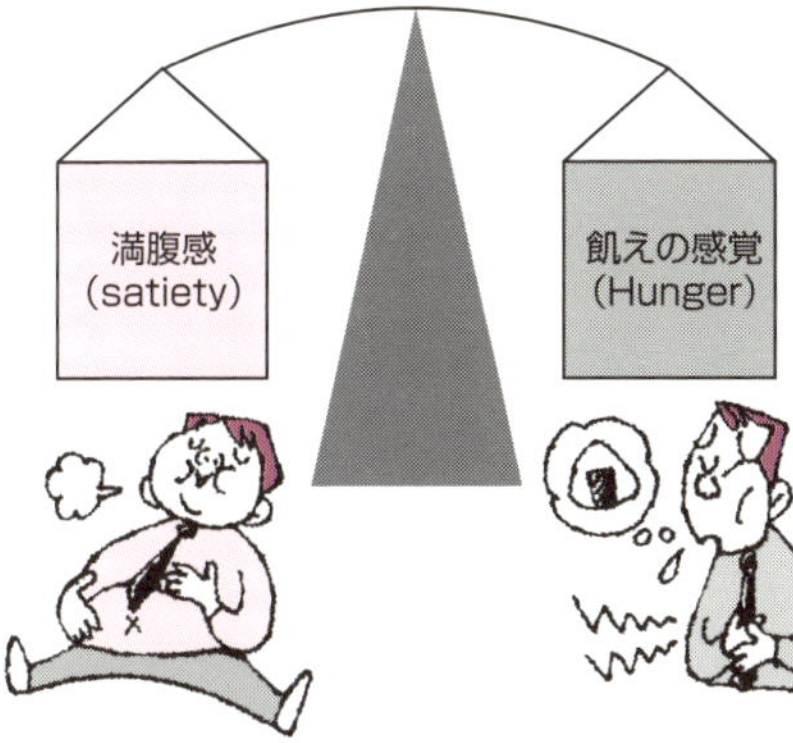

●食欲が出る

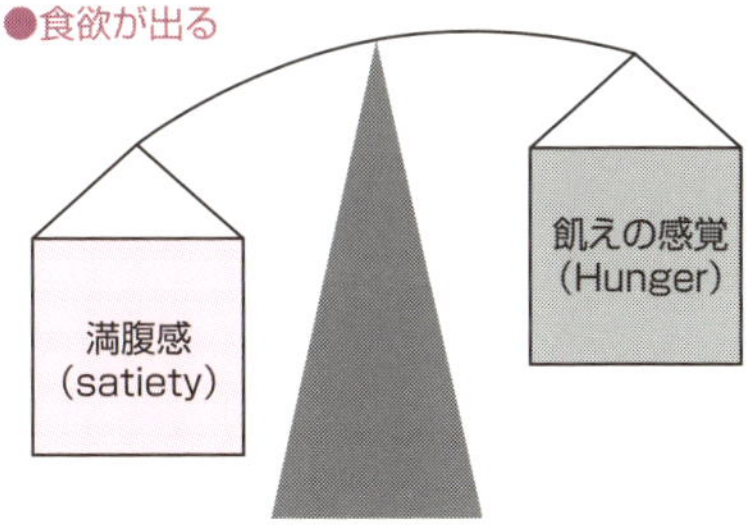

●食欲低下

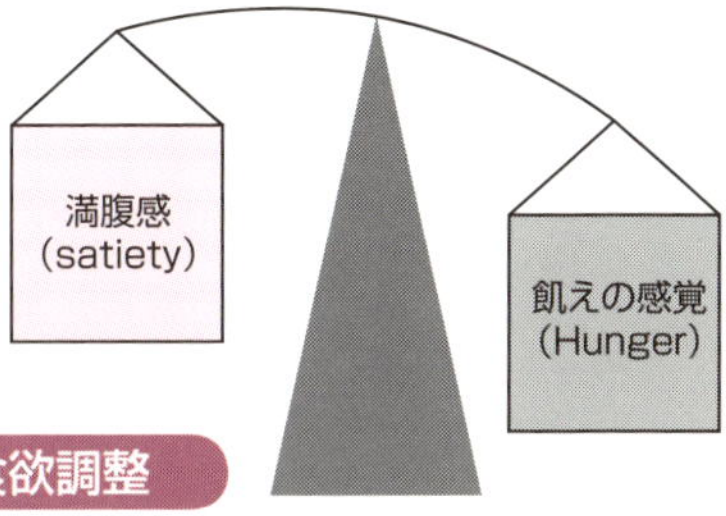

グルタミン酸と食欲調整

グルタミン酸入りのうま味強化スープの摂取は、その後の食事摂取量に影響を及ぼすか？

▶ エネルギー摂取を抑える可能性がある。うま味ありのスープの方が食後の満腹感を高め、パスタを食べる量が抑えられたという知見が英国サセックス大学から出ている。

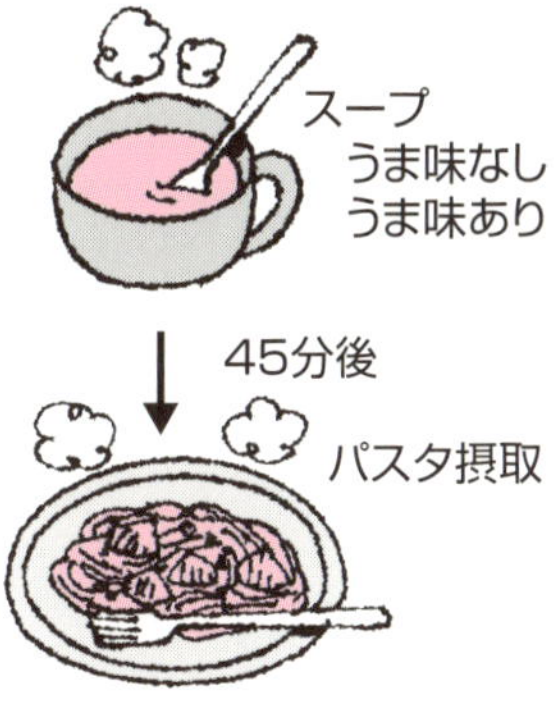

※健康成人を対象とした
27人のクロスオーバー試験

●パスタ喫食量（カロリー換算）

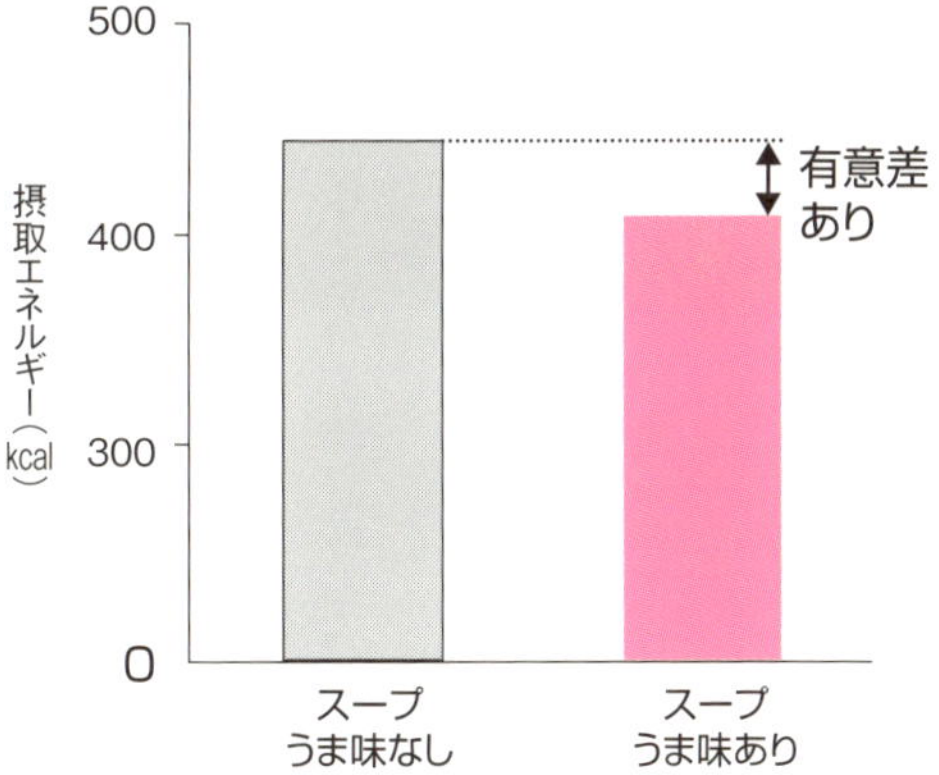

出典：Masic et al,「Umami flavor enhances appetite but also increase satiety」Am J Clin Nutr. 100,532 (2014)を改編

食欲（Appetite）は2つの生理的な感覚（飢えと満腹感）により制御されている。Hungerが高まると食欲が出て、Satietyが高まると食欲は低下し、食事は止まる（A）。近年、グルタミン酸入りのうま味強化スープの摂取はSatietyを高め過剰なエネルギー摂取を抑える可能性も報告されている（B）

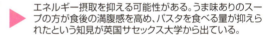

22 グルタミン酸で健口な生活を送ろう！

唾液分泌

最近、ドライマウス（口腔乾燥症）という言葉を聞く機会が増えました。これは、唾液を出す能力が低下したことが原因で、口が乾燥して話しにくい、食べ物の味が感じにくく飲み込みにくい、口の中の傷が治りにくい、痛い、虫歯や口臭が悪化するなど、様々な不具合を引き起こします。口の機能が衰えやすい高齢者では特に問題となっています。

唾液とは三大唾液腺（耳下腺、顎下腺、耳下腺）および小唾液腺から分泌される体液のことを指し、口の中をうるおし、消化や抗菌や粘膜再生に必要な様々な生理活性物質を含み、食物消化や口の健康維持にとって大切な役割を果たしています。

食物を食べている時にもこの唾液は飲み込みやすい食塊を作るのを助け、食物の味覚成分を溶け出させて舌の味覚受容体まで届ける役割があります。パサパサしたものは食べにくく、また味を感じにくいのはこのためです。

食品中の味覚物質はこの唾液を出す重要な食品成分です。アミノ酸であるグルタミン酸は、「うま味」という基本味を生じさせると同時に、大唾液腺と小唾液腺の両方から持続的に唾液を出させ、食事の食べやすさやおいしさに寄与していると考えられています。

下図に健康成人24名を対象としたボランティア試験の結果を示します。うま味（グルタミン酸ナトリウム）は酸味のクエン酸と比べて唾液を持続的に出す効果があることがわかります。さらに最近の研究によれば、うま味は他の基本4味（苦味、酸味、塩味、甘味）と比較して小唾液腺からの唾液分泌を持続的に促す作用があることが明らかとなっています。

要点BOX

- 唾液は食事の食べやすさや美味しさの鍵
- グルタミン酸のうま味は唾液を促し健口《けんこう》に寄与する

口の健康を支える唾液

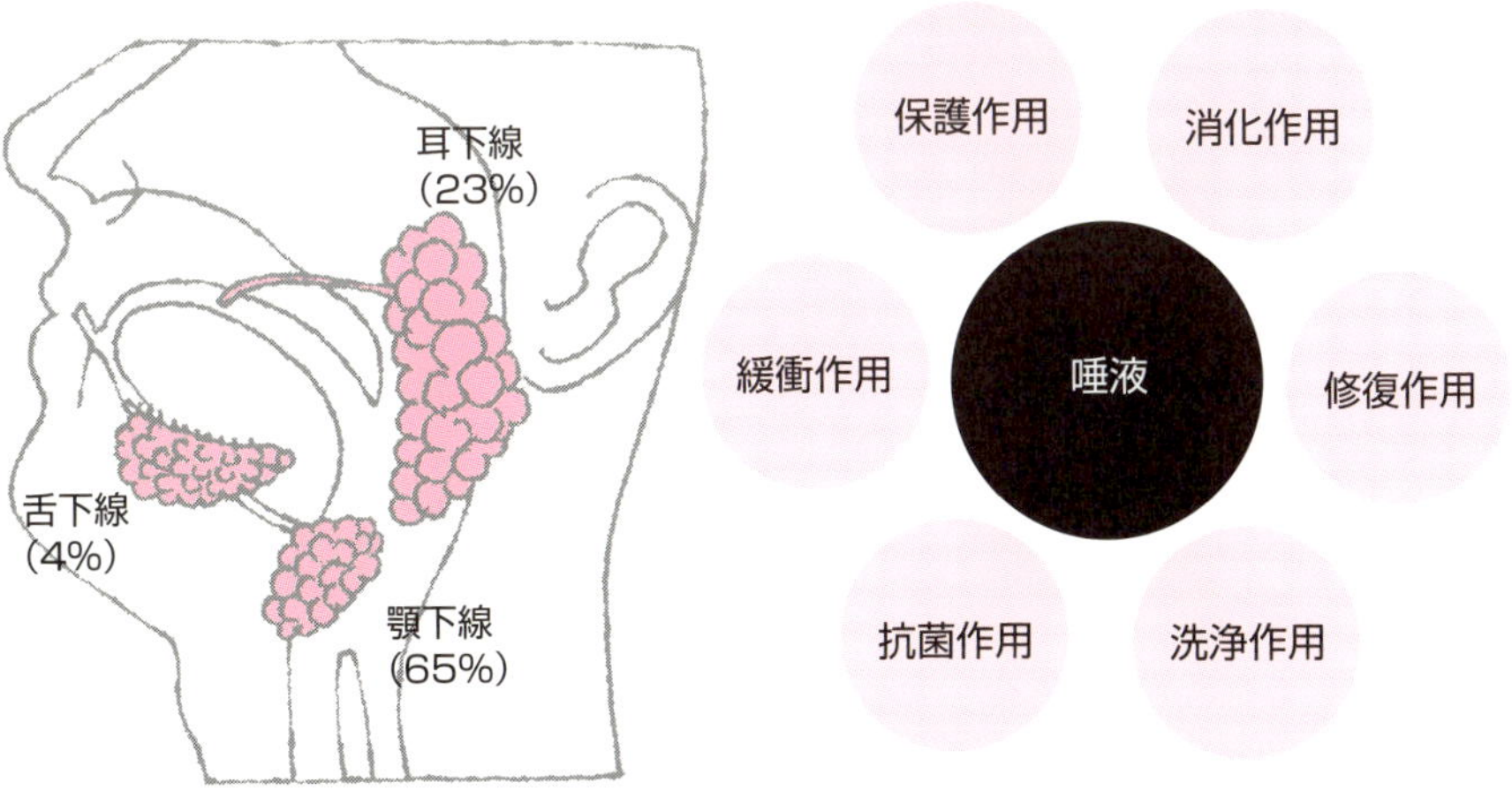

唾液腺には図に示す3大唾液腺（舌下、顎下、耳下）と口腔粘膜に散在する小唾液腺があり、1日当たり1～1.5リットルの唾液が分泌されています。唾液は様々な作用を有して、食べること、そして口の健康の維持に役立っています。

グルタミン酸の唾液分泌に与える影響

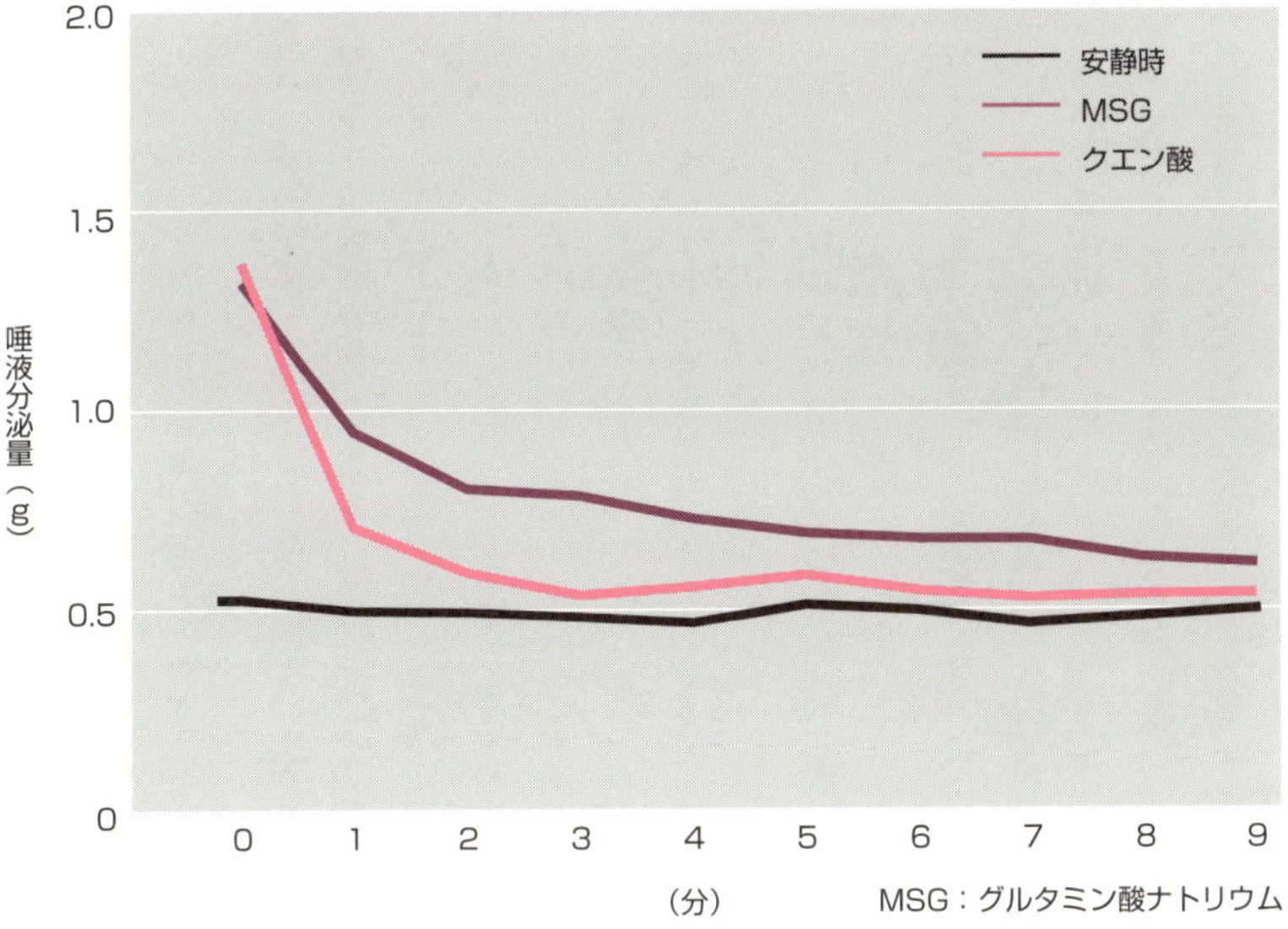

うま味アミノ酸であるグルタミン酸のナトリウム塩は、酸味のクエン酸と比較して持続的に唾液を分泌する効果があることが健康成人で確認されています。

出典:早川 有紀ら,「うま味刺激による唾液分泌促進効果測定」,日本味と匂学会誌 15(3), 367-370(2008)を改編

23 アミノ酸の味

うま味アミノ酸グルタミン酸以外のアミノ酸も味を持つ

味を持つのは概して小さな分子やイオンで、これらが口の中の味細胞にある味覚受容体に作用することが味を感じるのに必要です。味細胞の反応は味神経を通じて脳に運ばれますが、このような味の感覚「味覚」は、甘味・塩味・酸味・苦味、そしてうま味の5つの「基本味」からなります。一見単純な味覚と、におい（嗅覚《きゅうかく》）や、これらの時間変化などが食物の複雑な味わいを醸し出すのです。

大きな分子で味のないデンプンが唾液のアミラーゼで分解されて生じる麦芽糖が甘いように、大きな分子のタンパク質も一般的には無味です。しかし、その構成成分のアミノ酸は味を呈します。つまり大豆タンパクは、にがりで固めた豆腐では味はほとんどありませんが、麹菌で分解した「みそ」や「しょうゆ」にはうま味を呈するグルタミン酸が多く含まれているため、うま味を感じます（24項参照）。

グルタミン酸以外のアミノ酸も、その形（構造）に応じた味を持ちます。グルタミン酸と似ているアスパラギン酸も、うま味を持ちます。筋タンパクに多い分岐鎖アミノ酸（BCAA、4項参照）は水に溶けにくい構造をしており、苦い味がします。みそやしょうゆにもBCAAが含まれますが、苦味は食塩で抑えられ、あまり苦く感じません。しかしBCAAを配合したサプリメントでは苦味が気になるので、甘味料や、クエン酸などの酸を足すなどして、苦味を抑えています。甘味を持つアミノ酸もあり、水に溶けやすい、あるいは小さいグリシンやアラニンはカニやホタテなどの海産物の奥深い味に必要です。

グリシンやアラニンは、甘味に加えて、高濃度ではうま味もわずかに感じられ、このうま味はイノシン酸を加えると強まります。このことも海産物の味に関わっています。グリシンなどのうま味の増強にも、うま味受容体が関与していると考えられています（19項参照）。

要点BOX

- タンパク質の構成要素であるアミノ酸は、形に応じていろいろな味を持つ
- うま味以外にも苦味や甘味など様々である

アミノ酸の味

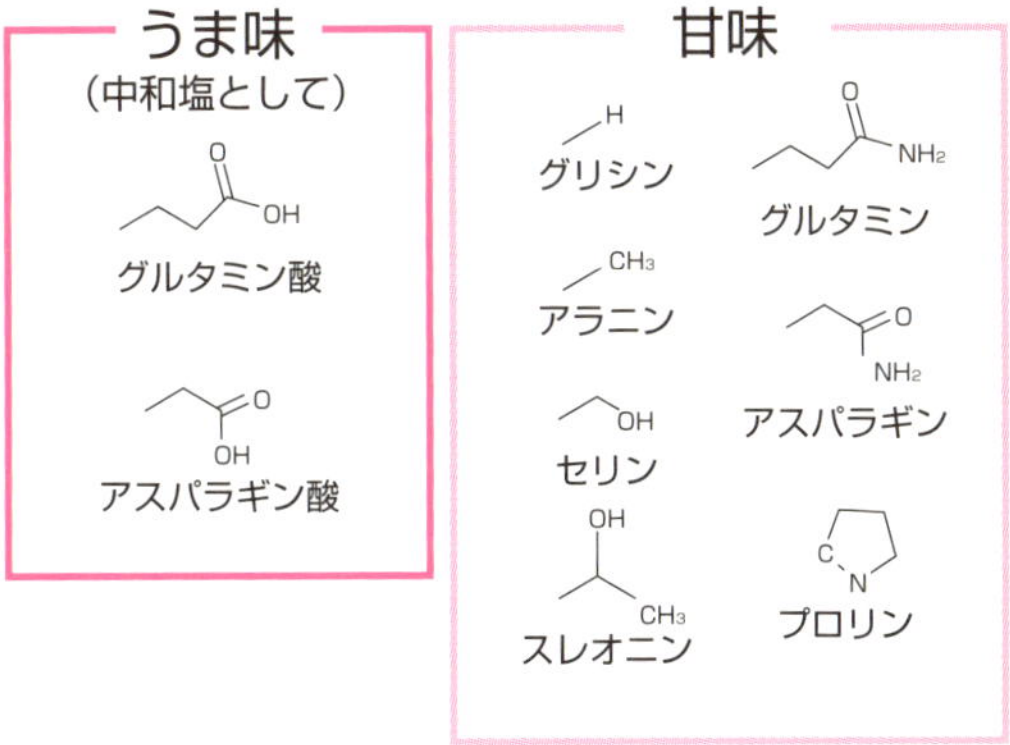

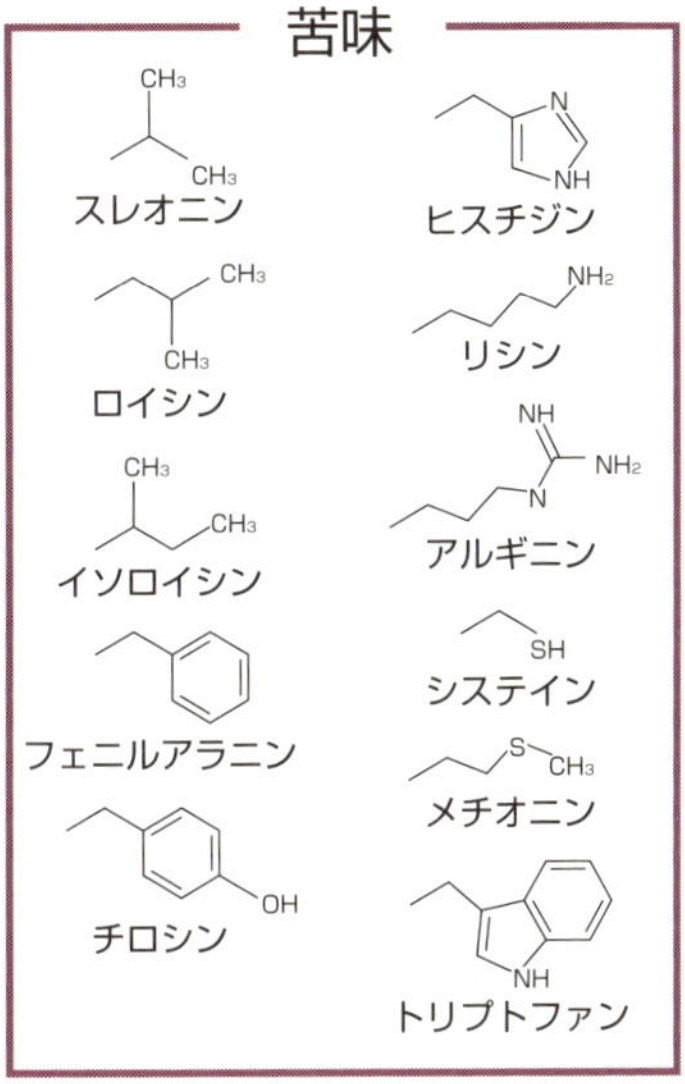

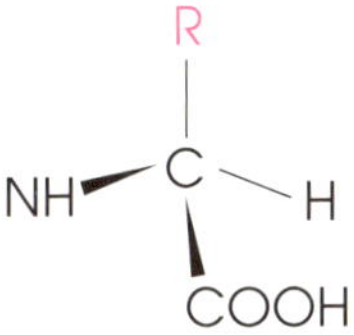

アミノ酸の一般構造式

左の図で R は側鎖と呼ばれアミノ酸の種類により異なる。側鎖の形によりアミノ酸の性質（呈味）が異なる。上記のアミノ酸は R の部分のみを示した。

食品中のアミノ酸の味～グリシンを例に

食品中のアミノ酸の味グリシンを例に…

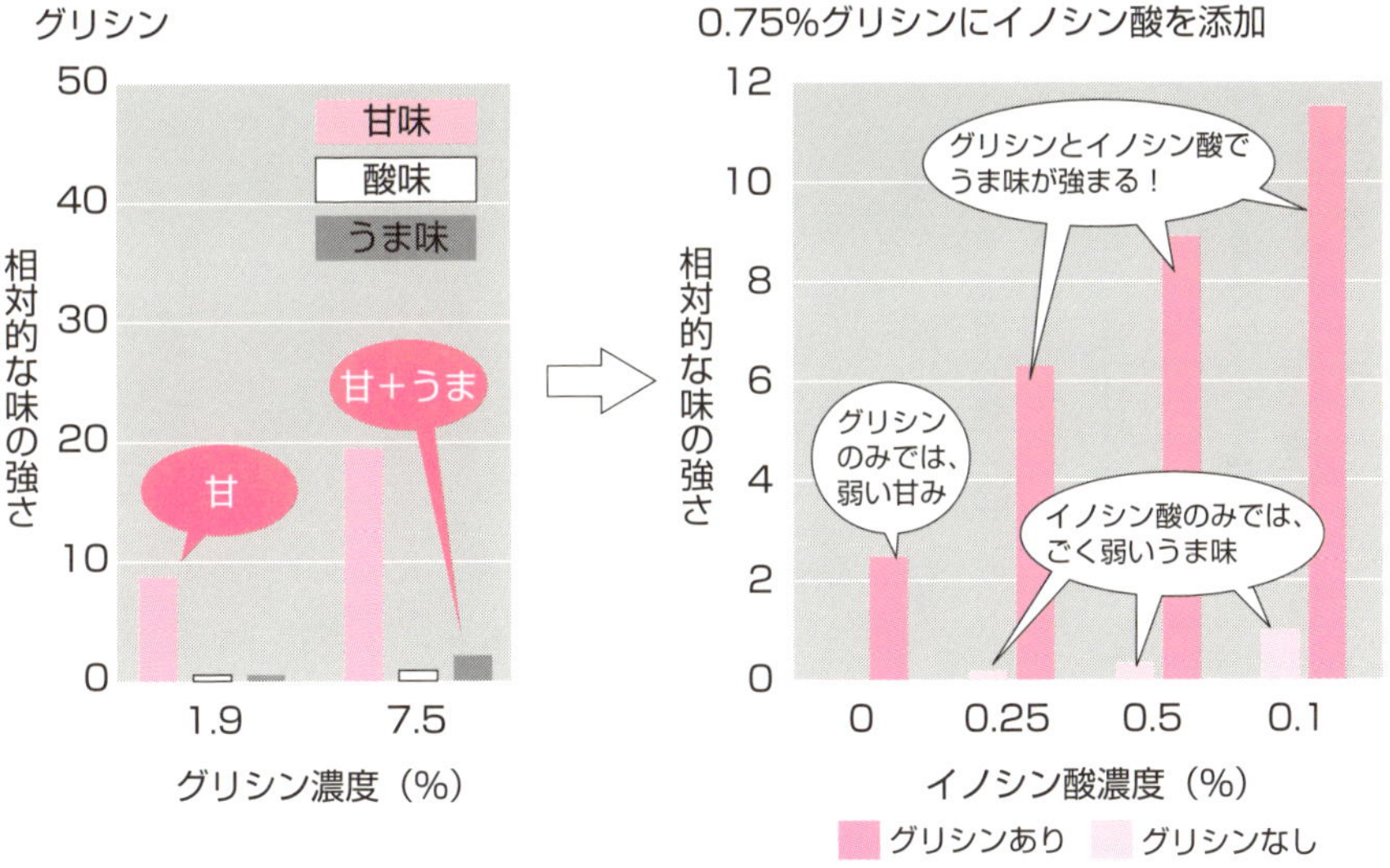

24 発酵食品はアミノ酸の宝庫

発酵食品のおいしさのヒミツ

　人による発酵の営みはバッカスの時代より数千年の歴史を持ち、世界中のあらゆる場所で連綿と行われてきました。発酵には元来、食材を保存する役割があります。例えば収穫されたブドウは数日で腐敗しますが、ひとたび酵母菌により発酵させるとワインとして長くいのちを保つことができます。同様に乳からチーズ、かつおから鰹節など、長期保存が可能な食材や調味料に変身します。また発酵に関わる微生物により、各種ビタミンの生産が行われ、栄養価値が向上することも知られています。

　しかし発酵食品の特徴は、何と言ってもそのおいしさにあると言えます。発酵により食品素材にはない独特な風味が生まれ、これが人々を魅了してきました。ではなぜ発酵食品はおいしいのでしょうか?

　肉や魚はしめた直後よりも、しばらく時間（8〜24時間）が経った方がおいしくなる現象（熟成）が知られています。これは肉に含まれる酵素により組織のタンパク質が分解され、呈味性のアミノ酸が生成されるからです。また同時にイノシン酸などの核酸成分が生成されて、アミノ酸のうま味を一層強めています（19項参照）。同様のことが発酵食品でも起こっています。大豆、コメなどの穀物や乳に含まれるタンパク質はそれ自体ほとんど味がありませんが、発酵すなわち微生物の持つ酵素（プロテアーゼなど）により、タンパク質がペプチドやアミノ酸に分解され様々な味が生み出されます。

　発酵食品に含まれる遊離アミノ酸は、元の食材の遊離アミノ酸のおよそ10倍から１００倍以上になります。中でも、グルタミン酸が通常最も多く、他にアスパラギン酸（うま味）、アラニン（甘味）、ロイシン(苦味)など多数の呈味アミノ酸が生成されます(23項参照)。アミノ酸以外にも有機酸（クエン酸などの酸味成分）や香気成分も生成され、発酵食品の複雑で深い味わいを生み出しています。

要点BOX

- ●発酵食品がおいしいのはタンパク質が分解されアミノ酸が増えるから
- ●微生物の酵素によりアミノ酸が作られる

発酵食品製造の3大キープレイヤー

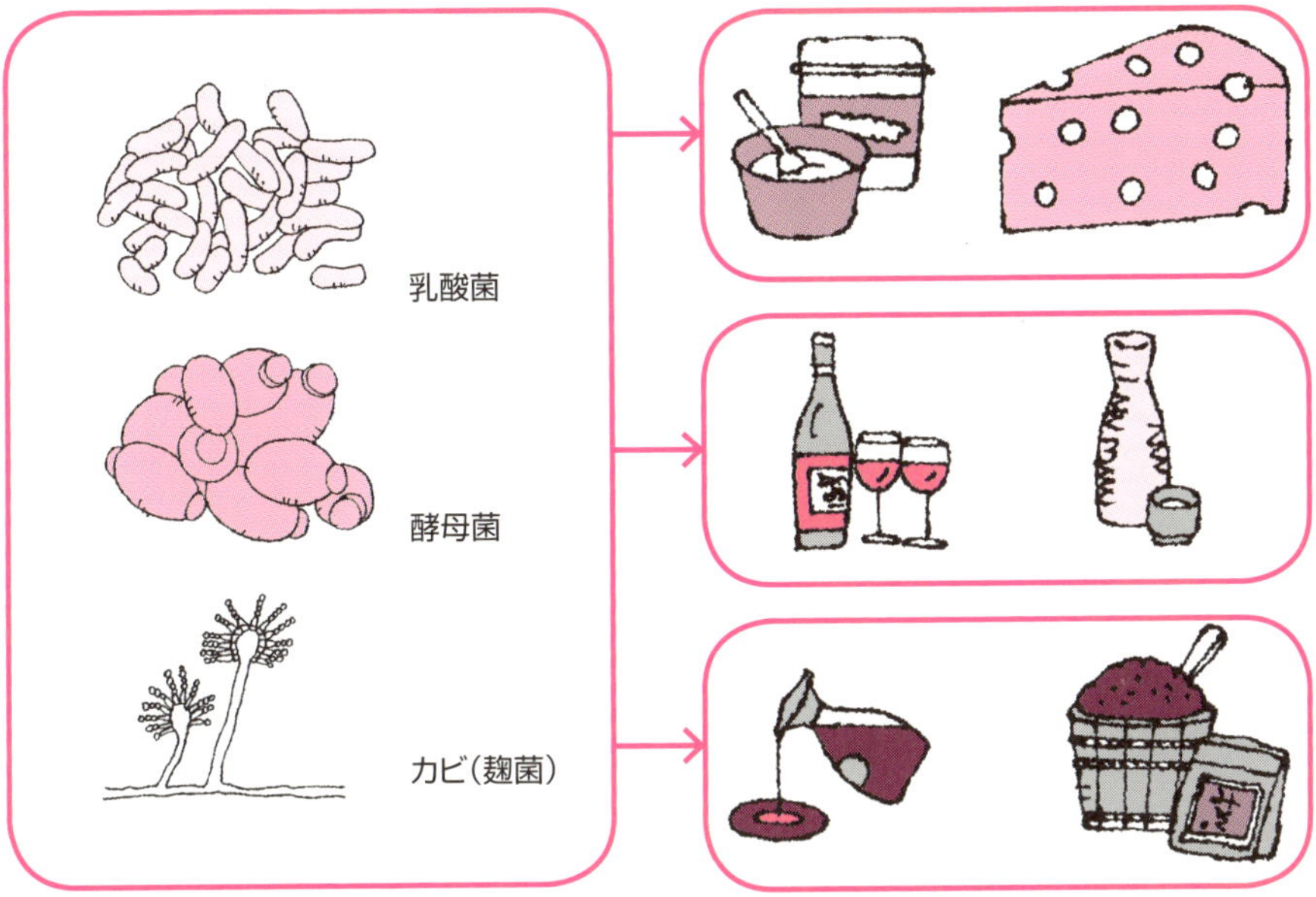

遊離アミノ酸含量

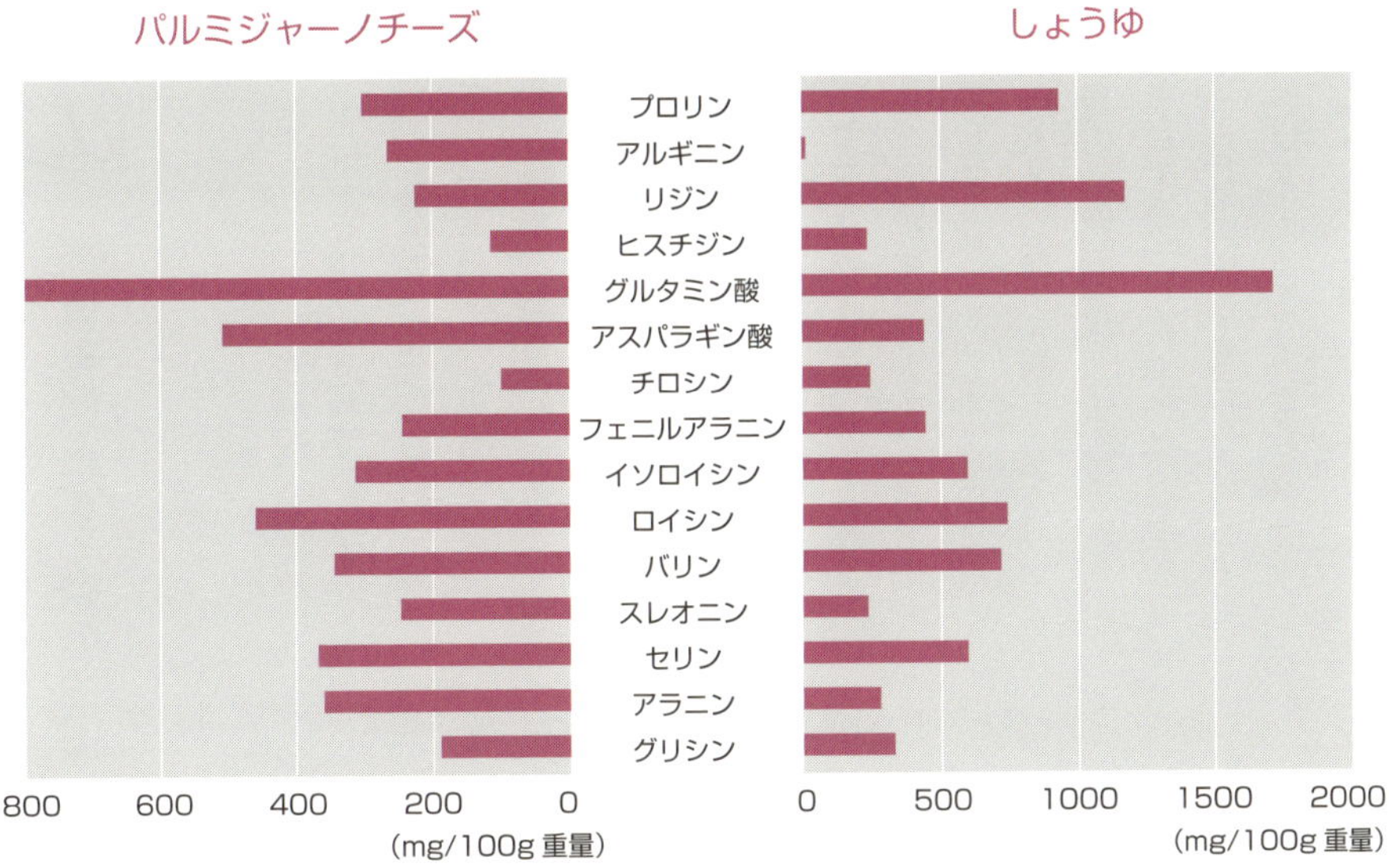

25 フレーバーとしてのアミノ酸

食を演出する影の主役

食品のおいしさは、うま味などの味覚と香気（フレーバー）および食感（テクスチャー）から構成されています。アミノ酸はその中で味覚の主役ですが（23項参照）、同時に香りを生み出す上でも重要な役割を担っています。アミノ酸はそれ自体、固体で揮発しないため香りを発しません。しかし、調理（加熱）や食品製造の過程でアミノ酸が変化して様々な香気成分が形成されることが知られています。

加熱調理香を生み出す上で重要な反応として「メイラード反応」があります。アミノ酸とカルボニル基を持つ糖の間での結合反応が引き金となることから「アミノカルボニル反応」とも呼ばれます。この反応は分解や重合反応を伴う複雑な系で、結果として様々な香気成分と着色物質が形成されます（詳細は参考文献を参照）。例えば肉を焼いた時の香りと焼け焦げ、あるいはしょうゆの火入れ（雑菌を抑えるための加熱処理）により生じる独特の風味と色合いなどは、メイラード反応がその主反応と考えられています。このようにメイラード反応は食品の好ましい風味（焦げ臭）や着色（焼き色）を起こすことから、食品製造や調理による香気の中で重要視されています。

この食品の加熱調理による香気生成反応を、アミノ酸（やアミノ酸含有食材）と糖類の加熱反応により再現し、調味料や香気生成技術として活用している例として、リアクションフレーバーがあります。アミノ酸の種類を変えることで様々な香気が生まれますが、特にシステインなどの硫黄分子を含んだアミノ酸類を用いると、畜肉系の食欲をそそるフレーバーが得られるため注目されています（表）。またリアクションフレーバーは少量の比較的安価な素材で切れ味のよい香りを生むことができ、材料や加熱温度などの条件を変えることで目的の香気を自在にコントロール可能なため、現在はスープやラーメンなど様々な加工食品に広く利用されています。

要点BOX

- ●アミノ酸は糖と加熱され様々な香りと色を生む
- ●この反応を利用した調味料（リアクションフレーバー）が食品製造で広く用いられている

食品のおいしさを構成する3要素

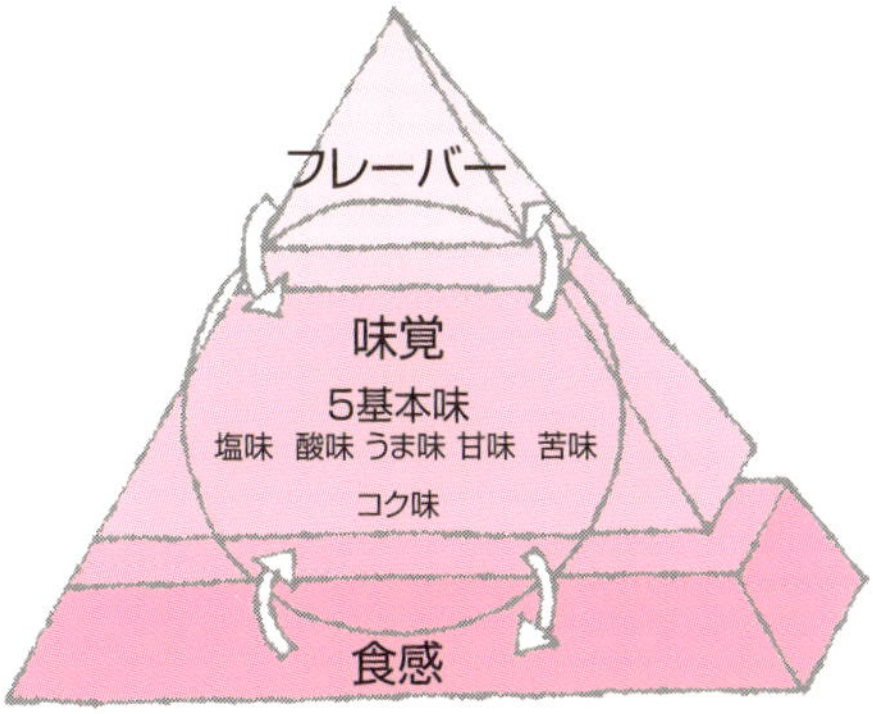

メイラード反応（アミノカルボニル反応）

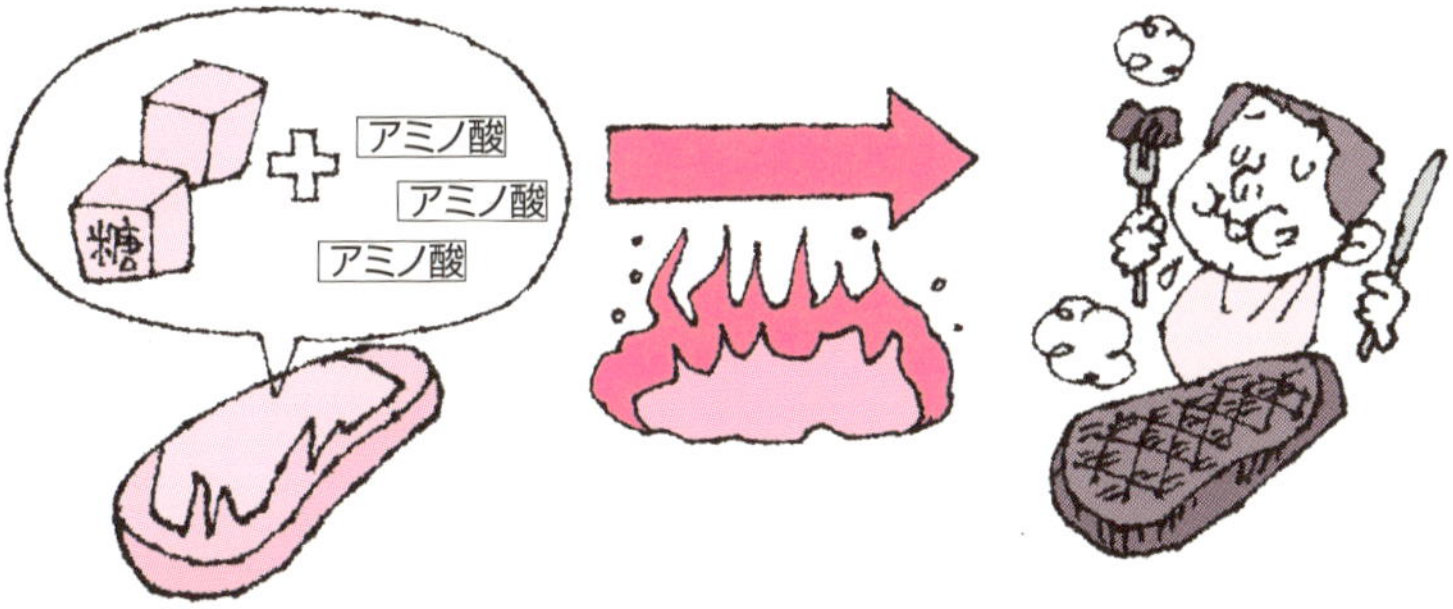

肉や野菜などの食材中の、アミノ酸と糖が調理（加熱）により結び付き、香ばしい風味と褐色の焼き色を生み出す

リアクションフレーバーの例

アミノ酸	フレーバーの特徴
アラニン	カラメル、甘い香り
イソロイシン	焼いたチーズ臭、果実臭
ヒスチジン	パン、トウモロコシ
システイン	焼いた肉の香り
バリン	ライ麦パンの香り、チョコレート風味
フェニルアラニン	バラ、スミレの香り
メチオニン	ジャガイモ、キャベツの香り
リジン	サツマイモ、パンの香り

※アミノ酸の種類や加熱温度・時間によって香りの特性は変わります

26 砂糖の200倍の甘みを持つ甘味料

高甘味度甘味料
アスパルテーム

　アスパルテームはアスパラギン酸とフェニルアラニンがペプチド結合し、メチルエステルで修飾された構造を持つ甘味料です。１９６５年にG.D.Searle社の研究員が医薬品を開発する目的でこの物質を調べている最中に偶然甘味を発見し、１９７９年に世界で初めてフランスで甘味料として実用化されました。以来30年以上にわたって世界の多くの国で甘味料として使用されています。アスパルテームは砂糖に似た甘みを持ちますが、その甘味度は重量当たり砂糖の２００倍です。このためアスパルテームは原材料であるアミノ酸などと同様にカロリーを持ちますが、使用量が砂糖の２００分の1で済むため、実際の食品中のアスパルテーム由来のカロリーは無視することができます。また少しの量で甘味を提供できる特性は、味が長持ちするガムなどにも活用できます。こうした特徴から、アスパルテームはダイエット飲料やガム、菓子などの飲料や食品に使われています。

　アスパルテームのもう1つの特徴に、その消化性があります。これは前述のようにアスパルテームが2つのアミノ酸が結合した構造であるため、摂取した後に他のペプチドやタンパク質と同様に体内で分解されるというものです。分解されて生じるアスパラギン酸、フェニルアラニンおよびメタノールは食品中にも存在する物質ですが、アスパルテーム由来のこれらの物質は、他の食品由来の同じ物質に比べてもわずかです。このことがアスパルテームの高い安全性につながっています。

　アスパルテームの発売前に毒性、発がん性、催奇形性などについて多岐にわたる安全性試験が行われ、副作用や発がん性などがないことが確認されています。またあらゆる年齢の健康な人および肥満の人、糖尿病患者、妊婦などでも安全性が確認されており、また血糖値にもまったく影響を与えないことが確認されています。このためアスパルテームは血糖コントロールが必要な人でも安心して使用できます。

要点BOX

- ●アスパルテームのはアミノ酸が結合した甘味料
- ●アスパルテームは摂取した後に他のペプチドやタンパク質と同様に体内で分解される

アスパルテーム

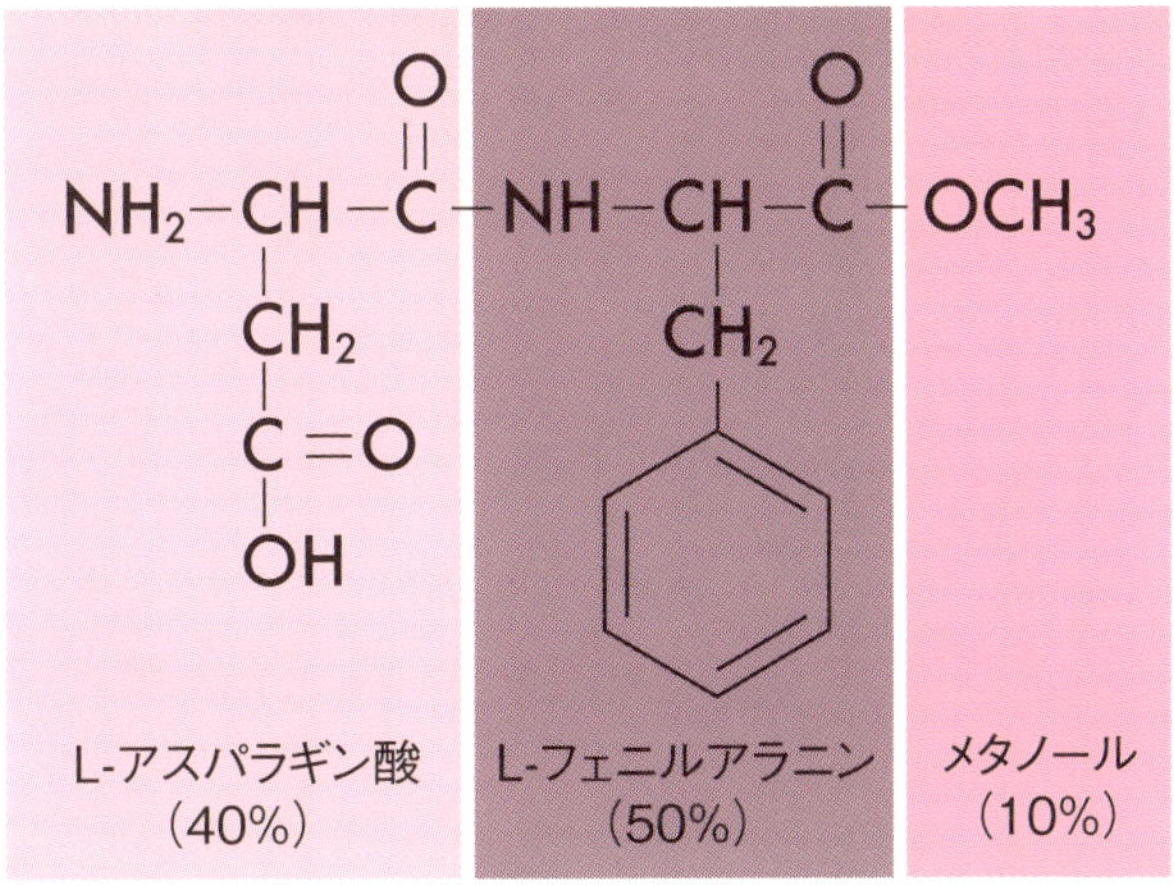

アスパルテームはタンパク質と同様にアミノ酸であるアスパラギン酸とフェニルアラニンからできています。

すべての構成成分は食品や飲料などに一般的にみられるものからなっています。

アスパルテームの消化吸収

•タンパク質と同じように分解、吸収されます

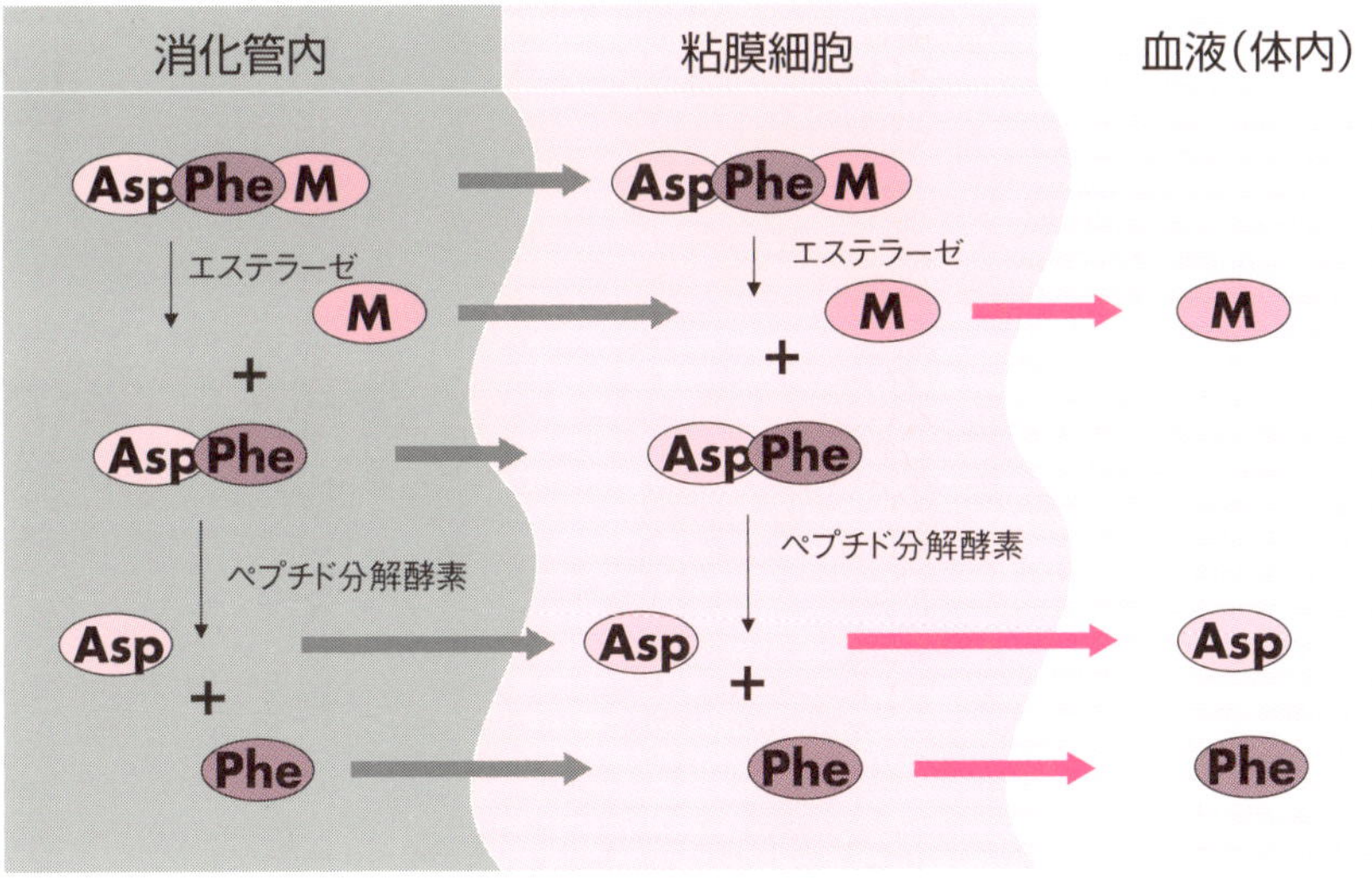

Asp：L-アスパラギン酸　Phe：L-フェニルアラニン　M：メタノール

27 アミノ酸の安全性

アミノ酸の代謝酵素の能力

食品のタンパク質（20種のアミノ酸）含量は食品ごとに異なります。このような食の変動にあっても、一般的にアミノ酸過剰摂取による健康障害は起こりません。これは、人の持つ適応力によります。摂取したアミノ酸は体内でタンパク質、核酸、糖、脂質などの生体物質の合成やエネルギー源として利用されています。人はアミノ酸の摂取量に応じて、代謝を調節することで、体内の恒常性を保っているのです。この適応力ゆえに、人類が狩猟・採取の時代から現代にいたる食環境の変化を生き延びてきました。

もちろん、アミノ酸の代謝酵素の能力には限界があります。例えば、アミノ酸が分解してできるアンモニアは尿素に変換されてから排泄されますが、その能力には限界があります。この合成能力を測定することで、人が一日に代謝できるアミノ酸総量は２５０g程度と推定されています。この値は、主に肉類を食していたエスキモーのタンパク質摂取量とほぼ一致しており、人が代謝できる安全な摂取量と言えるでしょう。現代人のアミノ酸摂取量は約70ｇ／日であり（国民栄養調査より）、よほどの偏食や暴飲暴食をしない限りはこの限界を超えることはないでしょう。

しかし、現代は単独のアミノ酸をサプリメントなどとして入手できます。人は進化の過程で様々な食環境を生き延びてきましたが、単一の栄養素のみを摂取して生きるようには作られていません。単一栄養素の摂取を続けると、他の栄養素が欠乏して障害が引き起こされます。アミノ酸のサプリメントの安全性は、あくまでもバランスのとれた食生活の上で担保されているのです。そして、やはり過剰に摂取すれば毒となり得るのです。食塩や砂糖などと同様に、アミノ酸（タンパク質）も適正な摂取が大切であることを強調しておきたいと思います。

要点BOX

- ●ヒトが代謝できるアミノ酸摂取量は250g／日
- ●サプリメントの安全性は、バランスのとれた食生活の上で担保されている

多様な食環境を生き延びてきた人類

狩猟

採取

農耕

ヒトは生来、多様な食環境（アミノ酸摂取環境）に適応する能力を持っています。

摂取したアミノ酸の最終代謝物

アミノ酸 → → → 二酸化炭素 + 水 + アンモニア

$$\mathrm{R{-}CH(NH_2){-}COOH} \rightarrow \rightarrow \rightarrow \mathrm{CO_2} + \mathrm{H_2O} + \mathrm{NH_3}$$

↘ エネルギー

NH_3 ↓ ↓ ↓ 尿素

$$\mathrm{H_2N{-}CO{-}NH_2}$$

摂取したアミノ酸は、最終的には主に、二酸化炭素、水、アンモニアに代謝されます。アンモニアは尿素に代謝されて、尿から排泄されます。

用語解説

代謝：生体内で物質が化学反応により他の物質へと変換されること。
恒常性：体内の状態（アミノ酸濃度）を一定に保つ性質。

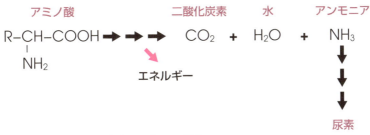

28 母乳とアミノ酸

生まれて初めて出会う味「うま味」

母乳にはタンパク質や乳糖、脂質、ミネラルとともに様々なアミノ酸（個々のアミノ酸は特有の味がある）が含まれています。母乳に最も豊富に含まれているアミノ酸はうま味のあるグルタミン酸で濃度は約0・03%程度、昆布だしのグルタミン酸濃度とほぼ同じです。私たちが初めて体験する味の1つがうま味です。ヘブライ大学のシュタイナー先生は生まれたばかりの赤ちゃんに（生後5〜8時間）、スポイトで一滴の甘味、酸味、苦味の水溶液を与えて顔の表情を調べました。甘味には穏やかな、苦味や酸味は、その味を嫌う独特の表情を示します。味付けをしていない野菜スープに対しては苦味と同じような表情をしますが、ここにうま味物質を少量加えると穏やかな表情を示します。生後4カ月の日本人の赤ちゃんに各種味溶液を味わってもらったところ、やはり甘味と野菜スープにうま味物質を加えたものには良い表情を示しました。赤ちゃんは味を手掛かりに食べても大丈夫か、危険かを判断する能力を持っているのです。これは生きるために大切な能力で、甘味はエネルギー源のシグナルです。

グルタミン酸のうま味はタンパク質が入ってくることを体に教えてくれるので、体はタンパク質を消化・吸収するための準備を始めます。酸味は腐っているかもしれない、苦味は毒があるかもしれないので拒否します。うま味単独の水溶液は好みませんが、うま味が野菜スープに加わると喜んで飲んでくれます。うま味単独ではおいしくはありませんが、うま味は食品中に含まれる（あるいは添加される）ことで食品の味をよりおいしくしてくれる役割を持っています。

お母さんが食べた物の香りは母乳に移行します。和風であれば鰹節、しょうゆ、みそなど、洋風であれば肉、トマト、チーズなどの風味をうま味とともに母乳を通じて体験することで、赤ちゃんの嗜好が形作られていきます。

要点BOX

- ●母乳にはうま味が豊富に含まれている
- ●乳児でも甘味、酸味、苦味、うま味を識別できる

母乳中(出産後120〜240日)のアミノ酸

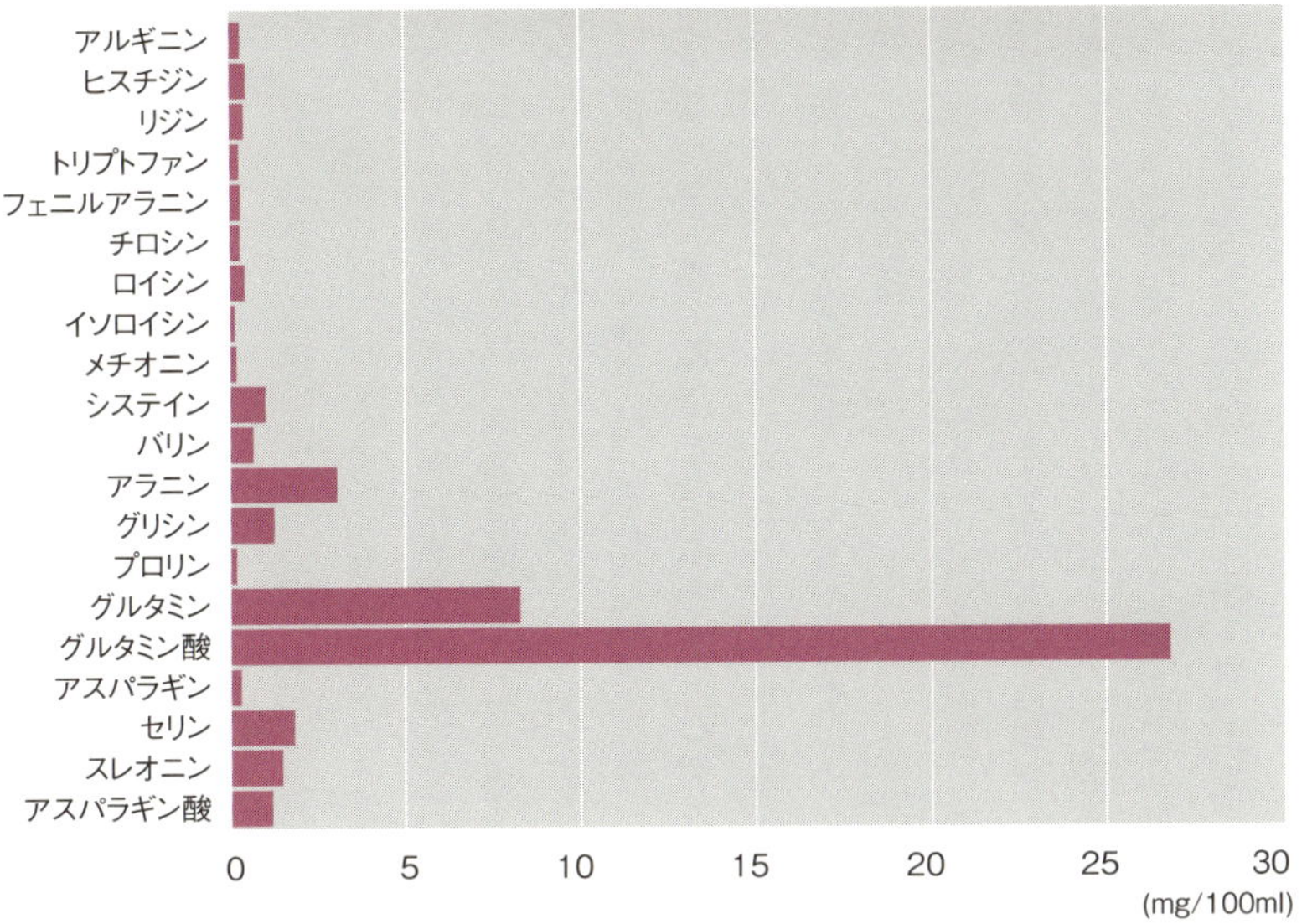

母乳中に含まれているアミノ酸の中で最も多く含まれているのはグルタミン酸です。出産直後の母乳中のグルタミン酸は100ml中に16mg程度だったのが出産後120〜240日では約27mgに増加していきます。この図はこの時期の母乳に含まれている各種アミノ酸の濃度を示しています。

出典:井戸田　正ら　「最近の日本人人乳組成に関する全国調査(第三報)」
日本栄養消化器病学会誌、5巻2号、209−2019(1991)を改編

乳児の味覚に対する反応

野菜スープ+うま味
(グルタミン酸　82mg/100g)

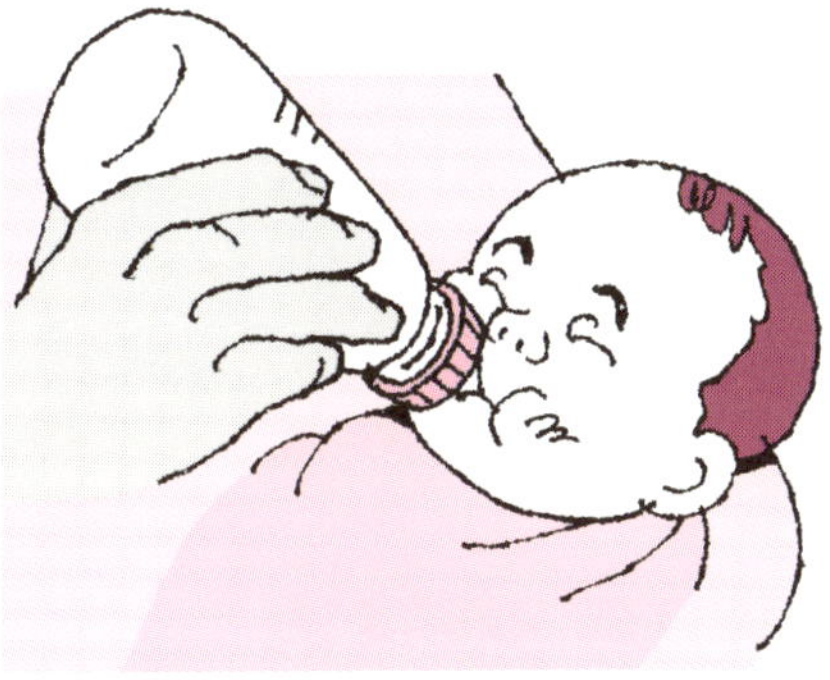

生後4カ月の男児(母乳のみで生育)の甘味(10%の砂糖水)、酸味(レモン果汁)、苦味(ゴーヤの絞り汁)、野菜スープ、うま味(野菜スープに0.1%のグルタミン酸ナトリウムを添加)に対する反応。甘味は喜んで摂取しますが、酸味、苦味、野菜スープは嫌います。しかし、うま味が加わったことで喜んで飲んでくれました。

出典:NPO法人うま味インフォメーションセンター(Jacob E. Steiner, Wat the neoneate can tell us about umami. In 'Umami: A Basic Taste' Y. Kawamura and M. R. Kare (Eds.), p. 97-123, Marcel Dekker (1987) に従って実験を実施)

29 食事で摂るアミノ酸の量がわかる

アミノ酸成分表

食品に含まれる栄養素には、タンパク質、脂質、炭水化物、各種ビタミン、ミネラルなどがあります。健康の維持や増進のために、各栄養素をどれくらい摂れば良いのかについては、厚生労働省の「日本人の食事摂取基準」にガイドラインとして定められています。この栄養素の基準は、学校や病院などでの給食や栄養指導の場で利用されています。しかし、これを実際に利用するには、私たちが食べている食品それぞれに、各栄養素がどれくらい含まれているのかを知っておく必要があります。そのため、日本で日常的に摂取されている食品について、それらの各栄養成分の含量を示したものが、文部科学省が発表する「日本食品標準成分表」です。

２０１５年に改訂された「日本食品標準成分表２０１５年版（七訂）」には、２１９１食品について52の成分値が記載されていますが、この改訂の際、「アミノ酸成分表」が大幅に拡充されました。改訂前の「日本食品標準成分表２０１０」においては、わずか３３７食品のアミノ酸成分が掲載されているのみでしたが、２０１５年版においては、１５５８食品のアミノ酸成分が収載されました。さらに「アミノ酸成分表追補 ２０１６年」が加わり、１５８６食品となっています。これによって、食品のカバー率が18％から71％となり、タンパク質源（つまりアミノ酸源）として重要な食品のほとんどがカバーされ、食事から摂取する各アミノ酸の量を算出することが可能となりました。

また、栄養成分のうちのタンパク質は、これまでは簡便な分析として食品の窒素含有量を求め、係数を掛けて求められていたため不正確な部分がありました。しかし、アミノ酸組成の実測によるタンパク質量も併せて掲載され、より正確なタンパク質量を算出することができるようになりました。

要点BOX

- ●日本食品標準成分表に食品のアミノ酸含量が収載された
- ●アミノ酸成分表には1586食品が掲載

アミノ酸成分表の例

食品名	水分	たんぱく質	アミノ酸組成によるたんぱく質	イソロイシン	ロイシン	リシン(リジン)	含硫アミノ酸：メチオニン	含硫アミノ酸：シスチン	含硫アミノ酸：合計	芳香族アミノ酸：フェニルアラニン	芳香族アミノ酸：チロシン	芳香族アミノ酸：合計	トレオニン(スレオニン)	トリプトファン	バリン	ヒスチジン	アルギニン	アラニン	アスパラギン酸	グルタミン酸	グリシン	プロリン	セリン	ヒドロキシプロリン	アミノ酸組成計
単位	g/100 g			mg/100 g			mg/100 g			mg/100 g			mg/100 g												mg/100 g
こめ[水稲めし] 精白米　うるち米	60.0	2.5	2.0	91	190	83	61	53	110	120	96	220	84	35	130	61	190	130	220	410	110	110	130	-	2300
だいず[豆腐･油揚げ類] 絹ごし豆腐	89.4	4.9	4.8	250	430	350	70	84	150	290	210	500	220	75	260	150	420	230	650	1000	230	290	280	-	5500
(キャベツ類)キャベツ 結球葉　生	92.7	1.3	0.9	33	51	52	13	14	27	32	25	58	41	11	48	30	68	63	120	350	38	40	48	-	1100
<魚類>(さけ･ます類) しろさけ　生	72.3	22.3	18.3	1000	1700	2000	690	230	920	880	750	1600	1000	250	1200	1100	1300	1300	2200	3000	1000	770	860	(160)	21000
<畜肉類>うし[乳用肥育牛肉] リブロース　脂身つき　焼き	33.4	20.4	18.5	910	1700	1800	530	240	780	860	710	1600	940	250	1100	740	1400	1400	2000	3300	1400	1100	850	330	22000
鶏卵　全卵　生	76.1	12.3	10.6	610	1000	890	390	300	690	630	550	1200	580	180	760	310	780	690	1200	1600	410	490	900	-	12000
<牛乳及び乳製品>(液状乳類)　普通牛乳	87.4	3.3	2.9	170	320	270	80	26	110	160	150	310	140	45	200	92	110	100	250	690	61	310	170	-	3300

出典:日本食品標準成分表2015年版(七訂)アミノ酸成分表編(文部科学省)より一部抜粋

Column

納豆のネバネバはおいしさのもと?

　納豆とは「蒸した大豆表面に納豆菌（バチルス菌）が増殖し「納豆の糸」と言われる独特のネバネバ（粘質物）を作ると同時に納豆特有の風味を生じた食品」と言えます。38～42℃で16～24時間発酵させることで納豆菌の作るプロテアーゼ、アミラーゼなどの酵素が働き、大豆成分を分解してアミノ酸や糖質が生じ納豆の旨味を生み出します。同時にアンモニアや有機酸などを生成し、あの納豆特有の香りを発するようになります。一方、ネバネバの正体は、うま味物質であるグルタミン酸が５００個以上、時には1万個以上直鎖状に連なってできたアミノ酸ポリマー（ポリグルタミン酸：ＰＧＡ）です。生体を構成するアミノ酸は通常Ｌ型ですが、納豆ＰＧＡには50～80％程度の割合でＤ型が含まれます。またグルタミン酸同士の結合も通常のタンパク質のα結合とは異なりγ結合であるなど、納豆菌ポリマーに特有の構造を持ちます（3、64項参照）。

　ＰＧＡは、食品の増粘剤や結着剤として利用されている他、苦み・エグ味を抑えることから食のおいしさ作りにも貢献しています。腸におけるカルシウム吸収を高める性質から骨粗しょう症を予防する健康素材としても活用されています。また保湿・吸湿性が良く化粧品原料としても利用されるなど幅広く生活に役立てられています。

　さて納豆を食べる前には箸でよくかき混ぜるとより美味しくなると言われます。食通の芸術家である北大路魯山人は「この糸を出せば出すほど納豆は美味くなるのであるから、不精をしないで手間を惜しまず極力ねりかえすべき」との教えを残しています（北大路魯山人「魯山人味道」中公文庫（昭和55年））。一説には４００回程度混ぜるのが最適と言われているようです。これは混ぜることでネバネバに空気を巻き込んで好ましい食感を与えるためと考えられます。また、それ自体無味なＰＧＡの鎖が切断されることでグルタミン酸が一部遊離しうま味を増すとの説がありますが、いずれも科学的な検証が望まれます。

第4章

アミノ酸と健康

30 免疫システムを維持するアミノ酸

グルタミン、アルギニン、システインとテアニン

私たちには、細菌やウイルスなどの異物が外から体の中に侵入してくるのを防いだり、がんなどの体内に生じる異物を排除することなど、体を守るための免疫の仕組みが備わっています。毒物を排泄することや、体を修復する治癒力も広い意味では免疫の働きの1つです。これらの異物を排除するために中心的な役割を果たしているのが白血球です。白血球には異物を排除するもの、抗原を記憶するもの、抗体を作るものなど様々な役割を持つタイプが知られており、お互いに複雑にコミュニケーションを取りながら免疫機能を発揮しています。このような免疫システムを維持していく上で、アミノ酸が重要な役割を果たしていますが、特に免疫細胞の栄養源として多くの量が必要とされるのがグルタミンです。

グルタミンは消化管の粘膜の栄養源としても利用されることから腸管でのバリア機能を高める作用もあり、腸管免疫機能の発揮に重要な役割を果たしています。また、アルギニンは白血球の自然免疫における殺菌効果を担う一酸化窒素（ＮＯ）の原料となることから、免疫機能を高める役割を持つアミノ酸です。これらを配合した医療向けの製品が発売されています。さらに、システインとテアニンの摂取により、激しい運動により低下した白血球の貪食能を高めたり、風邪の発症を抑えたり、インフルエンザの予防接種による抗体産生を高める効果があることなど、免疫力を高める効果があることが報告されています。

システインとテアニンは生体内で作られる抗酸化物質であるグルタチオンを構成するアミノ酸のシステインとグルタミン酸の供給源となります。グルタチオンが増えることは、免疫力の改善と免疫機能の調節の両方に役立つものと考えられています。アトピー性皮膚炎の動物モデルにおいて、免疫システムのバランスが改善され皮膚症状を改善したとする報告があり、臨床応用が期待されています。

要点BOX

- ●アルギニンは免疫機能を高める
- ●システインとテアニンは免疫システムを正常なバランスに保つ

シスチン

シスチンは肉類に多く含まれる

テアニン

テアニンはお茶の葉に多く含まれる

シスチンはアミノ酸システインが
２個結合したアミノ酸

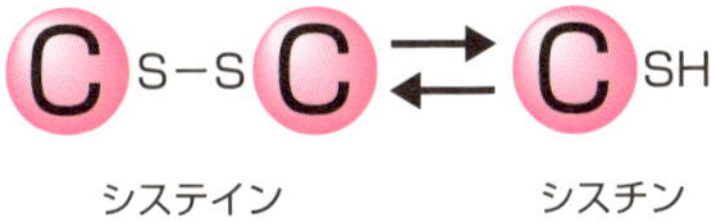

テアニンはグルタミン酸と
エチルアミンが結合したアミノ酸

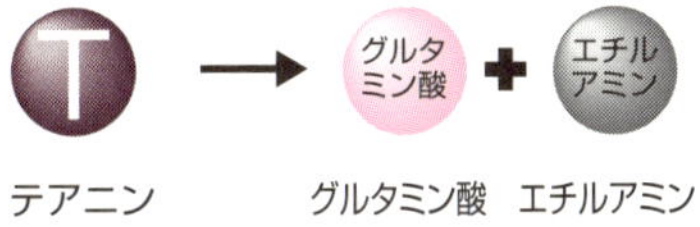

グルタチオン

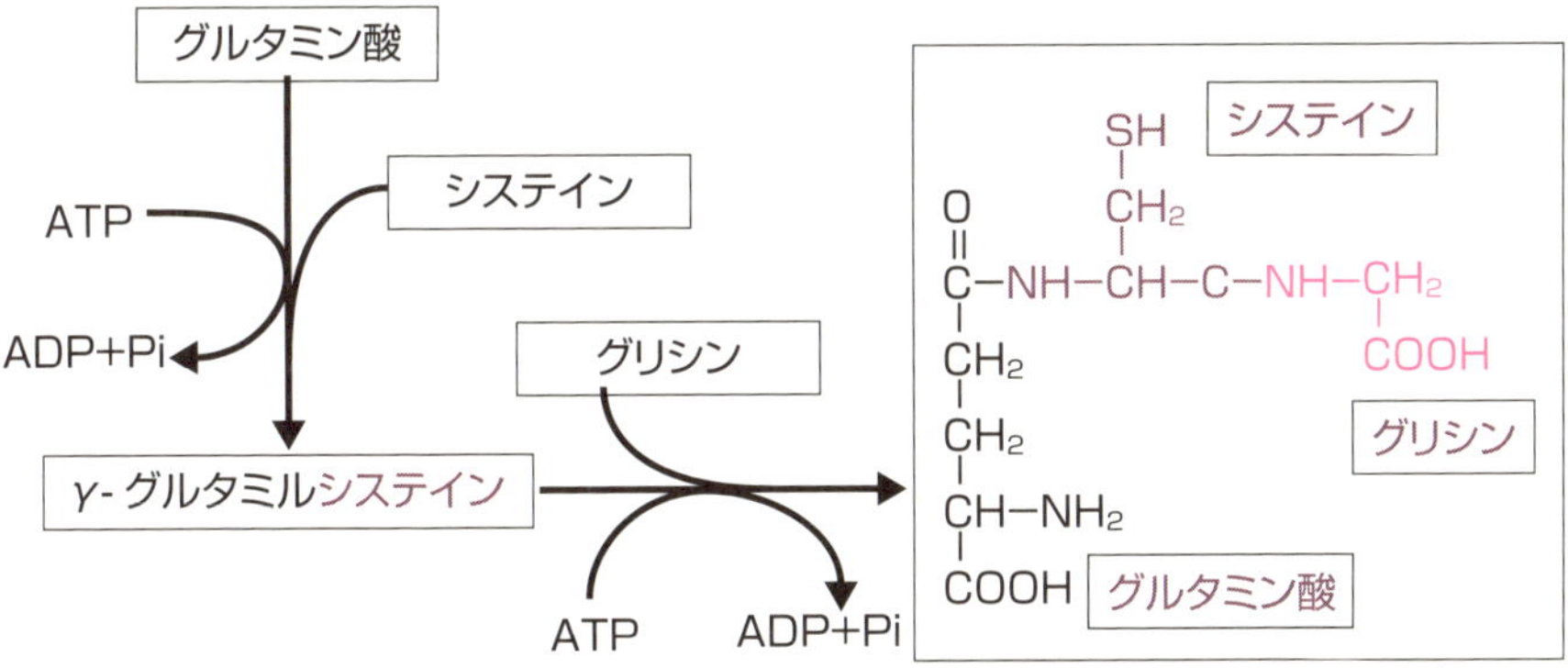

グルタチオン（Glutathione）

3つのアミノ酸（グルタミン酸、システイン、グリシン）が結合して合成される

31 睡眠とアミノ酸

グリシンで質の高い睡眠を

睡眠には体の疲れを取るのと同時に、昼間の活動で疲れた脳を、眠っている間に元の状態に戻すという大切な働きがあります。

睡眠中には「レム睡眠（体の眠り）」と「ノンレム睡眠（脳の眠り）」が交互に4～5回訪れます。中でも脳を「元の状態」に戻すには、寝入りばなの1、2回目のノンレム睡眠が深い眠り（「徐波睡眠」と言います）になることが特に大切です。暗くなれば眠るのが本来自然なのですが、現代では、ストレスや夜更かしなど様々な理由で、寝入りばなに十分な徐波睡眠を取りにくい環境になってきています。

最近の研究で、アミノ酸の一種「グリシン」を寝る前に飲むと、すみやかに深い眠りに入れるだけでなく、深い眠りの量も睡眠初期に増加することがわかってきました。人は眠る時に体の中の中心部の温度（深部体温）が下がることで、自然な深い眠りに入ることが知られています。小さなお子さんの手が、寝入りばなに温かくなるのは、手から盛んに熱を放出して、深部体温を下げているからなのです。グリシンには深部体温をすみやかに下げるなど、本来暗くなったら自然に眠りを導くように起きてくる体の状態が作られるのを助ける働きをしてくれると考えられています。

就寝前に3gのグリシンを摂取した場合、プラセボを摂取した場合に対し、睡眠の質が高く、翌日の日中の眠気が軽減し、記憶に関する試験においてその記憶の正確さも高く、問いに対する反応が速いことがわかりました。また、睡眠中の脳波を調べたところ、深い眠りに入る時間を短縮させることがわかりました。一方、睡眠制限時に、グリシンを摂取した場合、日中の疲労度が軽減し、日中の眠気などが軽減される傾向にありました。これらのエビデンスをもとに「グリシン」を含む食品が機能性表示食品として届出がなされています。

要点BOX

- グリシンは深部体温を下げ、深い眠りを導く
- グリシンは睡眠の質の向上や日中の眠気の改善、疲労感の軽減などに役立つ

良い眠りと悪い眠りの比較

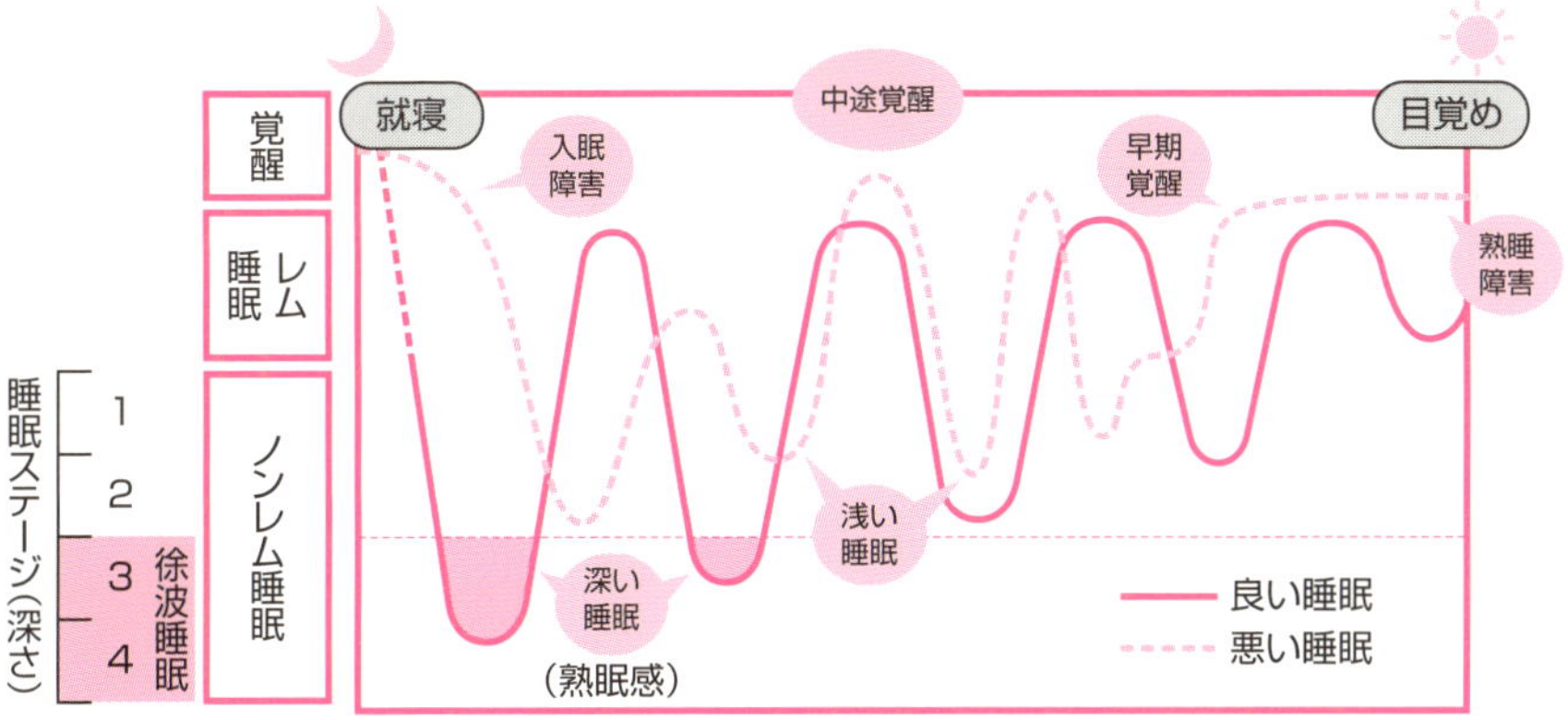

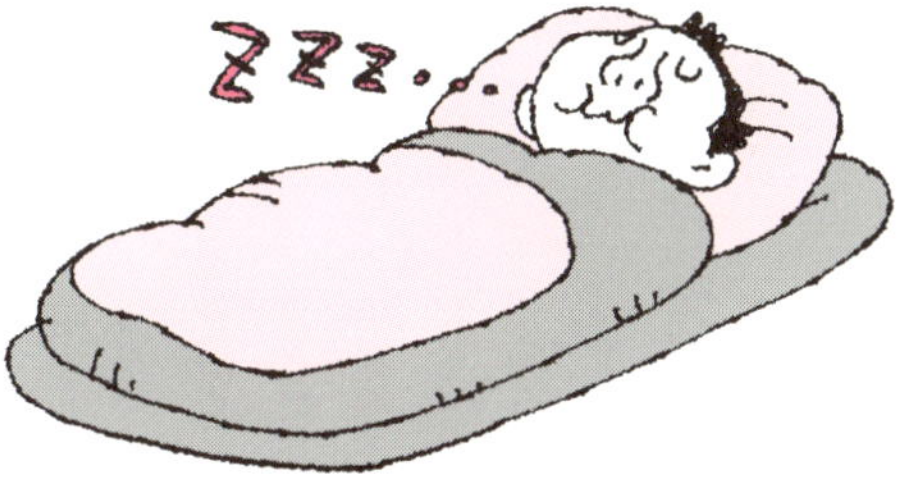

日中の眠気の改善

就寝前のグリシン摂取により日中の眠気が改善することが認められた

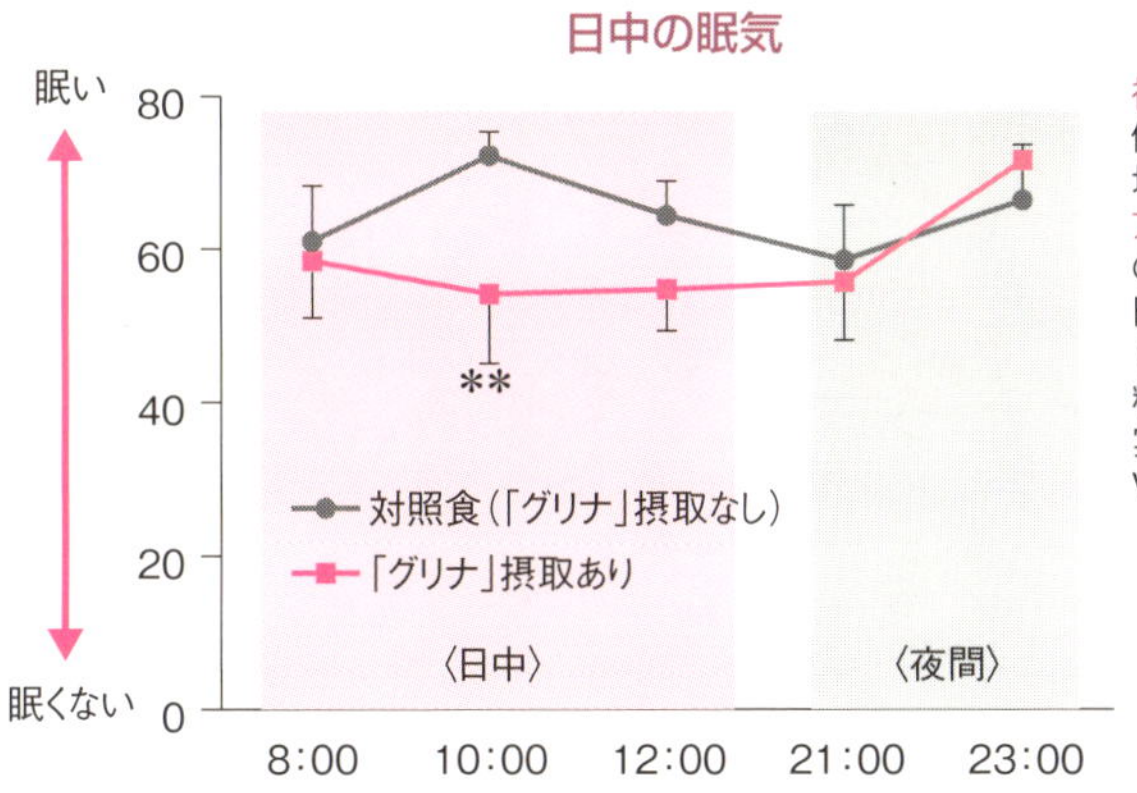

**:p<0.01　VAS（視覚的評価スケール）による評価

被験者：日常の睡眠に問題を感じている健康な方11名（男性8名、女性3名、平均年齢40.5歳）
方法：2夜連続を1セットとし1週間以上の間隔をあけて2回評価する。2夜目の翌日に評価。1回目は就寝前にグリシン3g（グリナ製品）または対照食（還元麦芽糖）を摂取する。2回目はクロスして試験を実施（単盲検無作為化交差試験法）、VAS法により主観的な評価を実施。

出典：Yamadera W. et al.,Sleep ando Biologlcal Rhythms 5,126-131(2007)の図7をわかりやすく改変

32 アミノ酸でアルコール分解

二日酔い予防

アルコールを飲むと、肝臓で酵素（ＡＤＨ）によりアセトアルデヒドに、さらに酵素（ＡＬＤＨ）によって無害な酢酸になるメカニズムで分解されます。ところが、ＡＬＤＨが生まれつき不完全な形、または欠けている人ではアセトアルデヒドを分解できず、体内に残ってしまいます。このような場合、顔が赤くなったり頭痛がする「フラッシング症状」が起きてしまいがちです。日本人を含むアジア人の40％以上はＡＬＤＨが完全ではなく、アルコール分解に問題を抱えています。また、酵素が十分であっても、限度を超えたアルコール摂取も分解しきれなくなり、悪酔いや二日酔いが起きやすくなります。

アミノ酸のアラニンとグルタミンの混合物を摂取すると、前述したメカニズムに直接作用してアルコール分解を促進し、酔いからの醒めを早めたり、悪酔いなどのトラブル予防に役立つことがわかっています。

この混合物を発見したきっかけは、実はネズミでした。ネズミ（ラット）にアルコール混合飼料を与え、15種類のアミノ酸（水溶液）を自由摂取できる環境下で飼育すると、アラニンとグルタミンを好んで選択し、２００日経過しても健康状態を保っていました。また、ラットにアルコールとアラニン・グルタミン混合物を投与した時の血液中のアルコールとアセトアルデヒドの濃度は、アミノ酸を投与しなかった場合に比べて、アルコール濃度は速やかに低下し、アセトアルデヒド濃度も明らかに低くなりました。

健康な成人男性が飲酒した直後にアラニン・グルタミン混合物、またはプラセボを摂取し、呼気中アルコール濃度を検知値がゼロになるまで測定した実験でも、１・５時間経過後、呼気中アルコール濃度はアラニン・グルタミン摂取群のみではっきりと低減しました。このことから飲酒時にアラニン・グルタミンを摂取すると、アルコール分解に直接作用すると考えられます。

要点BOX
- アラニンとグルタミンはアルコール分解を促進
- アルコールを飲ませたネズミが好んで摂取したことが発見のきっかけ

アルコール多量摂取時のアミノ酸の効果確認

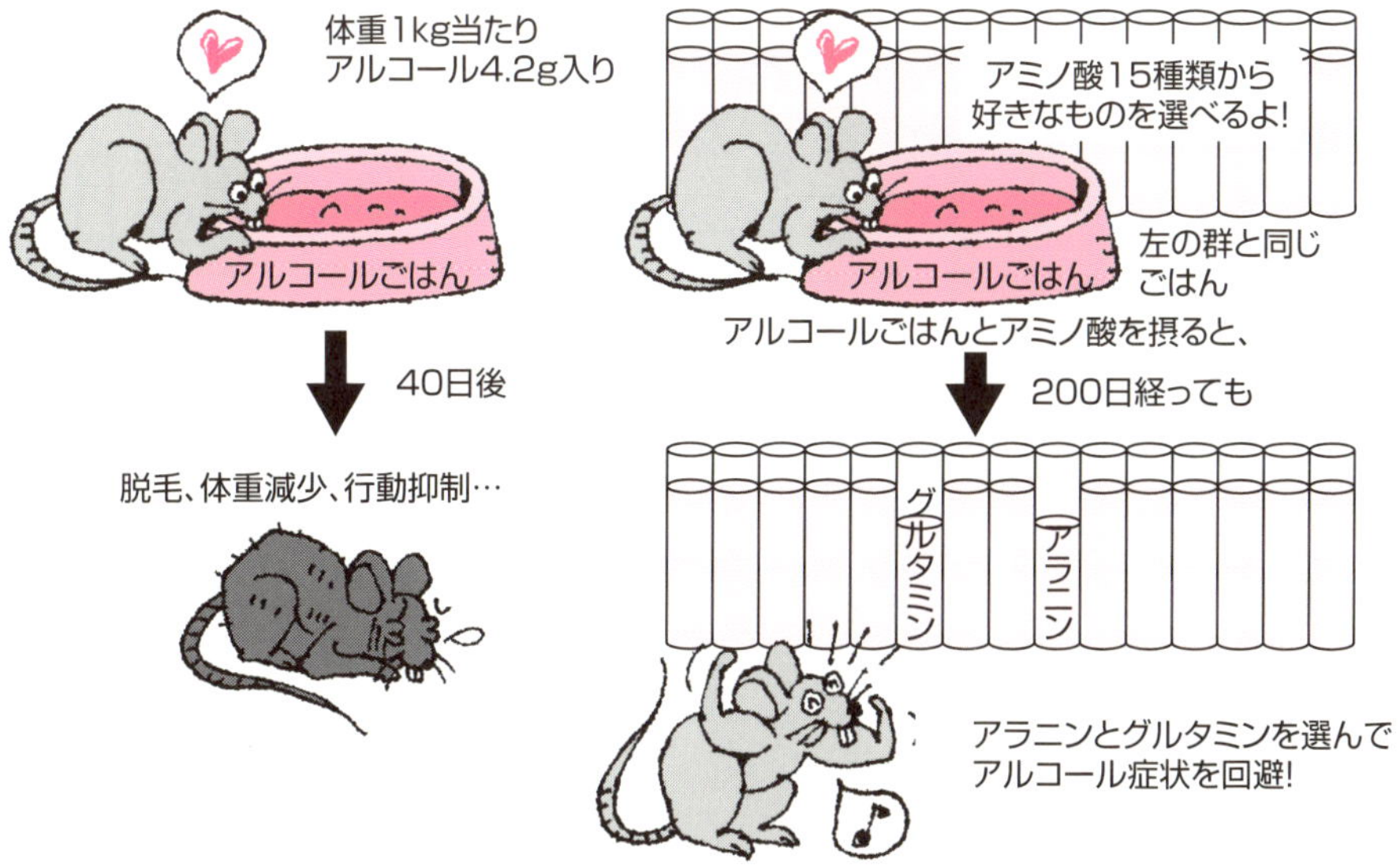

人でのアラニンとグルタミンの効果確認試験

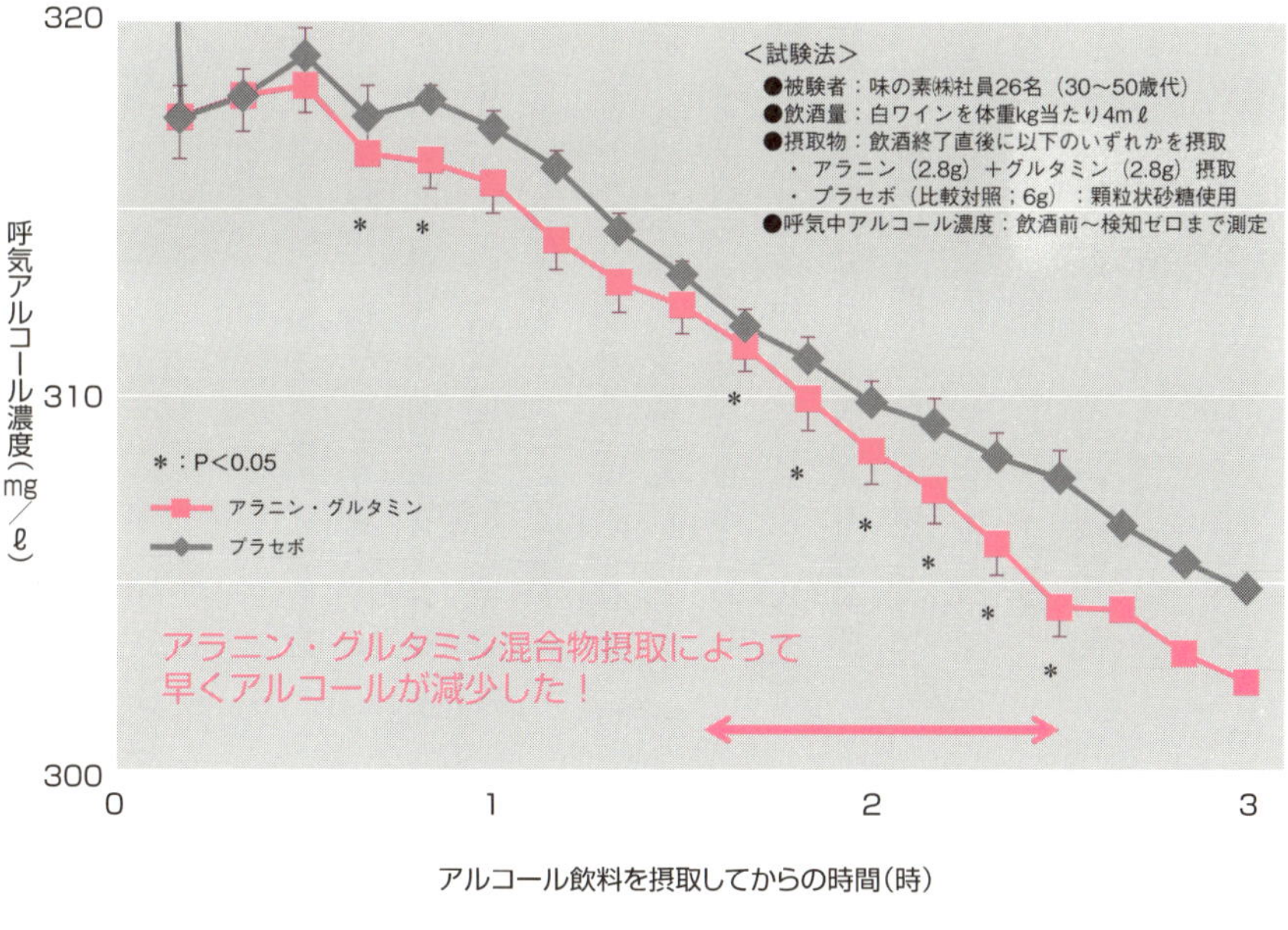

33 血液中のアミノ酸で健康状態がわかる

生活習慣病を調べる・予測する

　体内には、タンパク質の構成成分としてではなく単体の形で存在するアミノ酸、すなわち遊離アミノ酸がストックされています。遊離アミノ酸のストックは、食事から吸収されたり体内で新しく合成されたりする他、体内でのタンパク質の合成、分解によって常に入れ替わっています。その大部分は細胞の中に蓄えられていますが、一部は細胞の外に出て、血液に含まれ全身を循環しています。

　血液中の遊離アミノ酸の濃度バランスは健康な人ではほぼ一定に保たれていますが、病気になると変化します。その中でも偏食や運動不足、ストレスや喫煙などが原因となる生活習慣病では、血液中のアミノ酸濃度バランスが変化しているという研究結果が多数報告されています。

　生活習慣病の診断では、血圧や血液中の糖、脂質の濃度を判定基準としていますが、例えば糖尿病では血糖値だけでなく、血液中の複数のアミノ酸濃度にも変化が見られます。糖尿病は糖の代謝異常と思われがちですが実際には糖質とアミノ酸の代謝は密接に絡み合っており、糖尿病で引き起こされる代謝変化は血液中のアミノ酸濃度バランスにも影響を及ぼしていると考えられます。このようなアミノ酸濃度の変化を目印に、生活習慣病やその前段階の状態を検出できることがわかっています。

　さらに、アミノ酸濃度バランスの変化を見ることで、現在生活習慣病であるかどうかだけではなく、将来生活習慣病になりやすいかどうかを予測できる可能性があります。例えばアメリカで行われた研究では、現在糖尿病になっていない人の血液中の5種類のアミノ酸（ロイシン、イソロイシン、バリン、チロシン、フェニルアラニン）の血中濃度から、将来の糖尿病発症リスクを予測できるという研究成果が得られています。

要点BOX

●血液中のアミノ酸は健康な人では一定
●生活習慣病になると血液中のアミノ酸濃度バランスが変化する

生活習慣の乱れが生活習慣病を引き起こす

生活習慣の乱れ
- 食べ過ぎ
- 飲み過ぎ
- 運動不足
- ストレス
- 喫煙

→

メタボ
- 内臓脂肪蓄積
- 高血圧
- 高血糖
- 中性脂肪増加
- 悪玉コレステロール増加
- 善玉コレステロール低下

→

生活習慣病
- 糖尿病
- 高血圧
- 脂質異常症
- 動脈硬化

等々

慢性的な生活習慣の乱れが糖・脂質の代謝異常を引き起こし生活習慣病の原因となる

糖尿病では血液中のアミノ酸濃度バランスが変化する

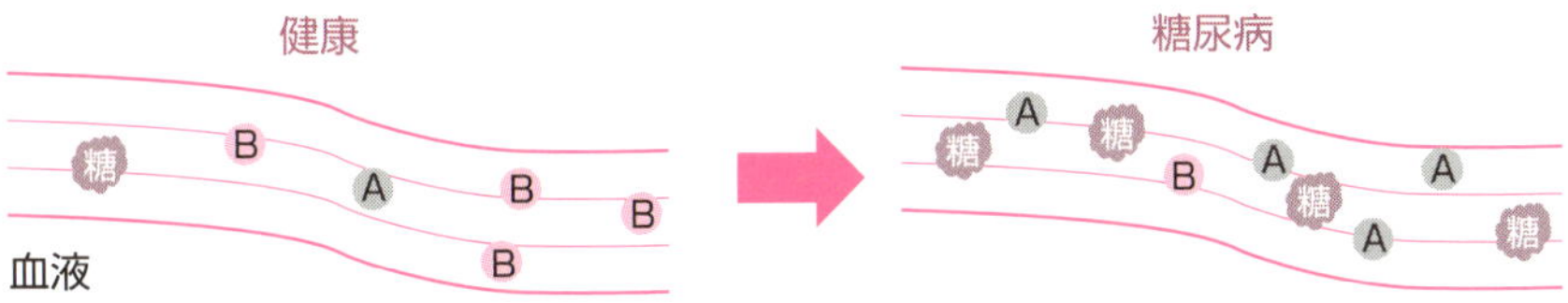

糖尿病になると、血液中の糖（糖）だけでなく、アミノ酸（A）（B）の濃度も変化する

血液中アミノ酸濃度バランス（イメージ）

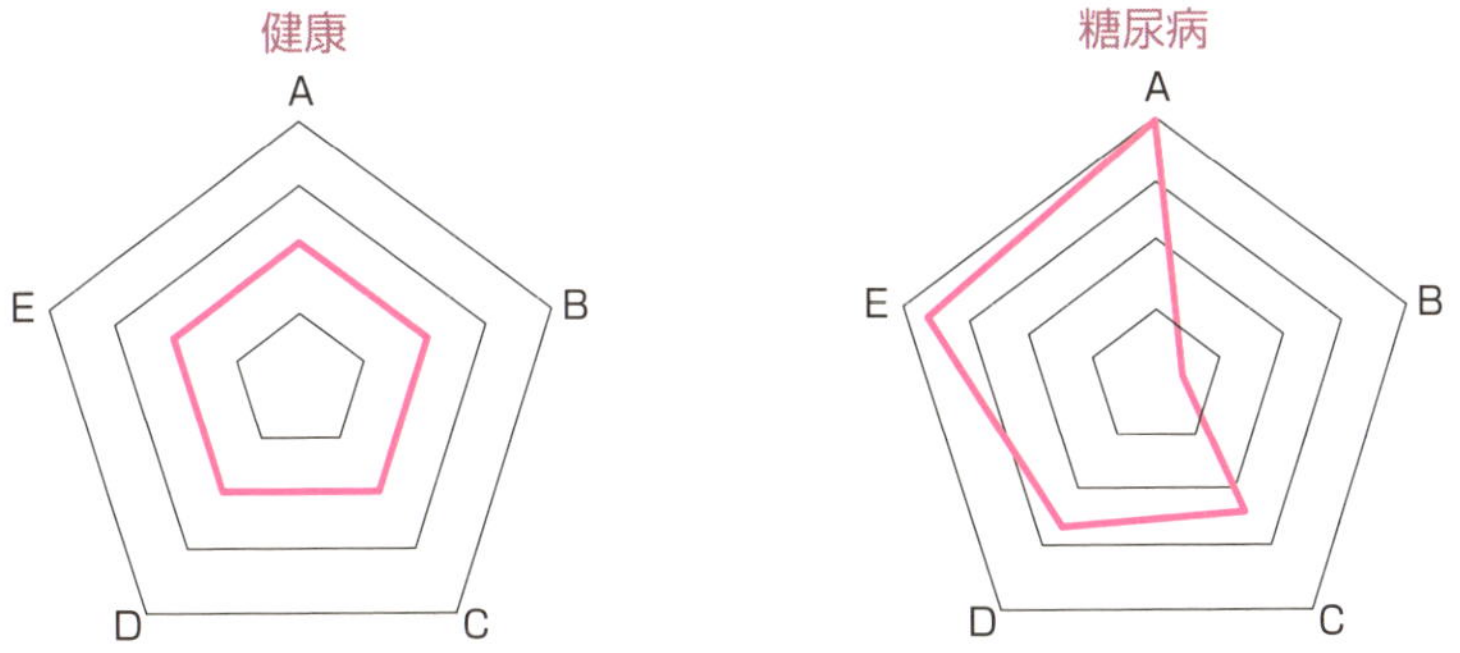

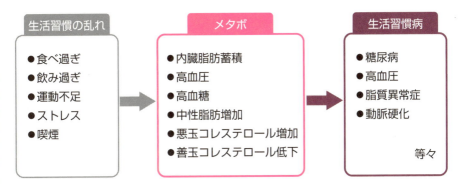

34 メタボリックシンドローム対策アミノ酸

アミノ酸を上手に利用してメタボ解消を目指そう

メタボリックシンドローム（メタボ）は、内臓脂肪の蓄積に加えて、高血圧、脂質代謝異常、糖代謝異常のうちどれか2つが重なった病態です。内臓脂肪蓄積が根底にあるので、メタボの予防や解消には基礎代謝（何もしない状態でのエネルギー消費量）を高めることが大切だと言われています。そのために自分でできることは、筋肉の量を増やすことです。

筋肉を増やすには筋肉のタンパク質の合成を高めて分解を抑制することが必要ですが、中でも分岐鎖アミノ酸（ＢＣＡＡ）と呼ばれるロイシン、バリン、イソロイシンがその働きを持つことがよく研究されています。ただし、筋肉は20種類のアミノ酸からできているので、筋肉量を増やすにはＢＣＡＡだけではなく、必須アミノ酸をバランス良く摂ることが特に重要です。また、運動はエネルギーを消費し、タンパク質合成を高める効果があるので、アミノ酸摂取にプラスして運動すると、脂肪を減らしてより効果的に筋肉を増やす効果が期待できます。

アミノ酸の中には、脂肪蓄積を抑制するアミノ酸もあります。例えば、ネズミに脂肪が多いエサと一緒にリジン、スレオニン、ＢＣＡＡの混合物を食べさせると、エネルギー消費量が増えて体脂肪の蓄積が減り、さらには脂肪肝も抑制されました。リジンだけでも、脂肪燃焼を増やす効果が確認されています。人は生活スタイルの個人差が大きいので、動物実験のようにはいかないかもしれませんが、同様な効果が出る可能性はあります。

高血圧解消もメタボ対策には有効です。アルギニンは血管を柔軟にし、血圧低下が期待できるアミノ酸です。加えて、肥満の人が生活改善を行った場合、アルギニンを飲むと、飲まない場合よりも腹囲や体重が減少したという報告もあります。アミノ酸によるメタボ解消・予防効果についてはいろいろな研究が行われており、今後も新しい発見が期待されます。

要点BOX

- ●BCAAを中心とした必須アミノ酸は筋肉を増やして基礎代謝アップに貢献する
- ●動物で抗肥満効果が示されたアミノ酸も

メタボリックシンドロームの診断基準

腹囲　男性85cm以上
　　　女性90cm以上
（内臓脂肪面積≧100cm^{2}に相当）

＋

- 脂質代謝異常
- 高血圧
- 高血糖

のいずれか2つ

メタボリックシンドロームに関係するアミノ酸の効果

- BCAAを中心とした必須アミノ酸 → ＊筋肉を増やして基礎代謝アップ
- リジン＋スレオニン＋BCAA → ＊エネルギー消費量アップ　＊脂肪燃焼アップ
- アルギニン → ＊血管拡張で血圧低下

→ メタボ解消へ

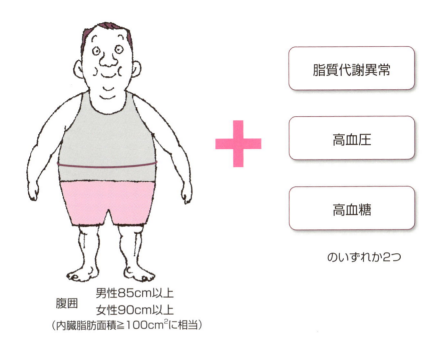

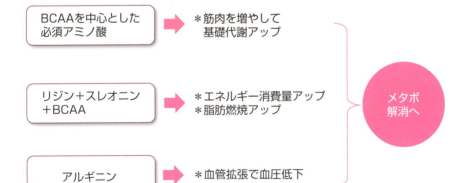

35 健康寿命延伸にアミノ酸

アミノ酸で筋肉と超高齢社会を元気に

２０１６年の敬老の日を前に、総務省は日本の65歳以上の高齢者の人口は３４６１万人で、日本の総人口に占める割合は27・３%と、過去最高となったことを発表しました。これは世界の中でも最高の水準です。日本の高齢化が進む背景には、出生率低下に伴う少子化の進行と、死亡率の低下による平均寿命の伸長があります。

日本人の平均寿命は、男性が80・21歳、女性が86・61歳（２０１３年）と長寿化が進んでいますが、日常生活の制限がない期間である健康寿命は、男性が平均71・19歳、女性が74・21歳でした。平均寿命と健康寿命の間には、男性で約９年、女性で約13年の差があり、健康上の何らかの問題があったり、介護を受けている期間が含まれます。最後まで健康でいきいきとした生活を送るには健康寿命を延ばす必要があります。また医療費の多くがこの間に使用されるため、社会的にも健康寿命を延伸し、平均寿命との差を縮めることが求められています。

高齢者が要介護状態となる大きな原因の1つとして、サルコペニアと呼ばれる現象があります。これは加齢に伴って筋力や筋肉量が減少する状態で、高齢者の運動機能を低下させ、日常生活や生活の質に大きな影響を与えます。サルコペニアの予防や対策としては、運動と、栄養、特にタンパク質の摂取が大切ですが、ここでもアミノ酸が活躍します。

タンパク質を構成するアミノ酸のうち、バランスの良い必須アミノ酸の摂取が重要で、また必須アミノ酸の1つであるロイシンは、筋肉のタンパク質の合成を促す作用があります。ロイシン高配合必須アミノ酸の摂取は、タンパク質そのものを摂取する場合に比べて、少量でも同程度の筋肉のタンパク質合成を引き起こし、適切な運動との組み合わせにより、サルコペニアを改善するため、健康寿命の延伸にもアミノ酸の利用が期待されます。

要点BOX

- ●サルコペニアは高齢者の要介護の原因になる
- ●サルコペニアの対策にロイシン高配合必須アミノ酸が役立つ

太ももの断面図

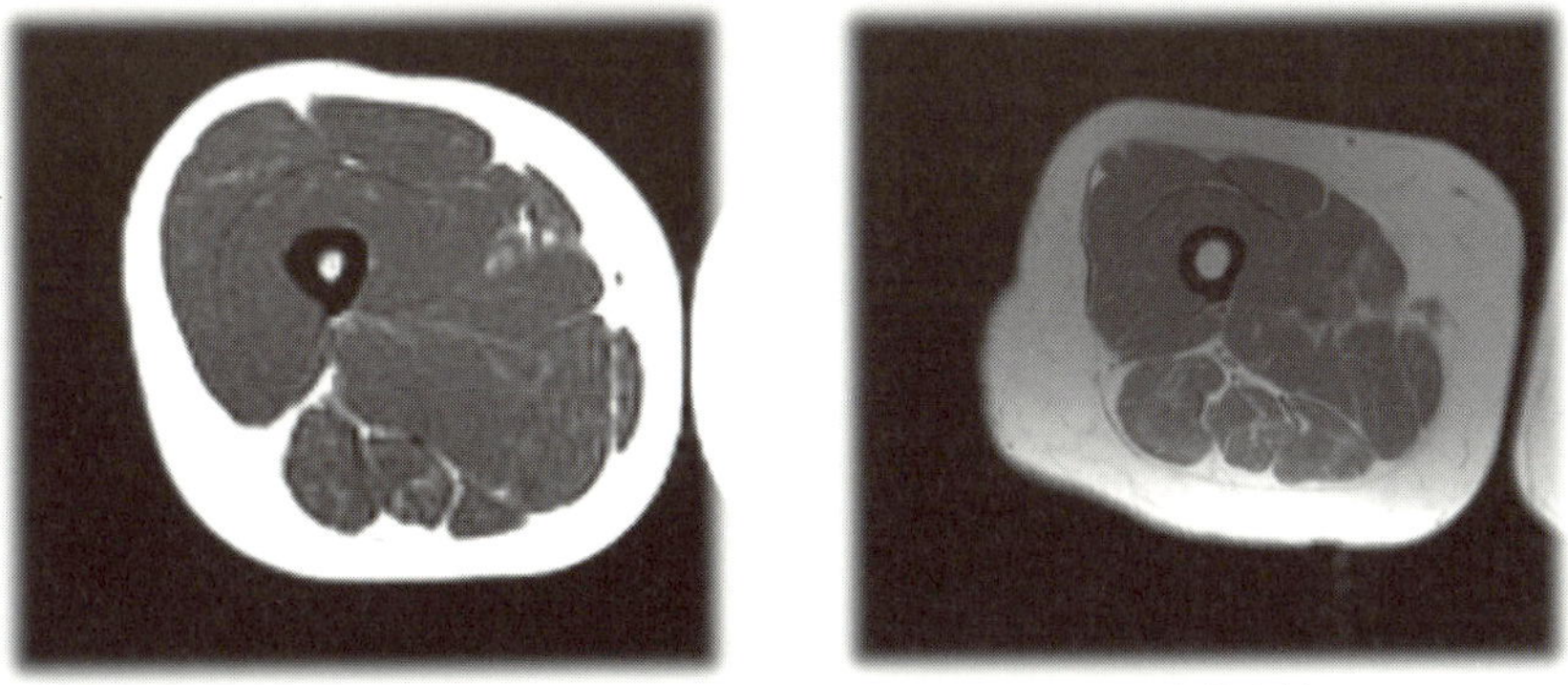

20歳代女性　80歳代女性

（立命館大学スポーツ健康科学部藤田聡教授提供）

ロイシンによる筋肉のタンパク質合成

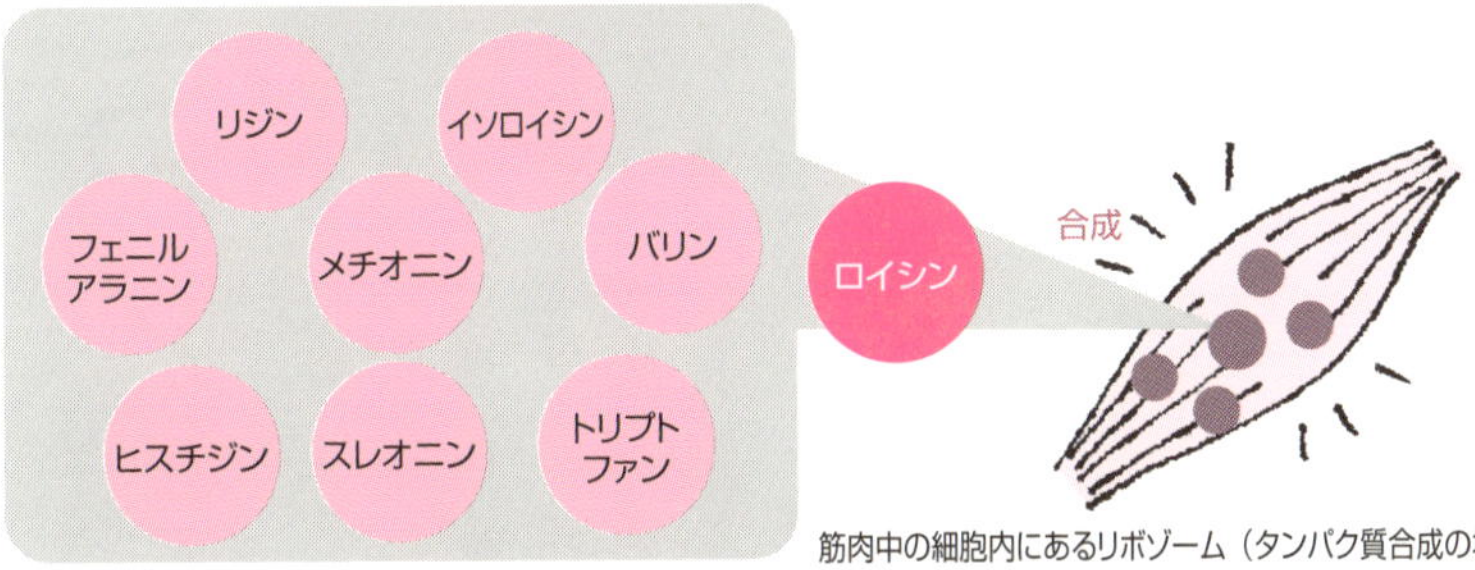

筋肉中の細胞内にあるリボゾーム（タンパク質合成の場所）

高齢者の筋トレの例

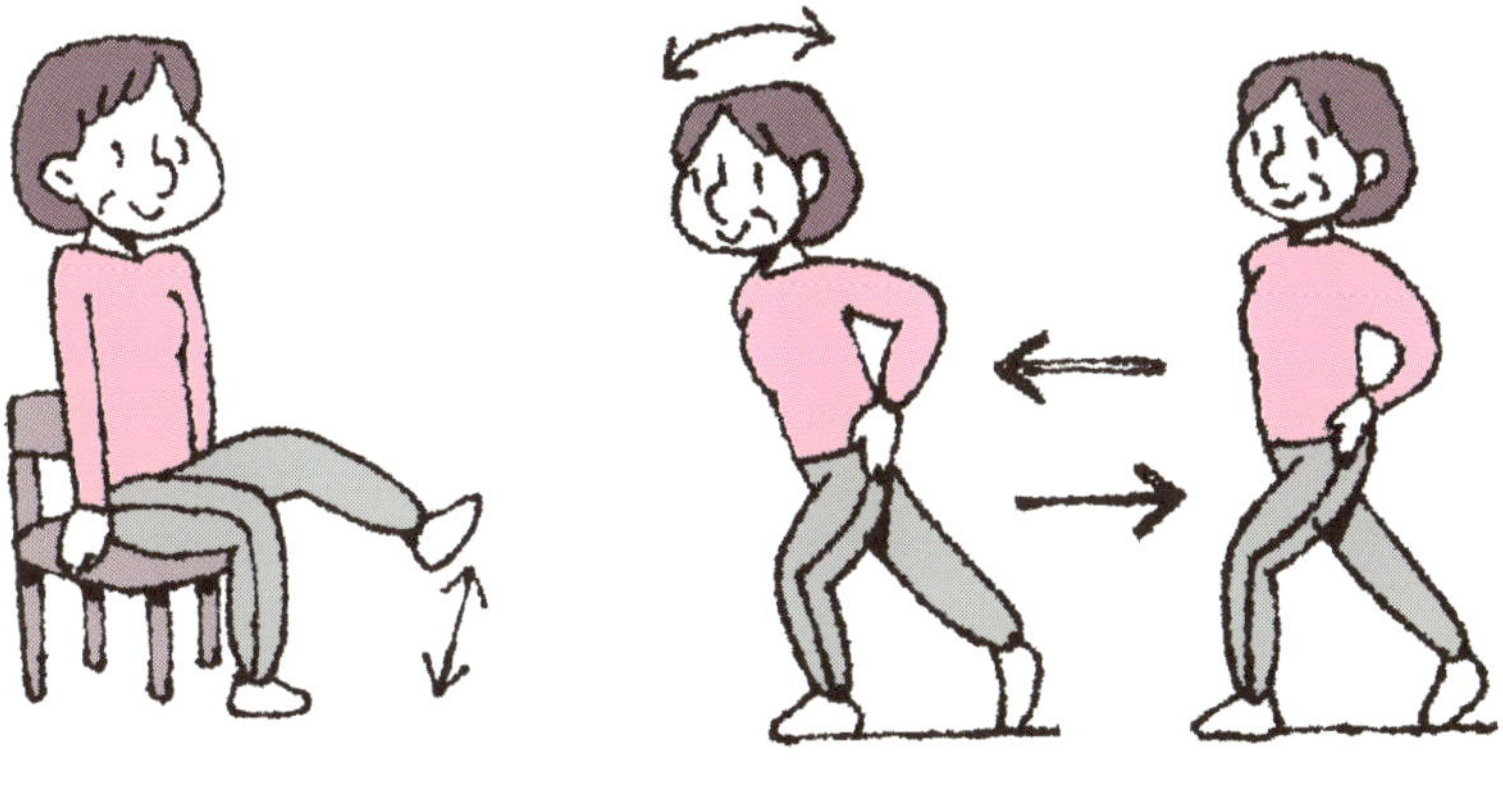

36 医療現場でも大活躍のアミノ酸

多機能アミノ酸・アルギニン

アルギニンはアミノ酸の中でも特に多くの機能を持ち、様々な分野に応用できる多機能アミノ酸です。通常は体内で合成が可能ですが、体内での生成速度が十分ではない乳幼児や、大人でも怪我や感染症などによって合成が追いつかない状態では、外からの補充が必要となる条件付必須アミノ酸です。

アルギニンの重要な役割の1つは、体内で多様な機能を発揮する一酸化窒素（NO）の主原料となることです。NOは体内のいろいろな場所で作られますが、血管の内側で作られると血管を広げたり柔軟にする機能を発揮します。この働きによって全身の血流が改善され、同時に血圧低下が期待できます。その他、免疫細胞の一種であるマクロファージで作られたNOは、体内に侵入してきたウィルスや病原菌を攻撃する際に使われるので免疫力も強化されます。

アルギニンは成長ホルモンの分泌も刺激します。成長ホルモンには筋肉のタンパク質合成を高め、筋肉量を増やしたり、傷ついた筋肉を修復したりする働きがあります。また、肝臓でアンモニアを解毒する働きを持つ尿素回路の重要な構成要素でもあります。体内の過剰なアンモニアは疲労物質の1つとも言われており、アルギニンによって尿素回路が活性化することでアンモニアが減少し、疲労回復効果または疲労軽減効果が期待できます。

さらにアルギニンは、細胞の増殖に不可欠なポリアミンという成分の原料になります。加齢によってポリアミンの合成能力は低下します。腸内細菌もポリアミンを合成し、重要な供給源となることがわかっています。アルギニンは乳酸菌と一緒に摂ることで腸内、血中のポリアミンを増やすという報告があります。

アルギニンは、サプリメントとしてだけではなく医療現場でも利用されており、成長ホルモン分泌能の検査薬として、また床ずれの防止や治療、手術後の合併症の予防などにも役立っています。

要点BOX

●アルギニンは条件付必須アミノ酸と呼ばれる
●NOやポリアミンの重要な原料となる
●確かな効果で医療現場でも使われている

尿素回路とNO産生

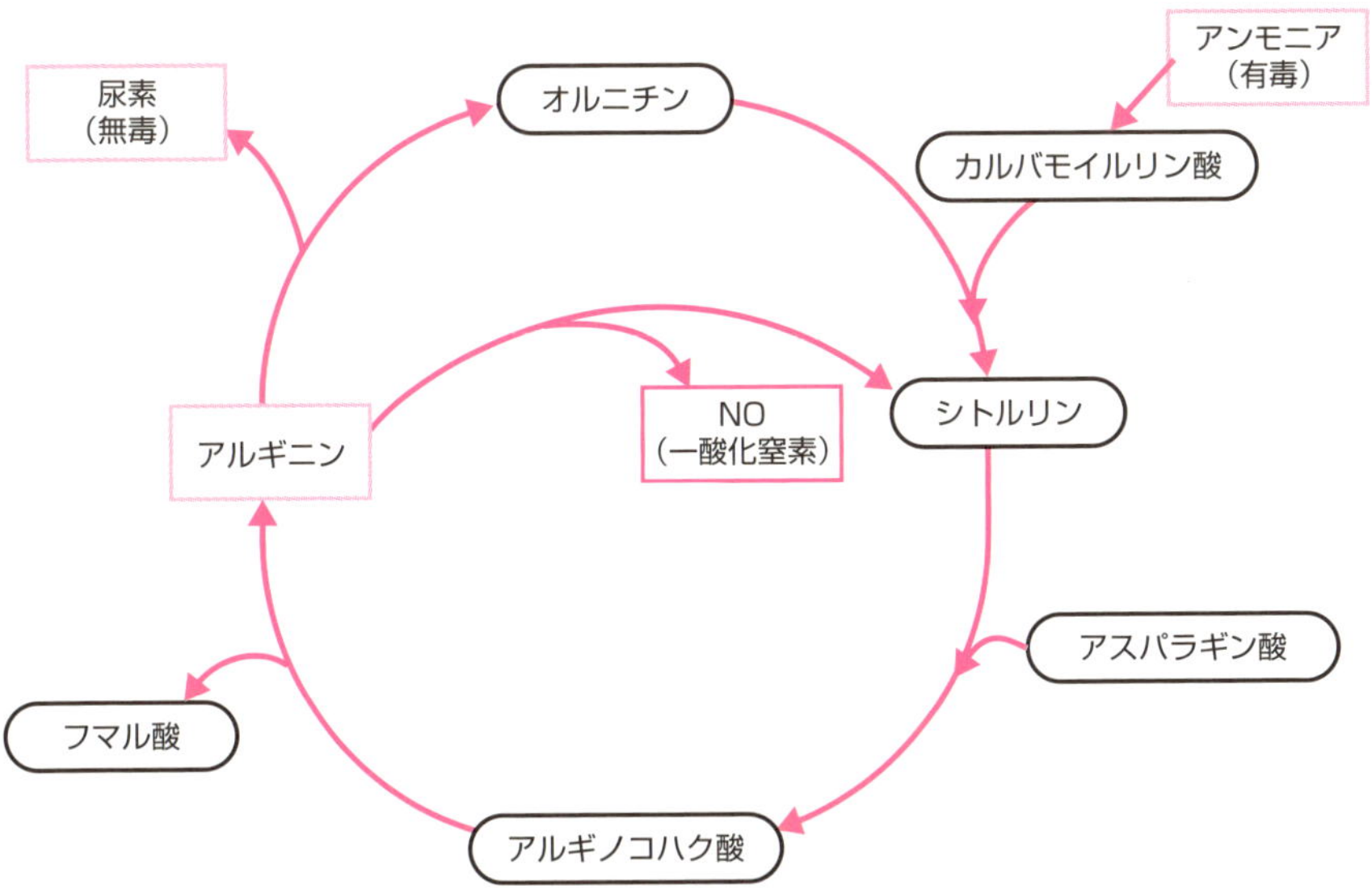

アルギニンの生理機能イメージ

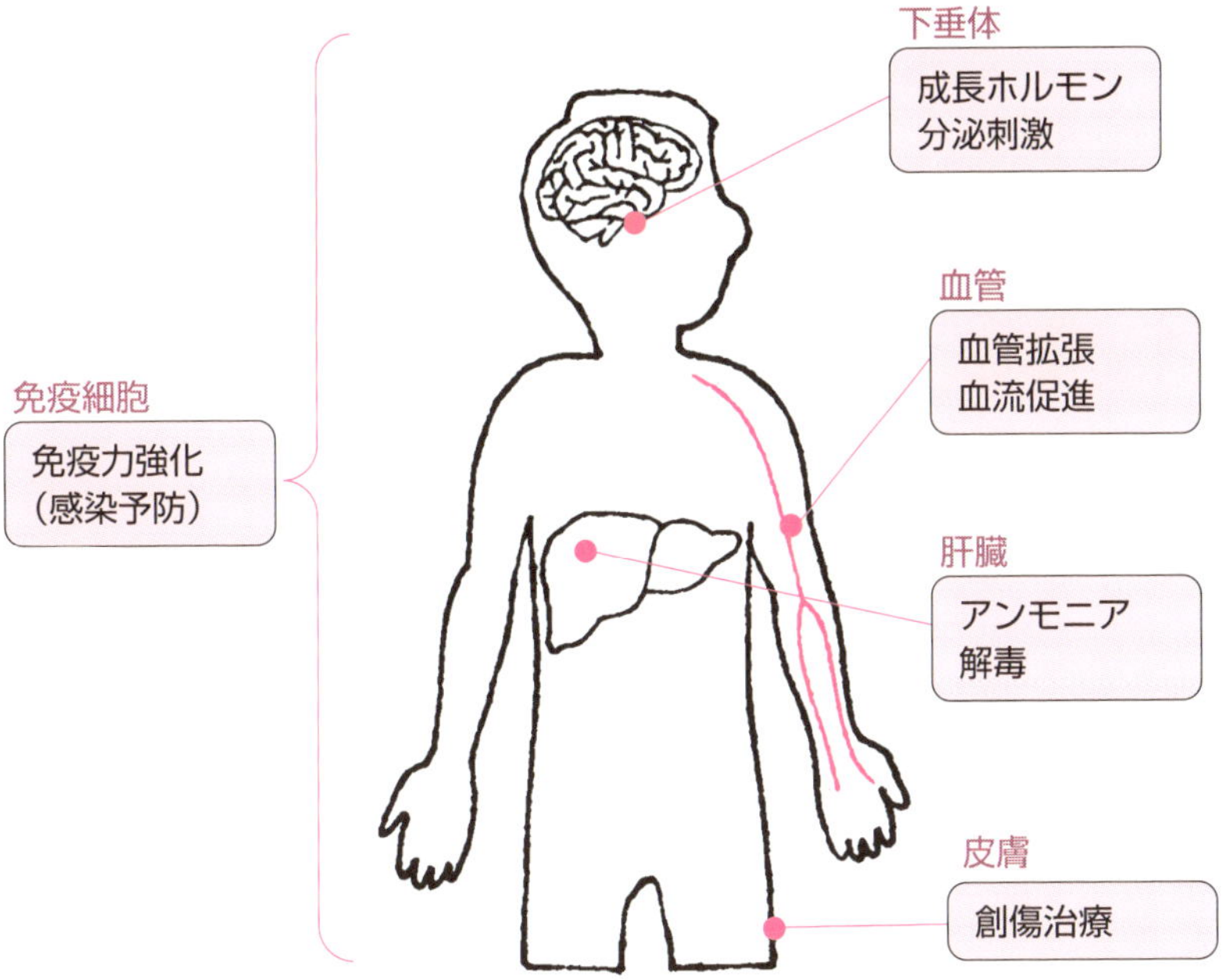

37 グルタミンは細胞の大事な栄養源

多機能アミノ酸・グルタミン

グルタミンは血液や細胞液などの体液中に最も多く含まれるアミノ酸で、様々な組織でエネルギー源となります。体内で合成可能ですが、怪我や外科手術、激しい運動を行った後などでは必要量が増えるため、点滴や食事からの十分な補給が望ましいとされている条件付必須アミノ酸です。

体液中のグルタミンが不足すると、体は筋肉を分解してグルタミンを取り出し、供給しようとします。この状態が長く続くと筋肉量が減りますが、外からグルタミンを補給することで筋肉の分解を抑制することができます。

グルタミンは細胞が増える時のエネルギー源です。体内では特に小腸絨毛（栄養の吸収に関わる部位）の細胞分裂速度が速く、常に新しい細胞が作られています。そのため、小腸では多量なグルタミンが必要で、食事として摂ったグルタミンのほとんどが腸で使われます。潰瘍のように消化管がダメージを受けた場合には、正常な状態に戻すためいつも以上に新しい細胞が増えることが必要なので、潰瘍の薬としてもグルタミンが使われています。

また、感染症予防でもグルタミンは重要です。腸は口や肛門を通して体外と通じているので、有害なものを体内に入れない機能を持っています。通常は、粘液分泌や細胞同士のつなぎ目をしっかり閉じることなどで、細菌や毒素の体内への侵入を防いで健康を保っています。精神的ストレスや手術、薬の服用などの影響でこのバリアは壊れ、感染症などの体調不良の原因となることが知られています。グルタミンは腸粘膜細胞を増やしてバリアを修復し、毒素や細菌の体内への侵入による感染症などを抑制します。免疫細胞においてエネルギー源としても、増殖にも欠かせないため、間接的な免疫力強化である腸管バリアの回復とともに直接的な免疫力強化も期待できます。

要点BOX

- ●グルタミンは条件付必須アミノ酸と呼ばれる
- ●細胞増加の重要なエネルギー源となる
- ●特に消化管の健康維持に欠かせないアミノ酸

グルタミンによる腸管ダメージの改善イメージ

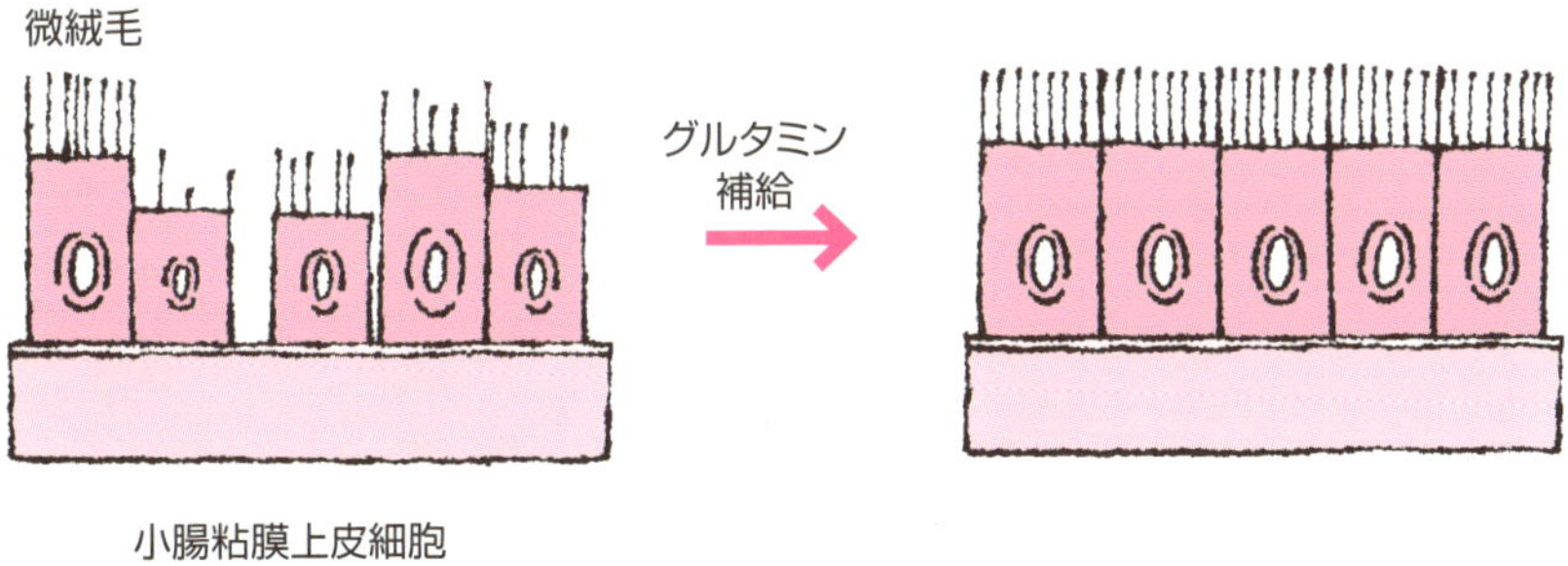

グルタミンによる免疫力強化

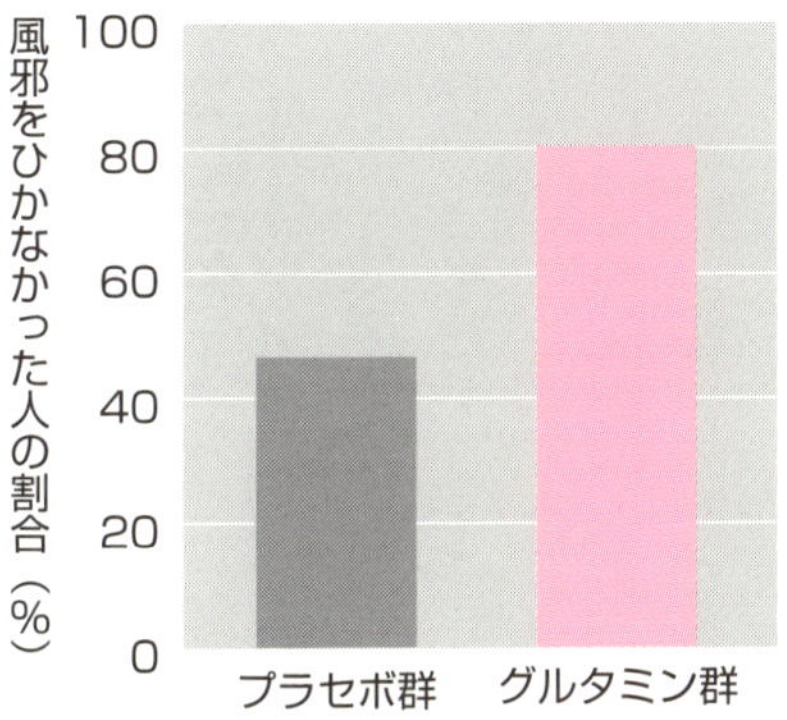

マラソンを走った後にグルタミンを飲むと、その後１週間で風邪をひいた人の割合が低下した。

38 アミノ酸の自然な力で食欲回復!?

胃の働きを回復させる「L-アルギニンL-グルタミン酸塩」

「L-アルギニンL-グルタミン酸塩（ArgGlu）」は、ナトリウムの摂取を制限している患者さん用の調味料や、高アンモニア血症改善剤の有効成分などで用いられているアミノ酸です。日本では緑茶の調味料として、海外では疲労回復などの医薬品としても使用されてきました。

最近、２０１６年の医学系学術雑誌に、このArgGluが胃の運動機能に作用することが報告されました。この作用により、食後すぐにお腹がいっぱいになってしまう症状や、食後の胃もたれ感を緩和できる可能性が示唆されました。

これらの症状をアミノ酸が緩和することで、得られる価値とは何でしょうか。例えば、日々の生活における精神的なストレス、極度の疲労、睡眠不足、暴飲暴食などにより、胃の不調を感じたり食欲不振に陥ることがよく知られています。その結果、十分な栄養を摂れなくなり、集中力が低下し、一日の活動度が低下します。その症状が長引くと、様々な病気の発症にもつながってしまいます。

その主な原因の1つとして胃の機能低下が挙げられていることから、若い時と比べて胃の不快感を強く感じている方を対象にしたArgGlu摂取による緩和効果について臨床試験を実施しました。その結果、プラセボ群と比べて食後の胃のもたれ感を緩和し、その後食欲不振を緩和させるという興味深い結果が示されました。

病気が発症してしまう前に、アミノ酸の自然の力で回復や予防をすることができるのであれば、人々の生活の質が向上し、医療費削減にもつながる可能性が出てきます。これまでは胃の不調や食欲不振には胃薬、漢方や健胃薬の服用を考えることが多かったと思いますが、これからはアミノ酸サプリメント、アミノ酸入り食品や清涼飲料などを摂ることで手軽に胃や食欲をケアする時代が来るのかもしれません。

要点BOX

- 「L-アルギニンL-グルタミン酸塩」は胃の働きを回復させる作用がある
- 食後の胃もたれ感と食欲不振を緩和する

「L-アルギニン L-グルタミン酸塩」の想定作用メカニズム

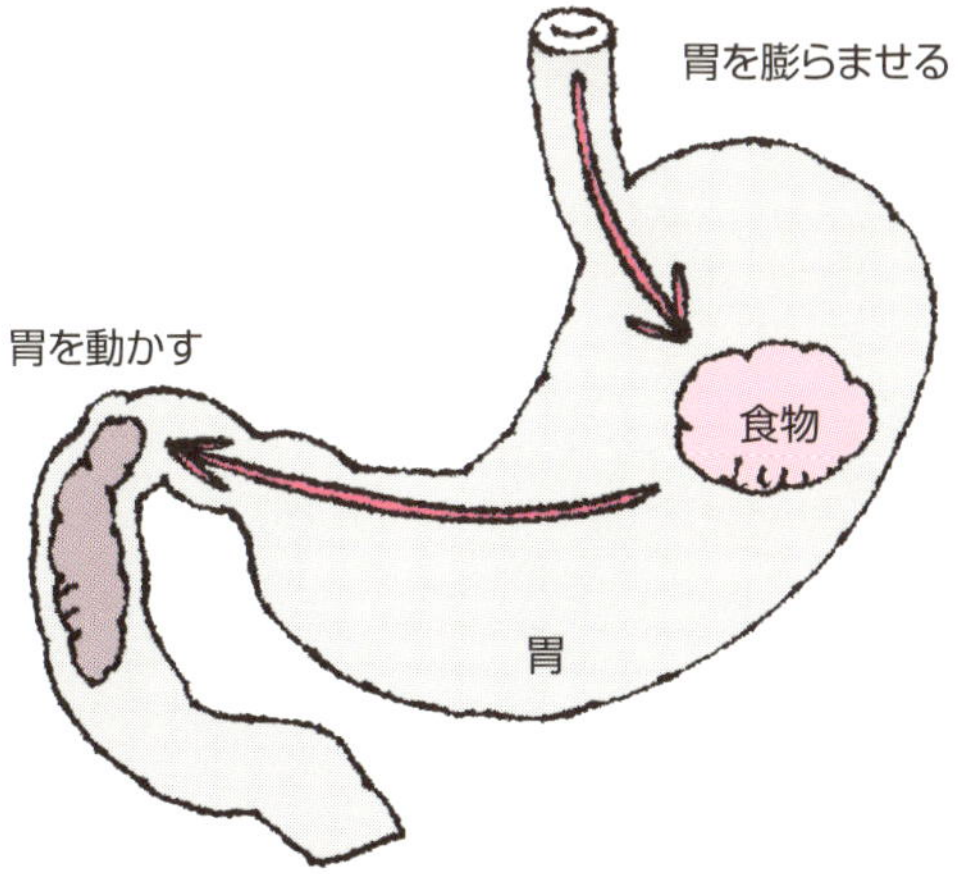

胃腸の不調·食欲を緩和する機会

生活習慣

- ●夏バテによる食欲不振の緩和
- ●朝、食欲がわかない方に対する食欲緩和
- ●仕事によるストレスによる慢性的な胃の不調、食欲不振の緩和
- ●暴飲暴食による不調の予防・緩和

アスリート

- ●スポーツ選手の食欲増強（体重・筋力・体力）

高齢者

- ●高齢者の食欲不振緩和
  高齢者の日常の食事摂取（食べて元気）をサポート
  タンパク摂取量の維持（筋力アップ・維持サポート）
  →ロコモ予防、健康寿命の延伸に貢献

体調不良

- ●病者の食欲緩和（体力維持・回復）
- ●体調不良による食欲不振の緩和

39 脳の疲れを改善

ヒスチジンでシャキッとした毎日を

　みそ汁を飲むとホッとする、体の疲れが取れると感じたことがある方も少なくないでしょう。この効果はかつおだしによるものと考えられます。かつおだしはみそ汁をはじめとする多くの日本料理に使用されていますが、実際、かつおだしには疲れを緩和する効果があることが知られています。体の疲れを和らげるだけでなく、眼の疲れを緩和したり、血流を良くする効果があることも報告されています。

　かつおだしの中に最も多く含まれるアミノ酸は、必須アミノ酸の1つであるヒスチジンです。近年、ヒスチジンが脳の疲れを改善することが発表されました。

　さて、ヒスチジンはどのように脳の疲れを改善するのでしょうか。ヒスチジンは、摂取すると他のアミノ酸と同様に、消化管で吸収されて血液中に取り込まれます。血液中に取り込まれたヒスチジンは脳へ移行しヒスタミンに変わります。脳にはヒスタミン神経という神経細胞が存在し、「寝る－起きる」といった体のリズムや、集中力、判断力などに重要な役割を果たしています。すなわちヒスチジンを摂取することで脳内のヒスタミン量が増加し、ヒスタミン神経が関わる集中力や判断力などの機能が十分に発揮できる、というわけです。

　日頃、疲れを感じている人がヒスチジンを摂取すると、疲労感が軽減し、集中力や注意力が増し、パソコン作業などの知的作業が改善されることが認められています。これとは逆に、花粉症などアレルギーの薬を服用すると、頭がボーっとしたり、眠くなるなどの経験をされた方もいることでしょう。これは、脳内のヒスタミンが作用するヒスタミン受容体が阻害されたことにより起こります。このように、脳内のヒスタミン神経の機能を保つことは、シャキッとした毎日を過ごすために、大変重要と考えられます。

　脳内のヒスタミンを十分に保つためには、前駆体であるヒスチジンをしっかり摂取することが必要です。

要点BOX

●かつおだしにはヒスチジンが含まれていた
●ヒスチジンは脳内のヒスタミンを増加し、集中力・判断力の機能発揮に役立つ

かつおだしに含まれるアミノ酸を100%とした時のヒスチジンの割合

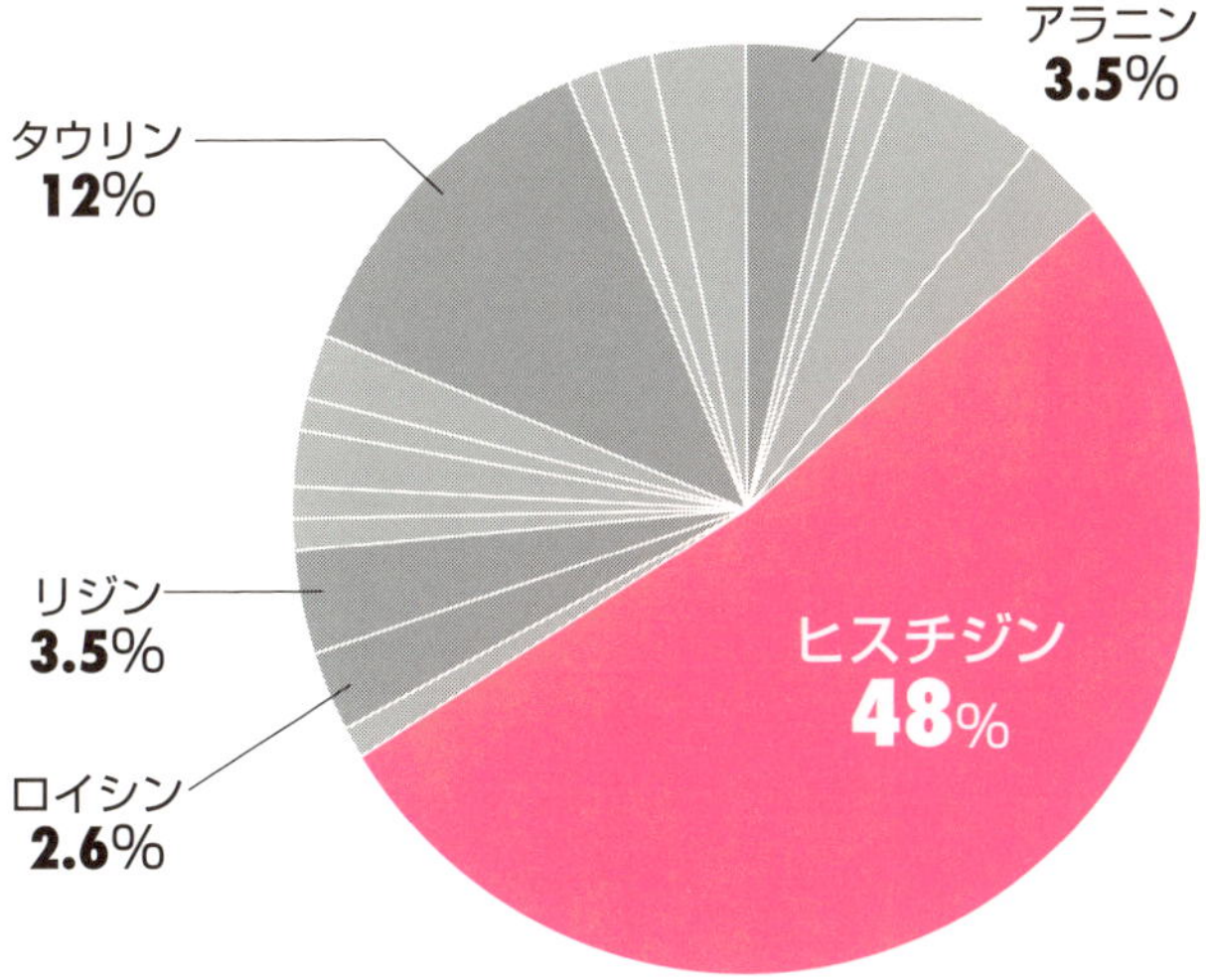

ヒスチジン摂取から、脳内におけるヒスタミンへの変換

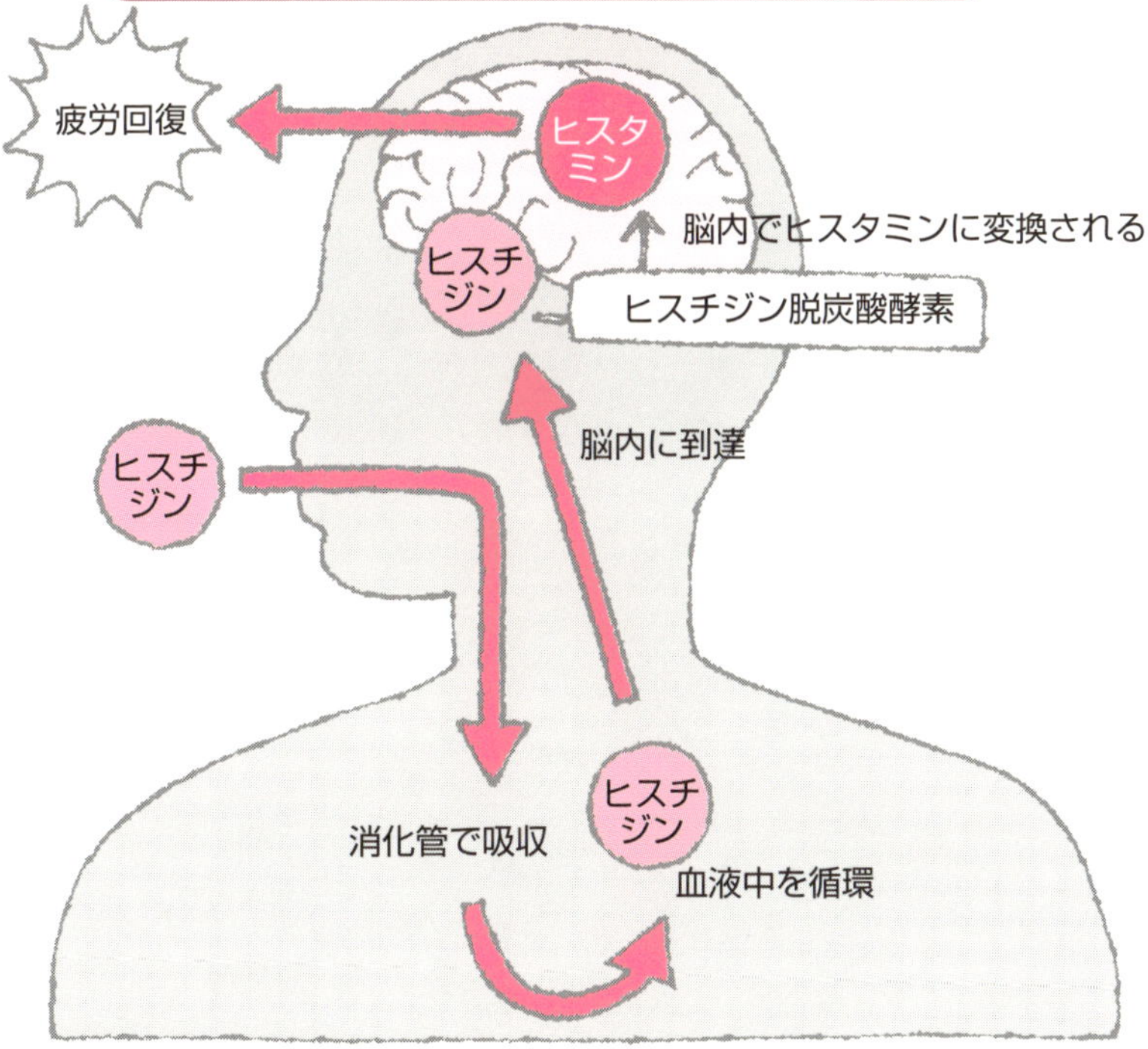

Column

犯罪捜査にもアミノ酸が活躍

殺人事件が起こった部屋に駆けつける刑事。部屋では鑑識が指紋の採取を始めている。テレビの刑事ドラマなどでよく見かける光景です。現実にも犯罪の現場で指紋採取が行われますが、ここでもアミノ酸が使われています。

人の汗には、水分、塩分、タンパク質、アミノ酸、尿素、脂肪などが含まれています。手が触れたところには微量の汗が指紋の形で付着します。付着した汗に含まれる成分を目に見えるように変え、指紋を浮き出たせるのが、指紋採取の方法です。指紋採取にはたくさんの方法がありますが、2章17項で紹介したニンヒドリンを利用したアミノ酸の検出は長い間、指紋採取の方法としても使用されてきました。

ニンヒドリンについては、1913年イギリスのルーエマンらが、アミノ酸と化学反応を起こし赤紫の化合物を作ると報告し、この赤紫をルーエマンズパープルと呼んでいます。1954年この反応が指紋の検出に有効だと推奨したのが、スウェーデンの科学者オーデン博士で、その後この方法の利用や研究が進みました。

実際には、紙や布などに残された指紋の検出に頻繁に使用されてきました。ニンヒドリンの水溶液を紙や布などの表面に薄く噴霧し加熱すると赤紫色の指紋が現れてきます。しかしニンヒドリンの水溶液で生じたルーエマンズパープルによる指紋が、金属やガラスなどの表面では流れてしまうために使用しにくいという欠点があります。また検出精度も劣るために、改良や他の方法の開発が行われています。

ニンヒドリンの反応の後に、金属（亜鉛、カドミウム、インジウム）と反応させ、見やすい色で消えにくくする方法。ジメチルアミノシンナムアルデヒド、インダジオン、1，8-ジアザフルオレン-9-オンなど、ニンヒドリンに代わりアミノ酸と反応する試薬を使用する方法が開発され利用されています。

このように指紋の採取方法も進化していますが、採取される指紋はごく一部だったり、変形したりしているため、ドラマのようにパソコン上で指紋を自動で重ね合わせてピッタリ一致なんてことはなく、最終的な判断は、専門家の人の目にゆだねられているそうです。

第5章
アミノ酸と美容

40 肌のうるおいとアミノ酸

肌状態の改善には保湿が重要

私たちの肌は、10～20μmと非常に薄い、角層と呼ばれる膜で覆われています。この角層の役割は私たちの体の中の水分を逃がさないことです。さらに、角層自体も水分を含み、肌表面を柔らかく、滑らかにしています。角層の水分保持には、天然保湿因子（ＮＭＦ）と呼ばれる成分が利用されています。ＮＭＦは肌で産生されており、そのうちの40％をアミノ酸が占めています。さらに、アミノ酸の1つであるグルタミン酸が環化したピロリドンカルボン酸（ＰＣＡ）を含めると、ＮＭＦの約50％がアミノ酸とその誘導体になります。

では、これらのアミノ酸群はどのように作られて、どのように肌の保湿に働いているのでしょうか。まず、角層の下で角層を作る細胞が約4週間かけて、フィラグリンというタンパク質を産生します。このフィラグリンは、角層を作る時にその主成分であるケラチンというタンパク質に接着し、角層全体に分散します。

次に、角層に存在する3種類の酵素によって、フィラグリンはオリゴペプチド（アミノ酸数個の塊）になり、アミノ酸へと分解されます。これらのアミノ酸のいくつかは、別の酵素によってさらに、肌に重要なものへと変換（代謝）されます。例えば、グルタミン酸やグルタミンは、ＰＣＡに変換され、高い水分保持効果を持つようになります。そのため、ＰＣＡは多くの化粧品に保湿剤として利用されています。このようにアミノ酸やその代謝物は健康な肌の維持に重要な役割を持っているのです。

近年、フィラグリンの産生が少ない人たちにアトピー性皮膚炎が多いとわかり、肌の健康維持にフィラグリンが重要であると明らかになってきました。また、冬の乾燥肌や、アトピー性皮膚炎の角層では、アミノ酸群が減少しているとの報告もあります。

健康な肌にとって、保湿は重要課題であり、それに大きく貢献しているのがアミノ酸なのです。

要点BOX

- 天然保湿因子の40％はアミノ酸
- 肌のアミノ酸の原料はフィラグリン。アトピー性皮膚炎にも関係すると言われている

天然保湿因子の組成

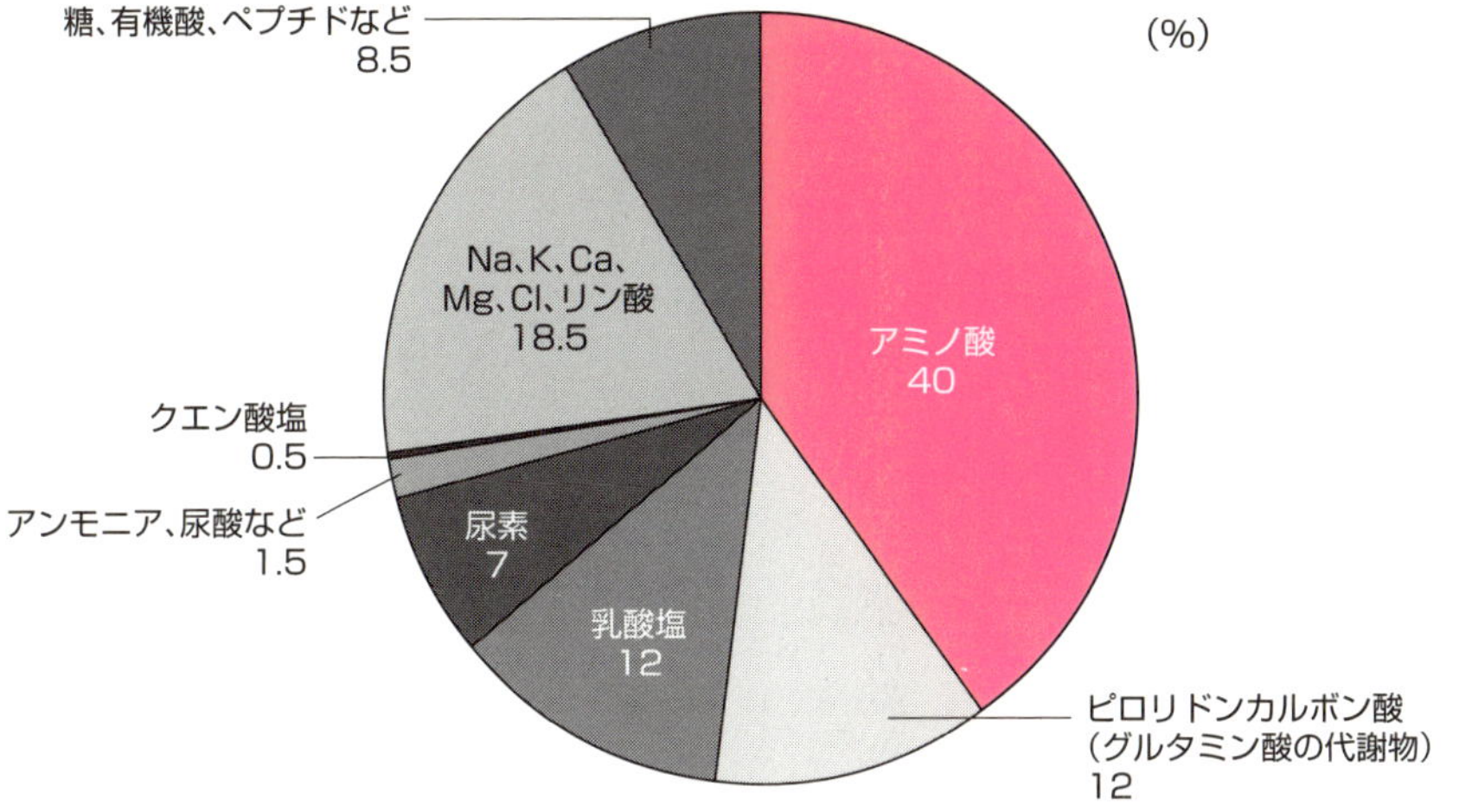

出典：H.W.Spier,G.Pascher Der Hautarzt,7,55(1956)より改編

表皮の構造

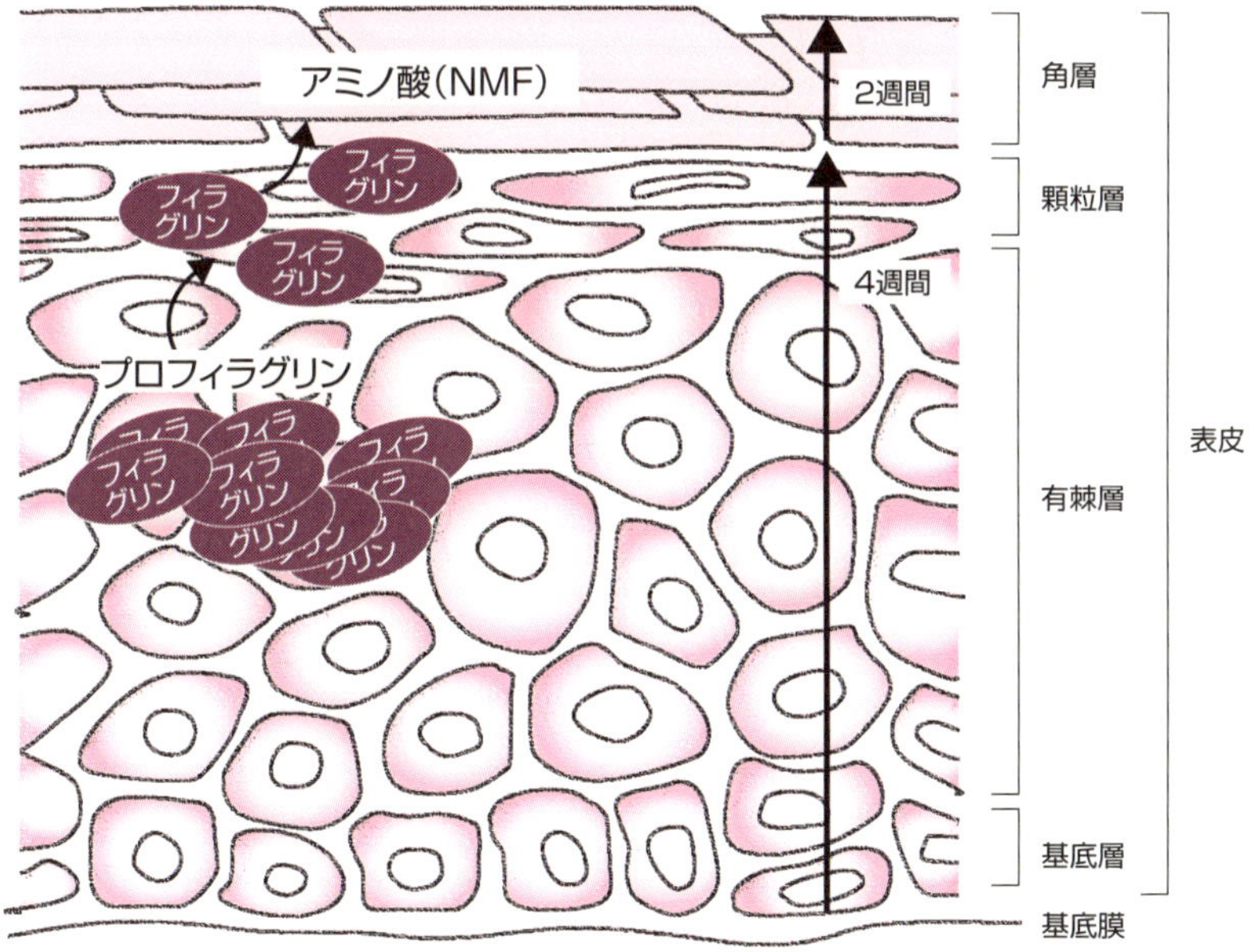

用語解説

プロフィラグリン：フィラグリンが10個程度つながったタンパク質で、フィラグリンのもと（原料）。

41 肌を守るアミノ酸

アミノ酸は複数の手段で体を守る

私たちの肌の最外層にある角層は水分を保持し肌の柔らかさなどの形を構成するとともに、環境に存在する菌やダニなどの微生物、あるいは金属や化学物質などが体内に侵入するのを防ぐバリア機能を持っています。すなわち、肌は、内部からの流出と異物の侵入を防ぐ働きを、最前線で行っているのです。肌が担っているバリア機能には、いくつかの種類があります。

1つは、肌の一番外側の角層と、その下の表皮層による物理的なバリアです。角層ではケラチンという丈夫なタンパク質とその周りを覆う脂質によって、表皮層では細胞間を塞ぐタイトジャンクションと呼ばれるタンパク質が、その役割を果たしています。この丈夫なケラチンの構造を作るのに重要な役割を担っているものが、先に述べたフィラグリンです。

2つめは、抗菌的なバリアです。肌は、抗菌性のあるペプチド（β-ディフェンシンなど）を肌の中で産生し、侵入した微生物から体内を守っています。これらは抗菌ペプチドと呼ばれ、今では何種類も見つかっています。物理的なバリアを通過した微生物を殺す効果や、壊れたバリア機能を修復する効果があります。また、抗菌ペプチドは汗にも含まれ、肌の外側でも殺菌効果を発揮していると考えられます。

3つめは、紫外線からのバリアです。角層では、ヒスチジンが代謝されウロカニン酸になり、紫外線を吸収します。ウロカニン酸は肌が作った天然の紫外線吸収剤なのです。さらに、42項で詳しく述べますが、チロシンやシステインを利用し、メラニンを産生しています。メラニンは様々な光を吸収し、肌が炎症を起こしたり、ガンになることを防いでいます。

そして最後に、体内に侵入してしまった異物を免疫システムで防ぐ、免疫性のバリアです。これらのバリアで私たちの肌は、外界と体内とを隔て、生命活動を維持することができるのです。

要点BOX

- ●丈夫な角層を作るのにもフィラグリンは重要
- ●ペプチドで菌からも体を守る
- ●紫外線防御にもアミノ酸を利用している

肌の中のアミノ酸・ペプチドの働き

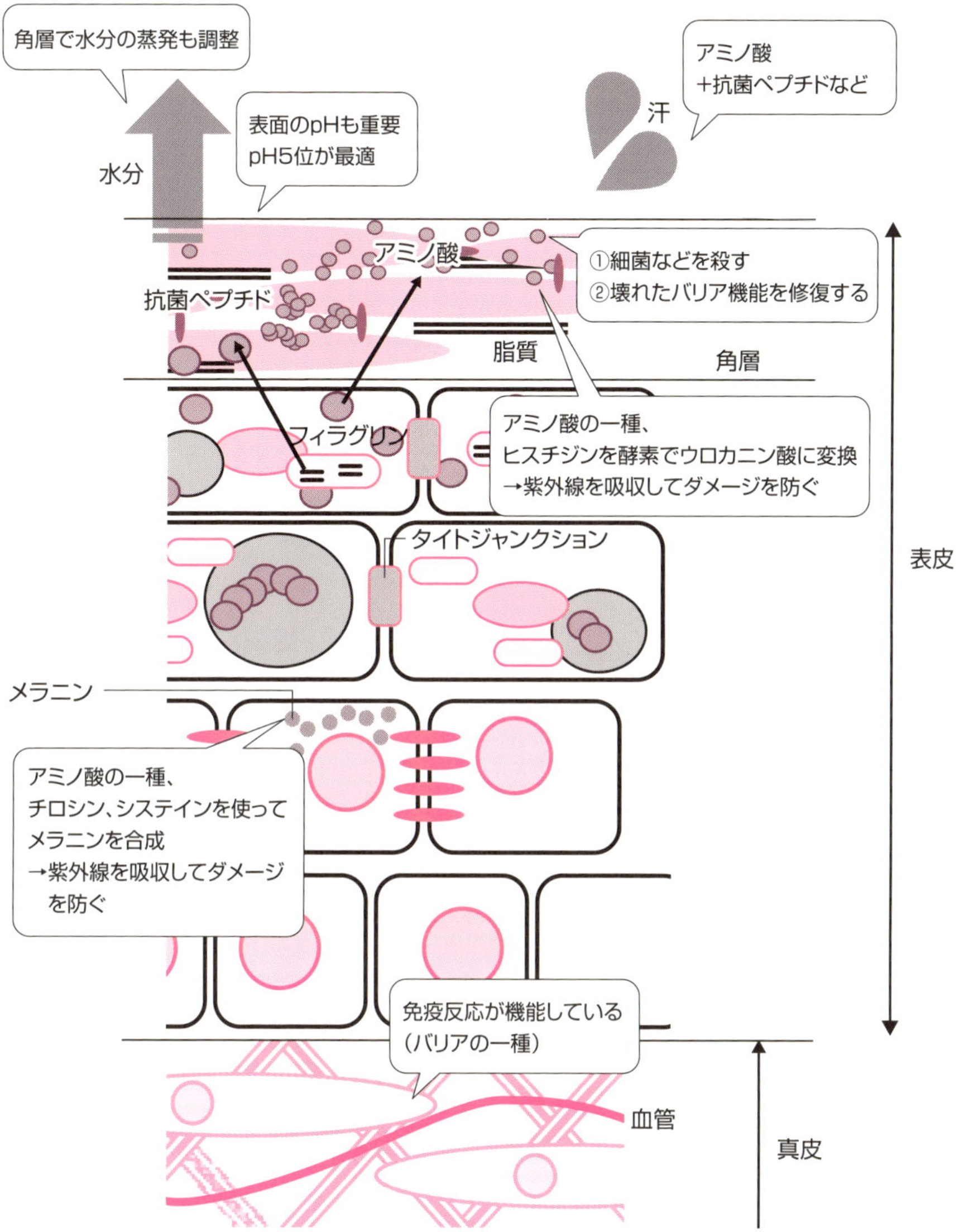

角層で水分の蒸発も調整
水分
表面のpHも重要
pH5位が最適
汗
アミノ酸
+抗菌ペプチドなど
アミノ酸
①細菌などを殺す
②壊れたバリア機能を修復する
抗菌ペプチド
脂質
角層
フィラグリン
アミノ酸の一種、
ヒスチジンを酵素でウロカニン酸に変換
→紫外線を吸収してダメージを防ぐ
タイトジャンクション
表皮
メラニン
アミノ酸の一種、
チロシン、システインを使って
メラニンを合成
→紫外線を吸収してダメージ
を防ぐ
免疫反応が機能している
(バリアの一種)
血管
真皮

42 美白とアミノ酸

肌の色もアミノ酸で作られる

　私たちの肌や髪の色にも、アミノ酸は大きく関与しています。

　私たちの肌は、日光などの紫外線を吸収するためにメラニンを作っています。日光を浴び過ぎると肌が黒くなるのは、紫外線ダメージを軽減するため、普段以上のメラニンを作り出すからです。このメラニンはアミノ酸のチロシンとシステインから作られています。

　チロシンはチロシナーゼという酵素で代謝され、不規則に、数多く結合し、結合の場にシステインがあると、これも混ざり合って結合していきます。このようにしてできた巨大な物質がメラニンです。数多く結合することで紫外線を吸収するようになりますが、不規則なゆえに紫外線以外の様々な光、可視光も吸収するようになります。これが、メラニンが黒く見える理由です。

　人間以外でも、例えばキリンの網目模様を作るのにもメラニンが必要です。リンゴや桃が茶色く変色するのもメラニンが産生されるからです。

　髪の金色や赤褐色や黒色など様々な色味は、どのように生み出されるのでしょうか。メラニンは大きく2つに分けられます。チロシンだけを原料にしているメラニンを黒色メラニン、システインが混ざったものを黄色メラニンと言います。黄色メラニンは、システインの混ざり方などによって黄褐色から赤褐色をしています。黄色メラニンの色味、黒色メラニンとの割合、これらが合わさり髪の色が作られると考えられています。このようなアミノ酸の利用ができない、つまりメラニンが合成できないと、髪は白く、白髪の状態になります。

　肌の色もこれと同じで、色の濃い肌では黒色メラニンが多く作られています。また、シミやそばかすは、部分的にメラニン産生が活発になった状態です。ですから、このようなアミノ酸の重合を上手にコントロールするべく美白化粧品は作られているのです。

要点BOX

- ●メラニンはアミノ酸でできている
- ●生物の色の多くはメラニンでコントロール
- ●メラニンは黒だけでなく黄色もある

肌の色とアミノ酸の働き

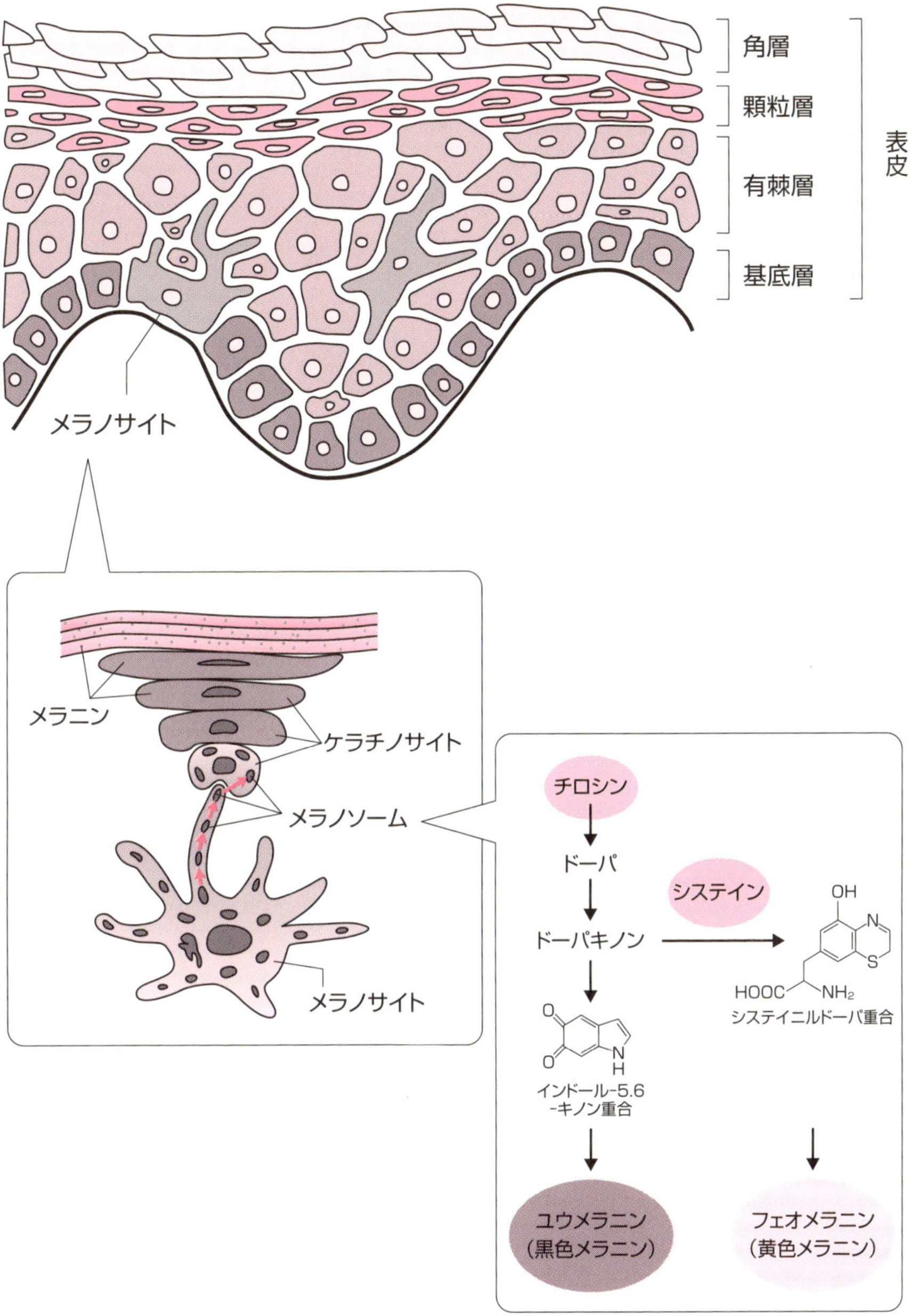

43

コラーゲンもアミノ酸

コラーゲンは3重らせん構造

コラーゲンは肌のシワに大きく影響していますが、靭帯や骨、血管など様々な組織の構造にも関与しており、人体に多く含まれるタンパク質の一種です。

コラーゲンは、同じアミノ酸配列の繰り返しを特徴としています。繰り返しとは、（ーグリシンーXーYー）という配列です。XとYには様々なアミノ酸が入りますが、多くはプロリンで、次いでリジンが利用されます。コラーゲンには複数のタイプがあり、アミノ酸鎖もそれに応じて様々な種類があります。肌に最も多いコラーゲンのアミノ酸鎖では、３００回以上この配列が繰り返されています。アミノ酸鎖は、らせん形の立体構造をとり、３本合わさって3重らせん構造になります。これが集まり線維状になり、さらに3次元的に集まったものをコラーゲン線維と言います。

このように作られるコラーゲンは、一般的なタンパク質分解酵素では分解されず、コラゲナーゼという専用の分解酵素によって分解されます。この分解され難さもコラーゲンの特徴の1つです。

丈夫なコラーゲンを作るために、重要な要素の1つがビタミンCです。コラーゲンに多く含まれるプロリンは、酵素の働きでヒドロキシプロリンに変換されますが、この変換が起きないと3重らせん構造は崩れやすくなります。そして、この酵素が働くために、ビタミンCが必要不可欠なのです。

若い時は、紫外線などの刺激を受けて壊れたコラーゲンも新しく産生され、肌は元の状態に戻ることができます。しかし、加齢とともに、壊れた部分を元通りにするほどコラーゲンが産生されなくなります。さらに、変性したコラーゲンを壊して再生する働きも弱くなるため、壊れてしまった異常なコラーゲンが肌に残るようになると考えられます。これらの構造の変化が長い年月にわたり蓄積され、私たちの肌のシワにつながっていると考えられています。

要点BOX

- 3重らせんが丈夫なコラーゲンには重要
- アミノ酸はビタミンCの力を借りて、丈夫なコラーゲンを作る

コラーゲンの構造

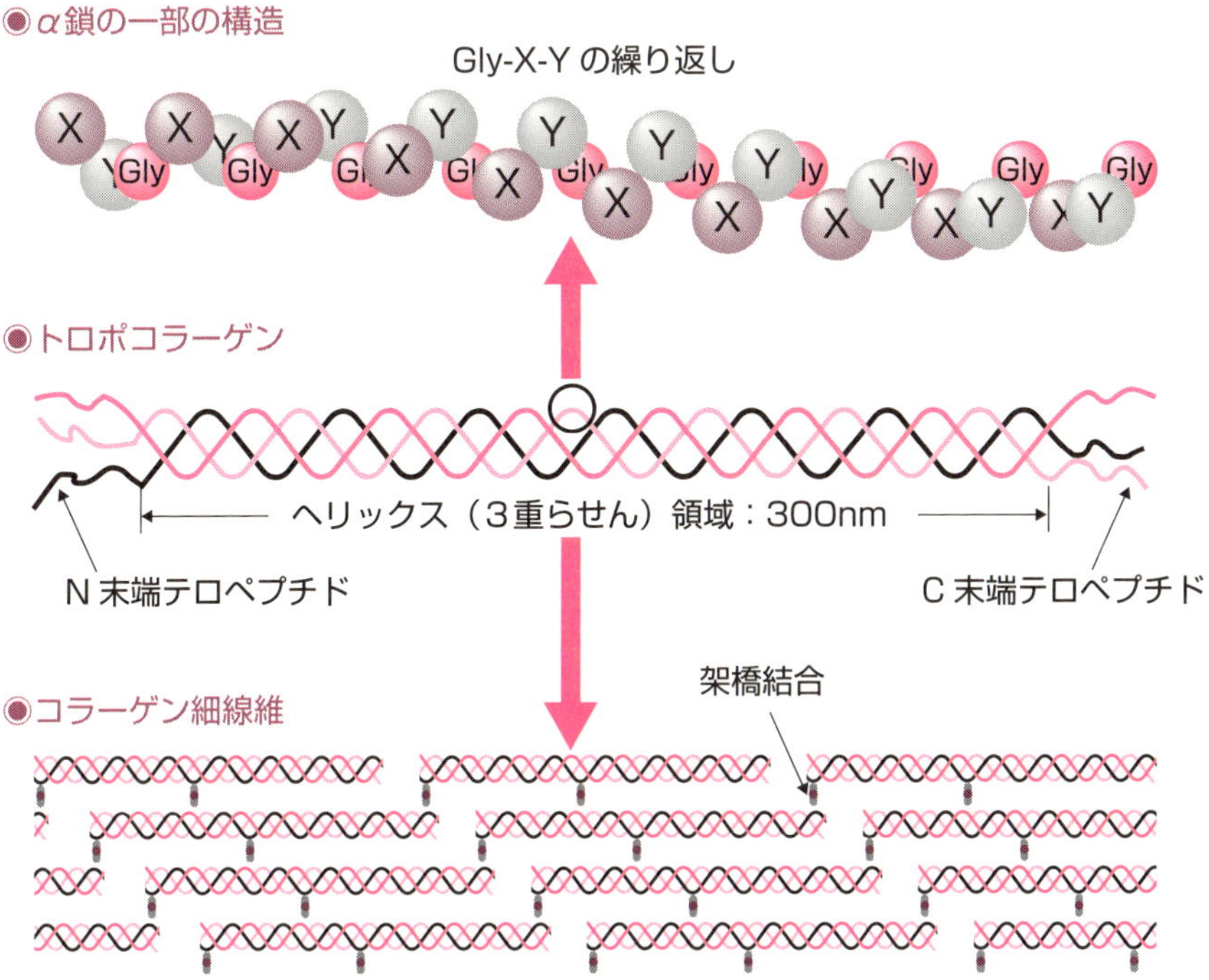

肌の構造とコラーゲン

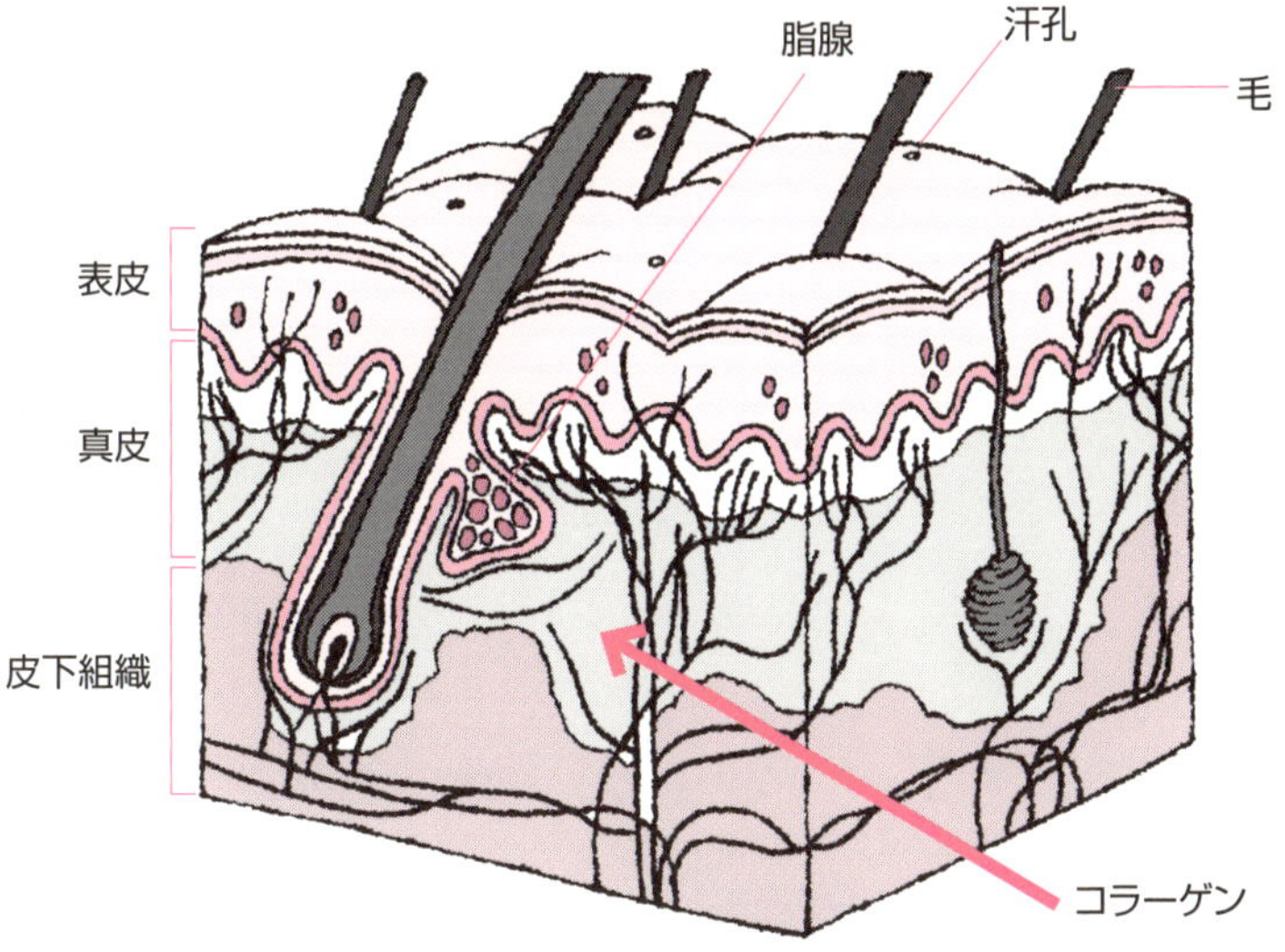

44 毛髪もアミノ酸

髪も肌もケラチンが重要

毛髪は「キューティクル」「メデュラ」「コルテックス」の3つから構成されています。

「キューティクル」は、うろこ状の硬い無色透明な細胞からなり、毛髪の根本から先端に向かって縁が突出しています。通常、4～8層程度重なって表面を覆い、外部刺激から毛髪内部を保護しています。健康な髪はキューティクルが整い閉じた状態ですが、ダメージヘアの場合、キューティクルが開き水分が飛びやすくなります。「コルテックス」は、毛髪のしなやかさ、強さ、柔らかさなど物理的な性質（髪質）を左右する部分です。葉巻状の角化したケラチンタンパク質の皮質細胞が規則正しく並び、毛髪の大部分（85～90％）を占めています。コルテックスがダメージを受けると、空洞などができて光を反射させ、毛髪が濁ったように見えてしまいます。「メデュラ」は、毛髪の中心部にあり、空洞を多く含む多角形の細胞が並んでいます。太い毛髪ほどメデュラの量が多く、細いほど少なくなり、全く存在しないものもあります。まだ機能が十分に解明されていない部分です。

毛髪の主成分は、アミノ酸からなるケラチンタンパク質（約90％）で、他に脂質、メラニン、水などがあります。ケラチンタンパク質は約18種類のアミノ酸からできています。ケラチンの主成分は、シスチンと呼ばれるアミノ酸で、硫黄元素を含んでいます。シスチンは他のタンパク質には存在しないか、微量しか含まれないことが多く、ケラチンの性質を特徴づけていると言えます。ケラチンタンパク質は、シスチンを含むアミノ酸が、次々とつながりらせん状に巻かれた構造をとることが知られています。

肌も毛髪もアミノ酸からできています。しかし、肌と異なり毛髪は自己修復機能がないため、物理的にアミノ酸などを与え、根気よく時間をかけてヘアケアを続けていく必要があります。

要点BOX

- 毛髪は「キューティクル」など3種類の構成体から作られている
- 毛髪は、90％がケラチンタンパク質

毛幹の3層構造（模式図）

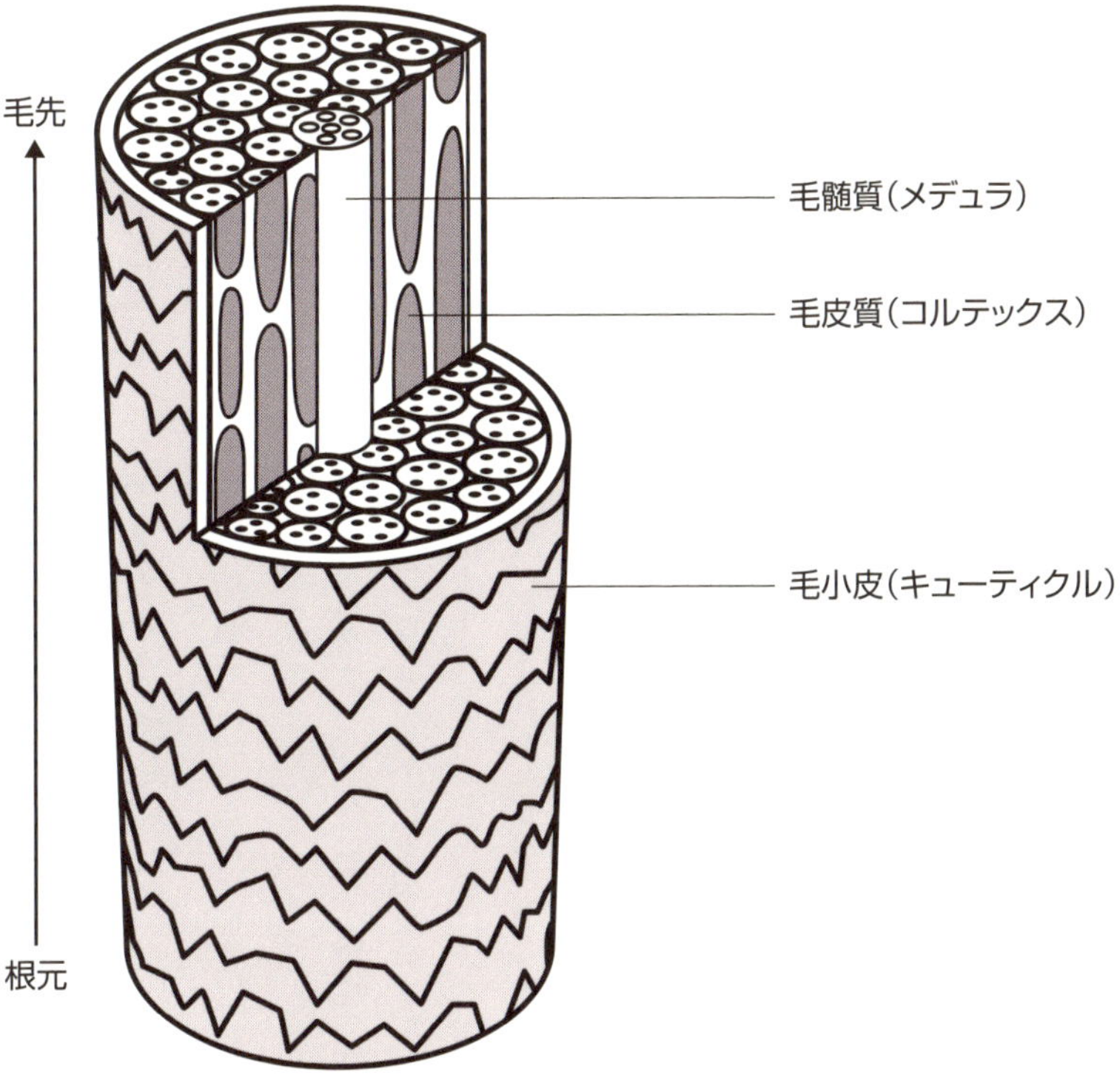

ケラチンタンパク質のアミノ酸組成

アミノ酸	組成比率（%）
グリシン	4.1〜4.2
アラニン	2.8
バリン	5.5
ロイシン	6.4
イソロイシン	4.8
フェニルアラニン	2.4〜3.6
プロリン	4.3
セリン	7.4〜10.6
スレオニン	7.0〜8.5

アミノ酸	組成比率（%）
チロジン	2.2〜3.0
アスパラギン酸	3.9〜7.7
グルタミン酸	13.6〜14.2
アルギニン	8.9〜10.8
リジン	1.9〜3.1
ヒスチジン	0.6〜1.2
トリプトファン	0.4〜1.3
シスチン	16.6〜18.0
メチオニン	0.7〜1.0

出典：H.P.Lundgren,W.H.Ward,“Ultrastracture of protein fiber”, Academic Press (1963)p.39.

45 肌の抗酸化とアミノ酸

肌の酸化をアミノ酸が止める

肌のたるみやシミ、シワ、肌理（キメ）の消失といった外観上の変化は、年齢とともに目立つようになることから、老化によるものとあきらめがちです。しかしながら、このような変化は、加齢によりもたらされること（自然老化）に加え、太陽光を過度に浴びることでその進行が加速されること（光老化）が知られています。太陽光に含まれる紫外線が、肌内部に浸透して活性酸素種（ＲＯＳ）を生み出し、これがコラーゲンやエラスチンといったタンパク質やセラミドをはじめとする脂質の酸化を引き起こすためと考えられています。

このような酸化ストレスを回避あるいは軽減するための抗酸化システムが肌には備わっており、天然保湿因子（ＮＭＦ）として肌に存在しているアミノ酸は、その一翼を担っていると考えられます。例えば、ＲＯＳの一種である一重項酸素は、ニキビの原因であるアクネ菌の代謝物が光に応答して生み出されますが、ヒスチジンは一重項酸素を消去する機能を有しています。チロシンは、ペルオキシナイトライトと呼ばれる毒性の強いＲＯＳを捕捉して酸化反応の進行を抑えます。コラーゲンに多く含まれるプロリンは、紫外線による脂質の酸化を抑えることが知られています。アルギニンは、様々な機能を有していますが、代表的な抗酸化剤であるビタミンＥよりもタンパク質に結合した脂質の酸化を抑制する機能が高い可能性が示されています。

アミノ酸の構造を一部変換して（誘導体化）、抗酸化機能をさらに高くし、これを肌に塗布して光老化を抑える方法も考えられています。セリンを誘導体化したピリドキシルセリンは、紫外線によりタンパク質から遊離した金属イオンがＲＯＳを生み出すのを抑える機能があり、化粧品にも使われています。

このように、アミノ酸には肌の内と外の両方から抗酸化機能を発揮する役割が期待できます。

要点BOX

- ●肌が老化する原因の1つは紫外線。紫外線は活性酸素の発生を引き起こし肌を酸化させる
- ●アミノ酸は活性酸素の発生を抑える

紫外線と皮膚の酸化

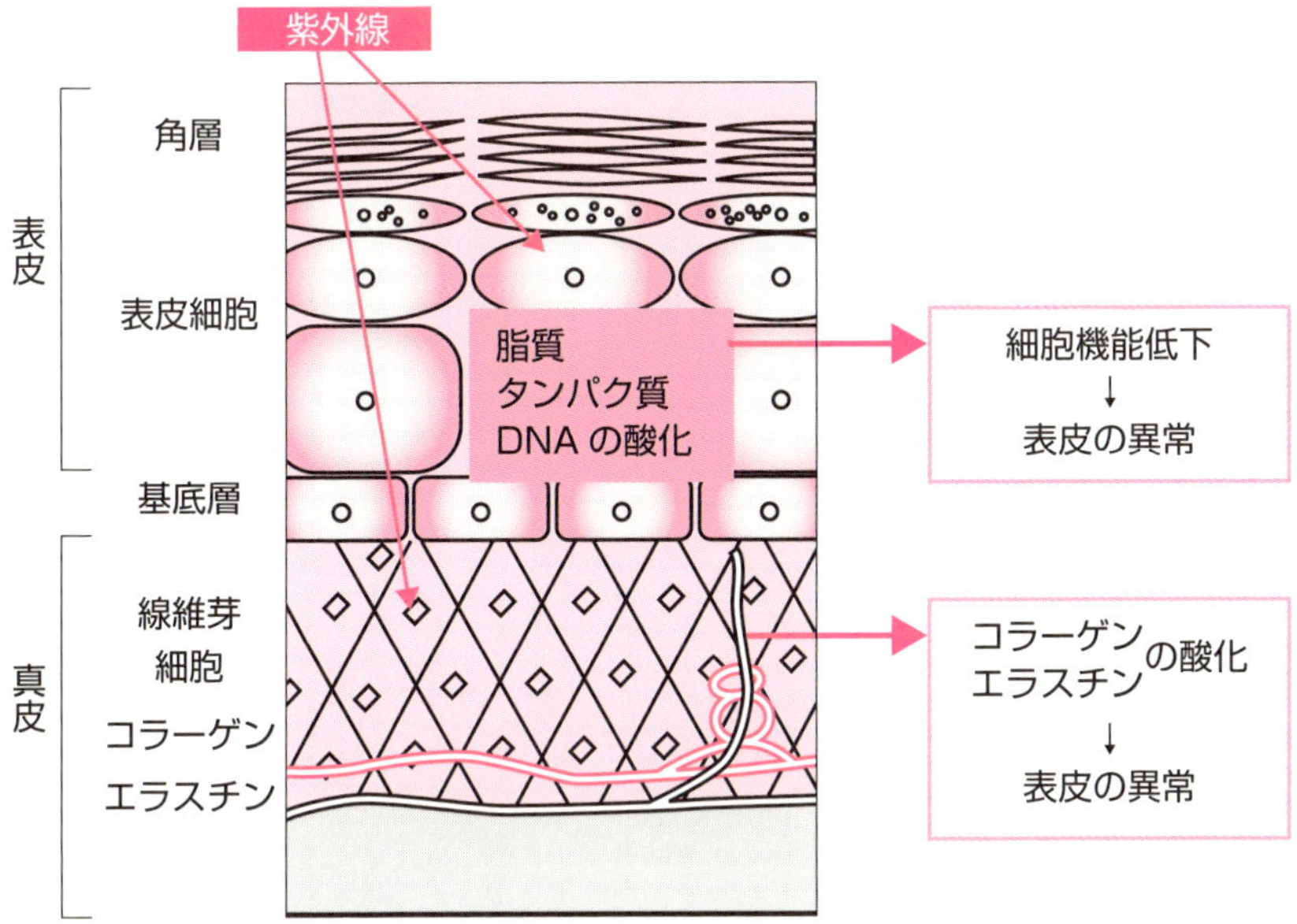

活性酸素種（ROS）の生成とその抑制

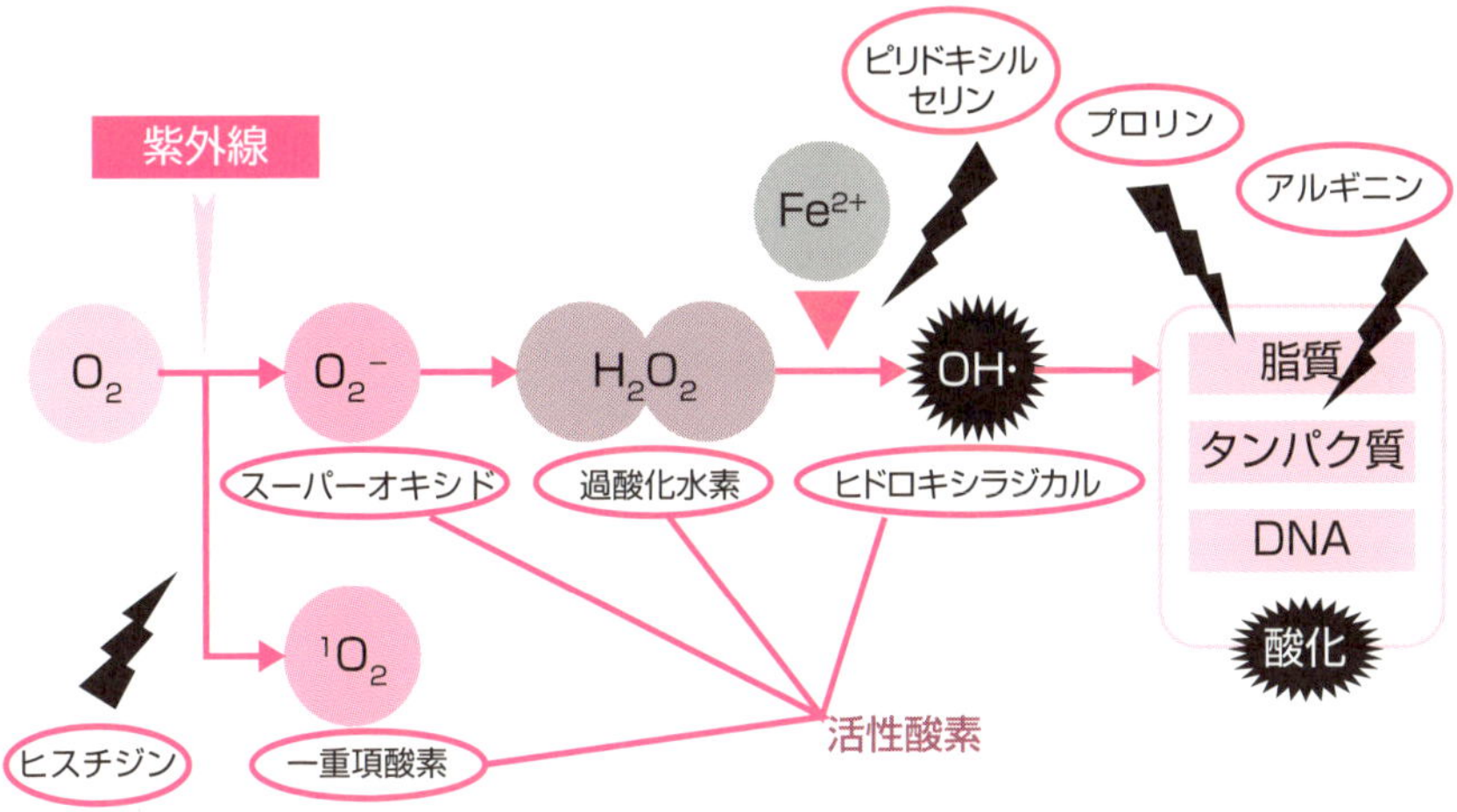

46 アミノ酸をベースとした化粧品

アミノ酸は様々な化粧品原料に変換できる

アミノ酸は、肌や毛髪と密接な関係にあることがわかりました。例えば、40項で書かれているように、肌の主成分であるタンパク質を構成する成分がアミノ酸であり、肌の最外層の角層では、フィラグリン（タンパク質）が分解されてできたアミノ酸が天然保湿因子（ＮＭＦ）として潤いを保つ働きをしています。

一方、エイジングや外部環境から誘発される乾燥などの肌トラブルを予防・改善するために、スキンクリームなどの化粧品が用いられています。このようなクリームには、肌のＮＭＦを外から補給するため、アミノ酸を使用することが多いのです。市販化粧品には使用されている成分（化粧品原料）が表示されているので、アルギニン、グルタミン酸などのアミノ酸の名前を見つけることができるでしょう。

最近では、化粧品だけではなく、トイレタリー（ヘアシャンプーや洗顔フォーム）にもアミノ酸が広く利用され、例えば、アミノ酸シャンプーやアミノ酸洗顔などと呼ばれて広く流通しています。これらの製品では、肌や髪に過度な刺激を与えないマイルドな洗浄力と植物由来を特長とした、アミノ酸からできた洗浄成分が活躍しています。

１９７２年に、味の素㈱によって世界で初めてグルタミン酸由来の洗浄剤成分が工業化され、アミノ酸系低刺激性洗浄剤という新しい分野の開拓が進められてきました。石油系洗浄成分の刺激を低くしたいというニーズ、そして、最近のサスティナブル視点での、リサイクル可能な、環境に配慮した成分へのニーズが世界中で高まってきており、アミノ酸を活用した洗浄成分の需要はますます広がっています。

洗浄成分以外には、抗菌剤・コンディショニング剤（アルギニン由来）、紫外線防御（チロシン由来）、美白・抗酸化（システイン由来）などの機能を有するアミノ酸ベースの成分が化粧品に使用されて、みなさんの手に届けられているのです。

要点BOX

- アミノ酸は様々な化粧品の原料として、そのまま、あるいは誘導体化され利用されている
- アミノ酸系化粧品原料の需要は広がっている

化粧品に応用されるアミノ酸

主な用途	利用されるアミノ酸の種類
洗浄・乳化・起泡	グリシン、アラニン、グルタミン酸
コンディショニング	アルギニン
保湿	プロリン、アスパラギン酸、各種アミノ酸
紫外線防御	チロシン

化粧品は全成分が表示されています!

成分…………、………、………………、……………、………………………、…………………………、……、セリン、プロリン、アルギニン、バリン、ロイシン、イソロイシン、リシンHCl、ラウロイルグルタミン酸(オクチルドデシル／フィトステリル／ベヘニル)、PCA-Na、………、…………、…………、………………、……………、…ジペプチド-9…………、………、…………………、……………、……………、…………、………………、……………………、………………………、……………………、…………………、…………………………

アミノ酸やアミノ酸由来の原料はいろいろ使われています。

Column

アミノ酸を利用した化粧品の開発

グルタミン酸をはじめ、アミノ酸は脂肪酸などの性質が異なる物質とつながることができます。

これを利用して、1970年代より今日に至るまで、味の素㈱はアミノ酸を利用した多くの化粧品原料を開発し、商品化しています。

例えば、グルタミン酸は、洗浄剤（洗顔料など）、保湿剤（化粧水、美容液など）、油剤（クリーム、乳液など）、ゲル化剤（ジエル、口紅など）などに変換され、化粧品原料として世界中で利用されています。さらに、グリシン、リジン、アラニンなど、アミノ酸の種類を代える、あるいはつなげる物質を代えることで、「しっとり・さっぱり」「かたい・やわらかい」などの感触や物性を作り出すことができます。

グルタミン酸から様々な用途の化粧品原料が開発されています

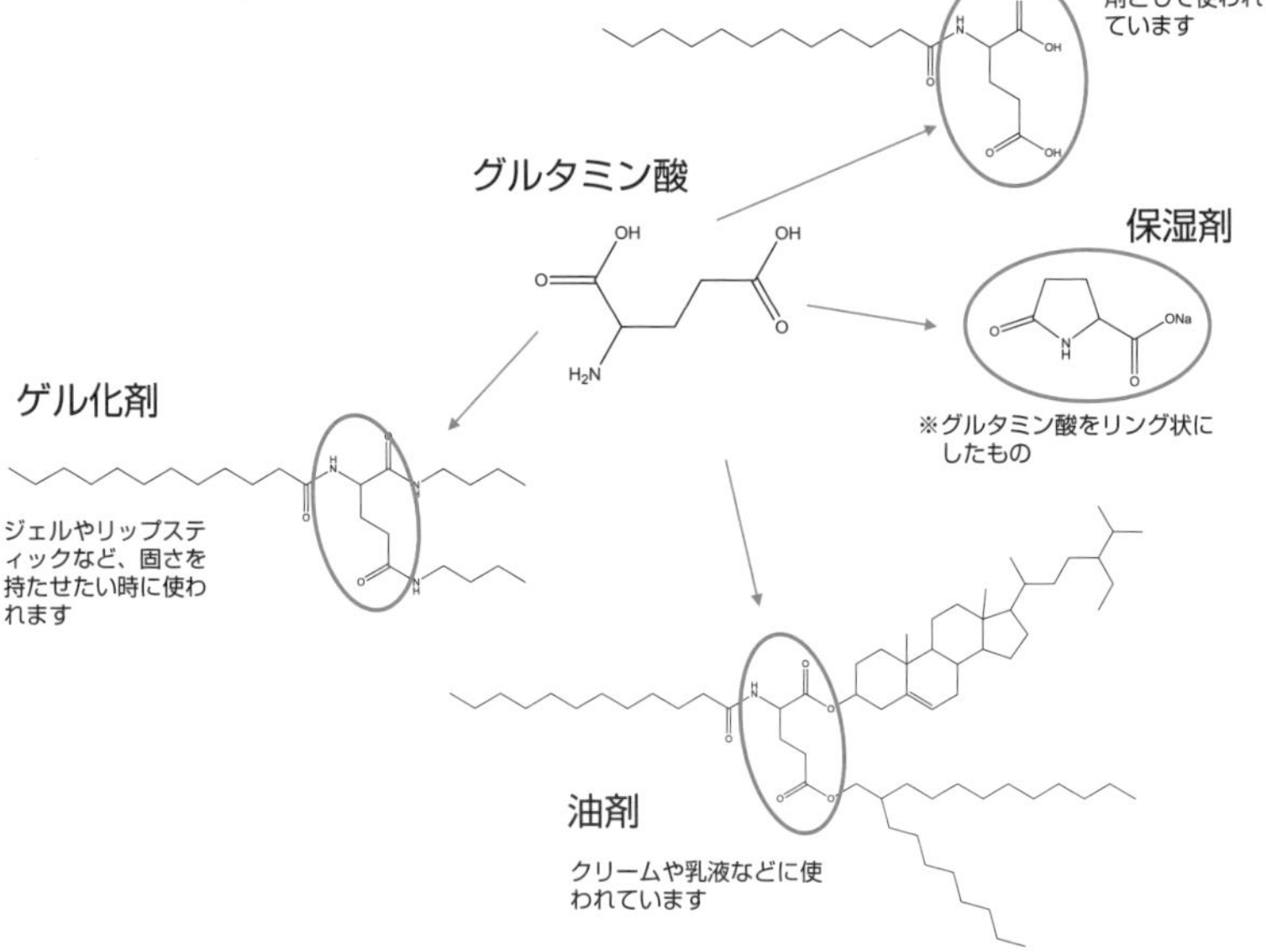
洗浄剤
マイルドな洗浄剤として使われています

第6章

アミノ酸とスポーツ

47 スポーツアミノ酸 BCAA

BCAAのスポーツ時の効果

ＢＣＡＡ（分岐鎖アミノ酸：Branched Chain Amino Acids）は、ロイシン、イソロイシン、バリンの総称です。これらアミノ酸は体内で合成できないため食事から摂取しなければならない必須アミノ酸でもあります。ＢＣＡＡがスポーツアミノ酸と言われる理由は、ＢＣＡＡが筋肉のパフォーマンスの維持に重要なアミノ酸であることや、運動時の疲れを予防する効果が期待できるからです。

筋肉を動かすためにはエネルギーが必要となります。通常の筋肉のエネルギー源には糖質や脂質が使われますが、これらが減ってくるとアミノ酸が使われます。筋肉においてはＢＣＡＡがエネルギーとして効率的に使われるので、ＢＣＡＡの補給は重要となります。また、運動後には筋肉がダメージを受け、筋肉の疲労や痛みを感じるために、これらから素早く回復する必要があります。ＢＣＡＡの中で特にロイシンはタンパク質の合成のスイッチを押すアミノ酸であることが知られています。ロイシンを含むＢＣＡＡや必須アミノ酸の補給は筋肉中のタンパク質の合成を促進し、速やかな筋肉のダメージからの回復に有効です。これらの情報も含め、ＢＣＡＡの補給は運動や筋肉のリカバリーにおいて重要であることが広く知られています。

さらにまた、運動時には疲労を感じることがあると思いますが、ＢＣＡＡはこの疲労感も緩和できる可能性のあることがいくつか研究にて報告されています。疲労感が生じる原因として、脳内にアミノ酸であるトリプトファンが多く入ることが1つの要因と考えられており、ＢＣＡＡはこのトリプトファンが脳内へ入ることを抑えます。

なお、ＢＣＡＡの1種類だけの摂取は、摂取しなかった残り2種類のＢＣＡＡの血液中の濃度が低下してしまうことが起きるため、3種類のアミノ酸すべてをバランスよく摂取することが重要です。

要点BOX

●スポーツ時にはBCAAを摂取すると良い

●BCAAで疲労感を緩和

BCAA

分岐鎖アミノ酸
(Branched Chain Amino Acids: BCAA)
いずれも必須アミノ酸

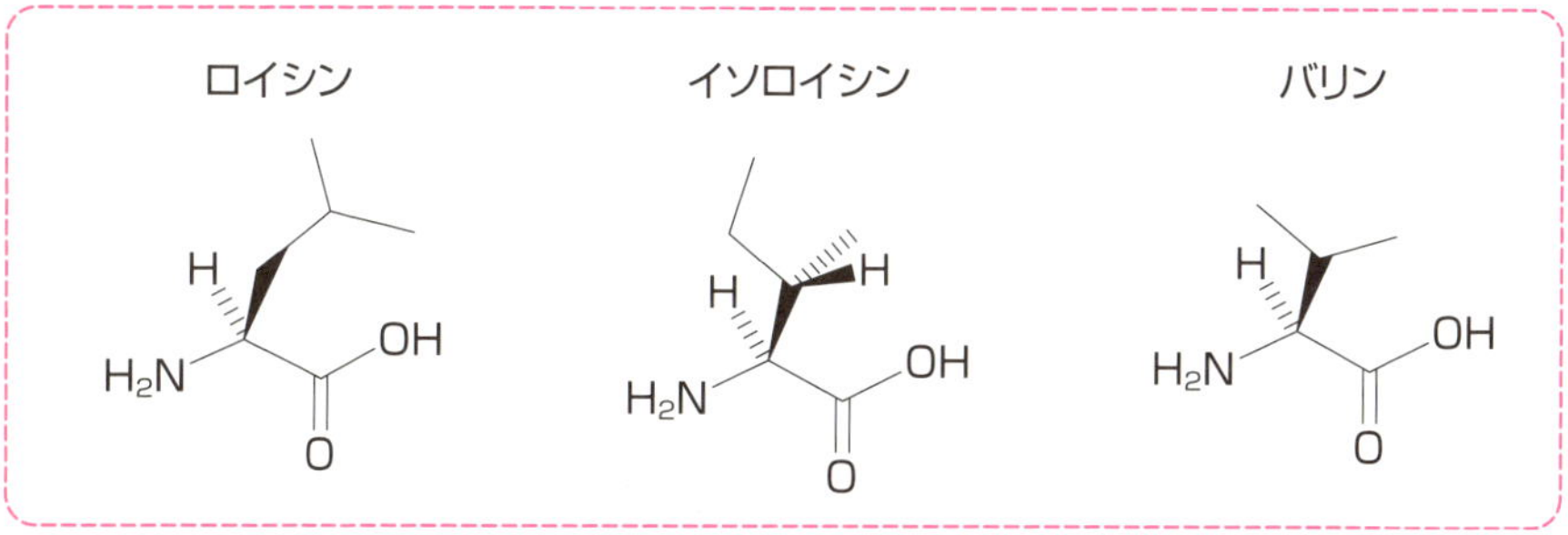

BCAAのスポーツ時のメリット

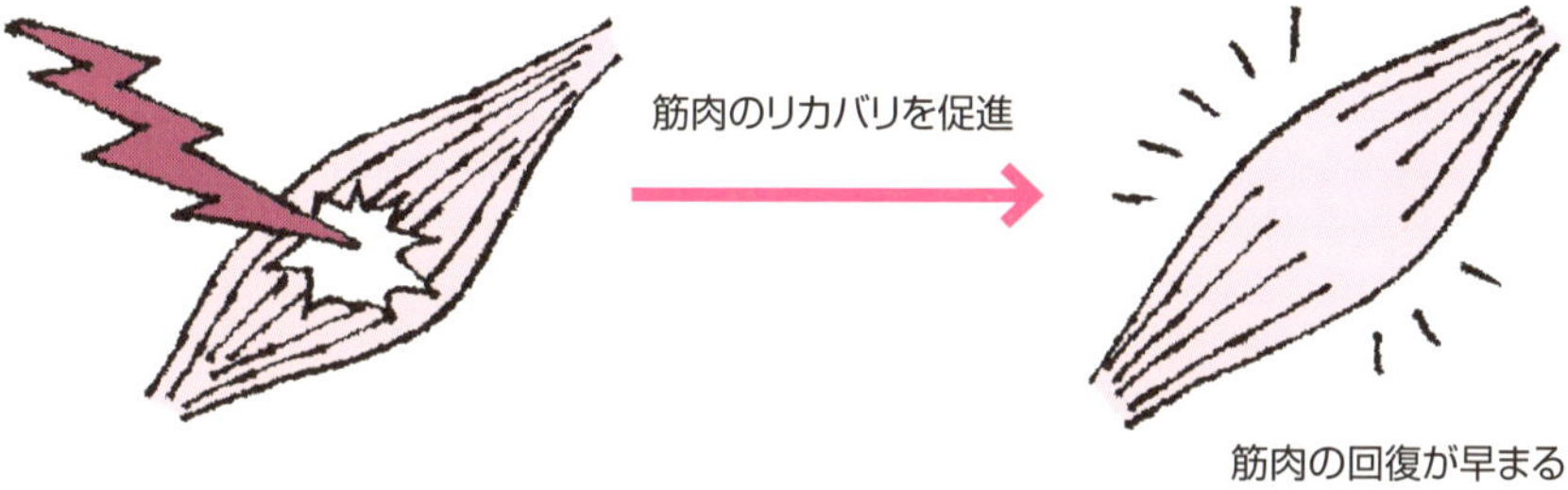

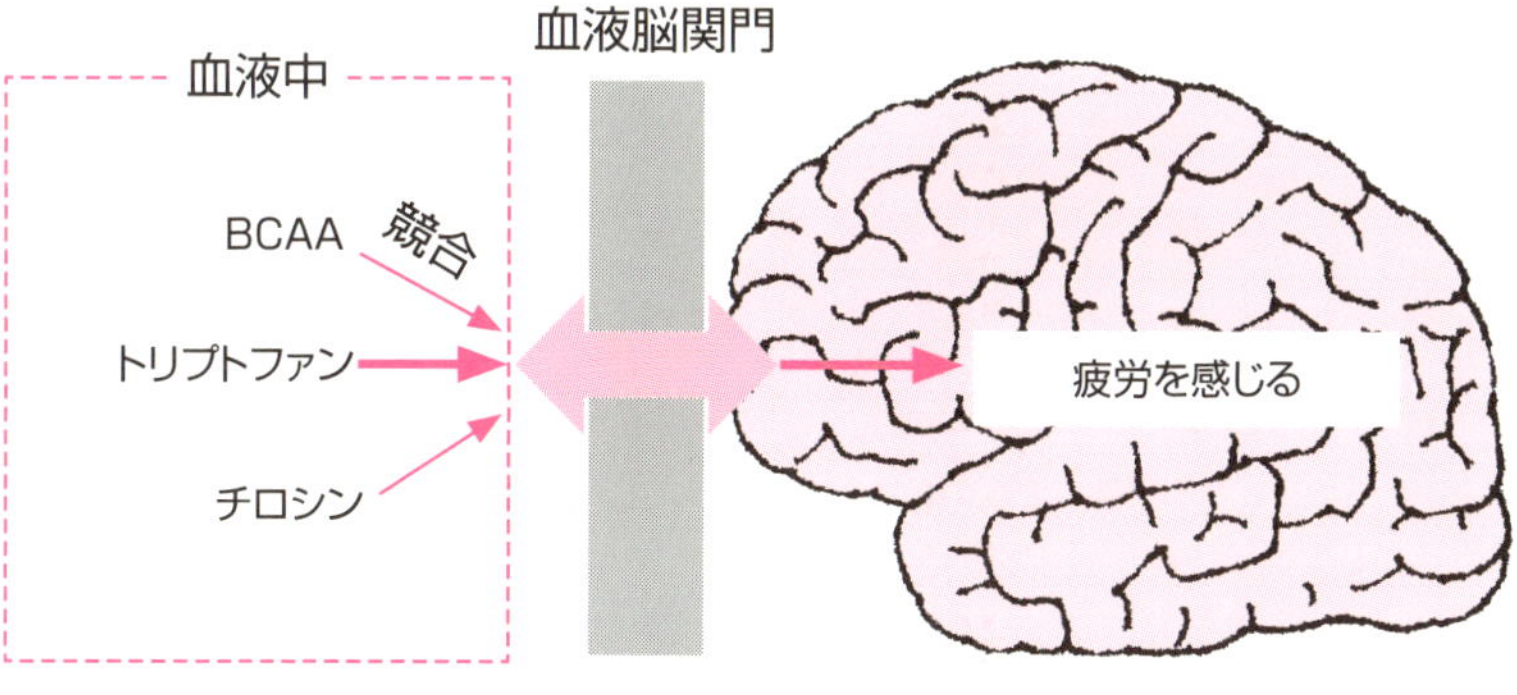

48 持久力向上

アミノ酸の補給で疲れにくく楽しくスポーツを

スポーツ（運動）をすると私たちの体では、筋肉など組織中のタンパク質・アミノ酸がひどく消耗されるため、運動を続けることが困難になります。すなわち前もって、あるいは運動している途中でタイミングよくアミノ酸を補給すれば、運動中に消費してしまったアミノ酸が供給され、より長く運動を続けることが可能となります。特にハードなスポーツや長時間の運動では、私たちの体は不足してしまったエネルギー源を補うために、筋肉のタンパク質を分解し、取り出したアミノ酸を利用して、体にエネルギーを供給するようになっています。

糖原性アミノ酸と呼ばれるアミノ酸は肝臓などで糖に変換し、エネルギーとして利用されることがわかっています。例えば長時間の運動時において、タンパク質の分解によって筋肉から生じたアラニンは血液中へ移行し、肝臓に入って糖に変換されます。そして変換した糖はエネルギー源として筋肉に戻って利用されます。これは「グルコース・アラニンサイクル」と言われ、古くから知られている現象です。また、同じく糖原性アミノ酸であるプロリンは、長時間の持久運動に伴って徐々に減少していくことが確認されています。すなわち、持久運動において糖として利用、消費されていくこれらアラニンやプロリンの補給は体のエネルギー維持にとって重要であり、運動における持久力維持に大いに役立つことが期待されます。

一方、ＢＣＡＡは筋肉で酸化分解され多くのエネルギーを発生し、筋肉でのエネルギー源として利用されることがわかっています（47項参照）。さらにＢＣＡＡは運動による筋肉のタンパク質分解を抑えることも知られていますので、ＢＣＡＡの補給はエネルギーとしての供給とともに、ハードな運動時における筋肉の分解も抑え、より効果的な運動の持久力向上に役立つものと思われます。

要点BOX

- アラニンやBCAAはエネルギー源として利用される
- アミノ酸の補給は運動の持久力維持に重要

グルコース・アラニンサイクル

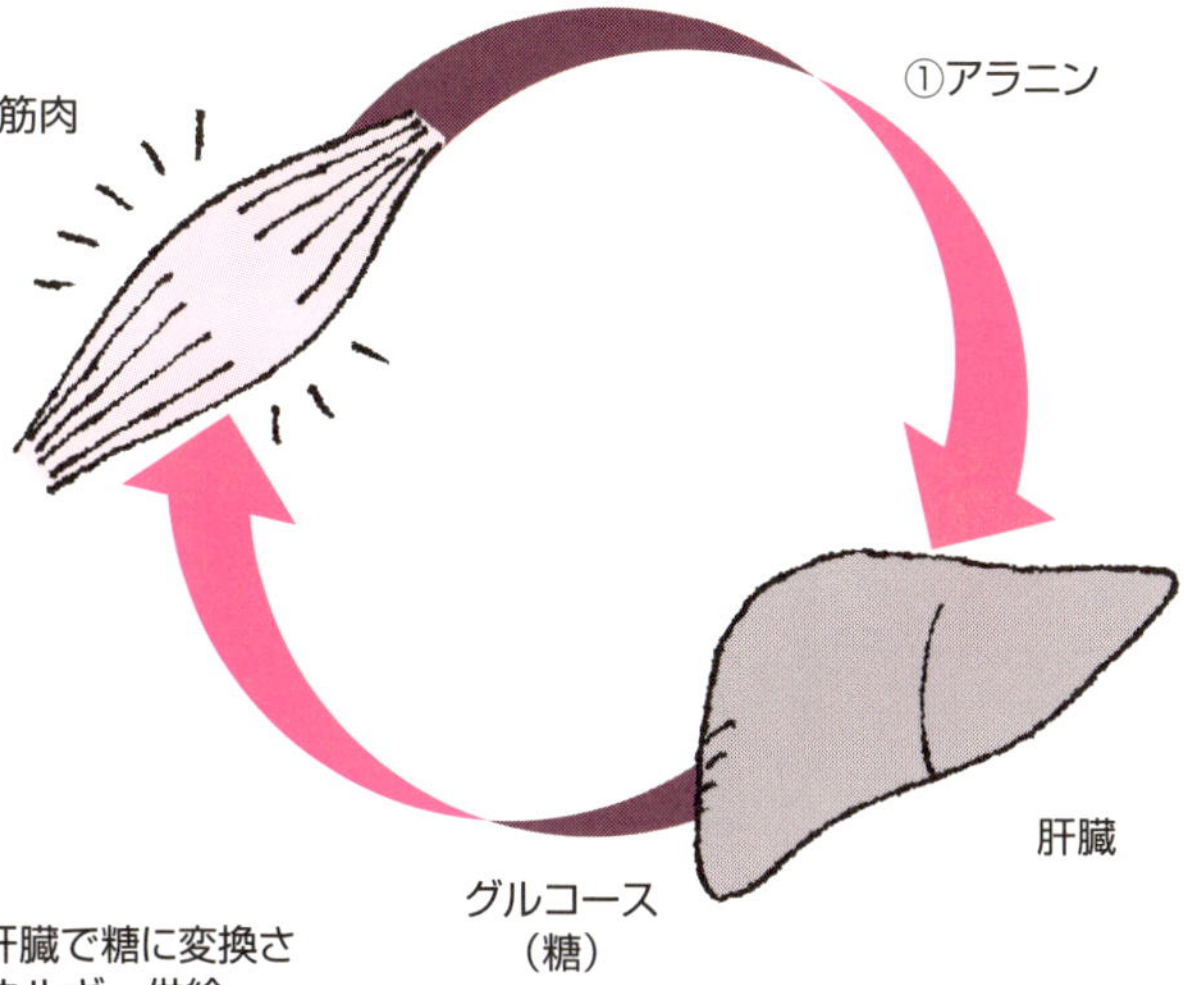

①アラニンが肝臓で糖に変換され筋肉へエネルギー供給

運動⇒筋肉タンパク質分解⇒BCAA利用

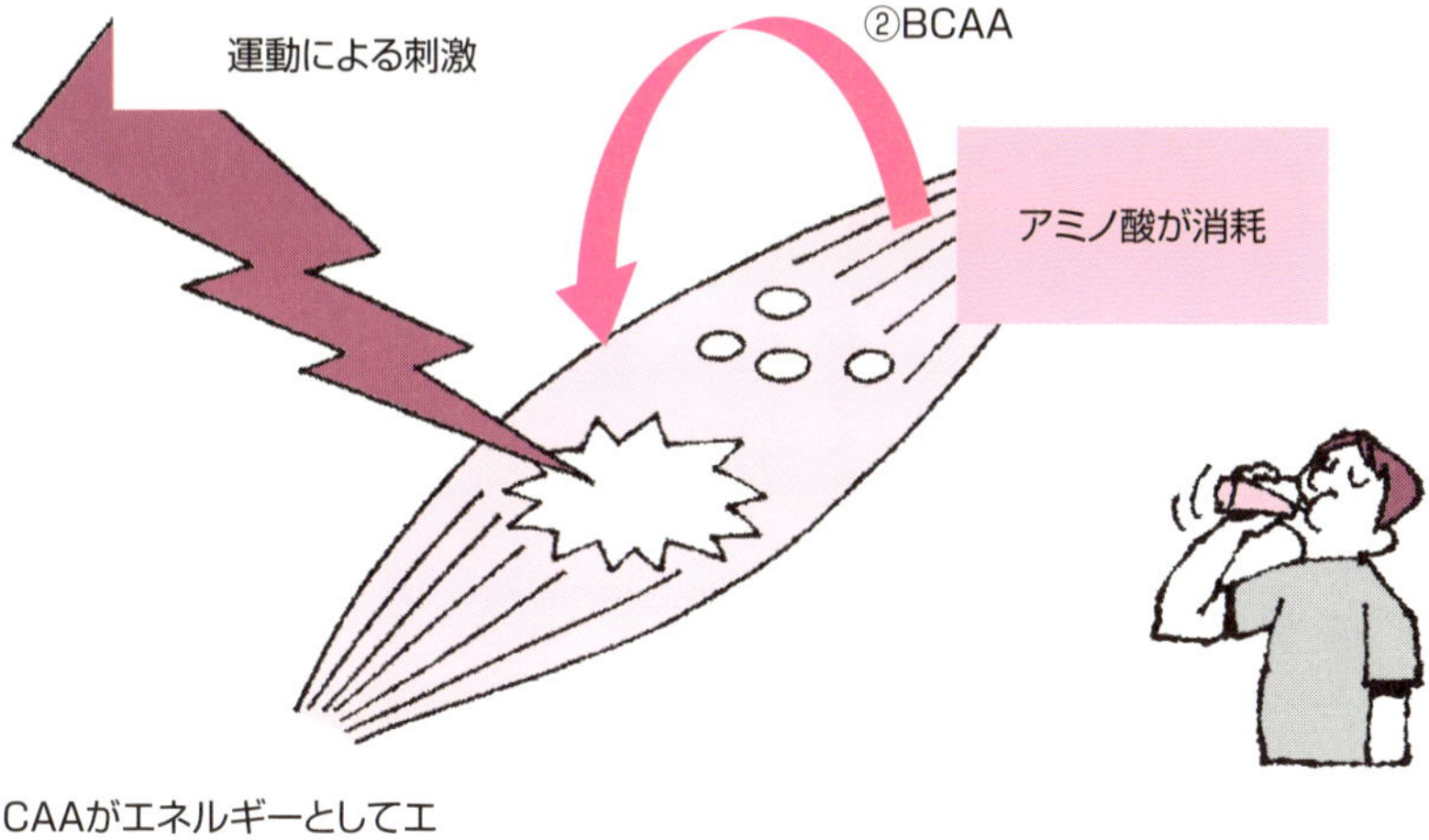

②BCAAがエネルギーとしてエネルギー供給

49 疲労・筋肉痛を回復

アミノ酸の補給で疲労を素早く回復

ハードな運動を行うと、エネルギーの消耗とともに筋肉などの組織中のアミノ酸も消耗し、体に激しい疲労を感じることとなります。また激しいダッシュの繰り返しやベンチプレスのような、筋肉に強い負荷がかかる運動を行うと、筋肉に強いダメージを受け、数時間後から数日後に筋肉の痛みを感じるといった、遅発性の筋肉痛の発生につながります。このような疲労や筋肉痛の回復にはしっかりとした栄養補給を行い、十分な休息や睡眠をとることが重要ですが、一方でこれら疲労や筋肉痛の回復に対しては、アミノ酸の補給が効果的であることがよく知られています。

　アミノ酸の補給としては、まずは必須アミノ酸が重要です。ダメージを受けて消耗した筋肉では、回復のためにタンパク質を新たに合成しなければならないので、その材料となる必須アミノ酸を、しっかり補給することが必要となります。なお、必須アミノ酸は体内で合成できないため、食事やアミノ酸サプリメントなどを通じて補給しなければなりません。さらにロイシンは筋肉のタンパク質の合成を高めることが知られています。ロイシンを多く摂ることでタンパク質の合成を高めつつ、他の必須アミノ酸を補給することが、素早い回復により効果的です。

　一方、必須アミノ酸中のロイシン、イソロイシン、バリンの3つの分岐鎖アミノ酸（ＢＣＡＡ）は併せて補給することで、遅発性の筋肉痛などのダメージを軽くすることが知られており、いくつかのスポーツシーンにおいて、回復を早めるために利用されています。

　また、アルギニンやグルタミンも疲労の回復に役立つことが期待されます。アルギニンは体の修復作用のある、成長ホルモンの分泌を促進することが知られています。またグルタミンは筋肉に豊富に存在するアミノ酸ですが、特に激しい運動を行った際にはこのアミノ酸は不足がちになることが言われており、補給の必要性が唱えられています。

要点BOX

- ●アミノ酸補給が運動後の疲労回復を早める
- ●ロイシンは筋肉のタンパク質合成を高める

アミノ酸補給で疲労回復

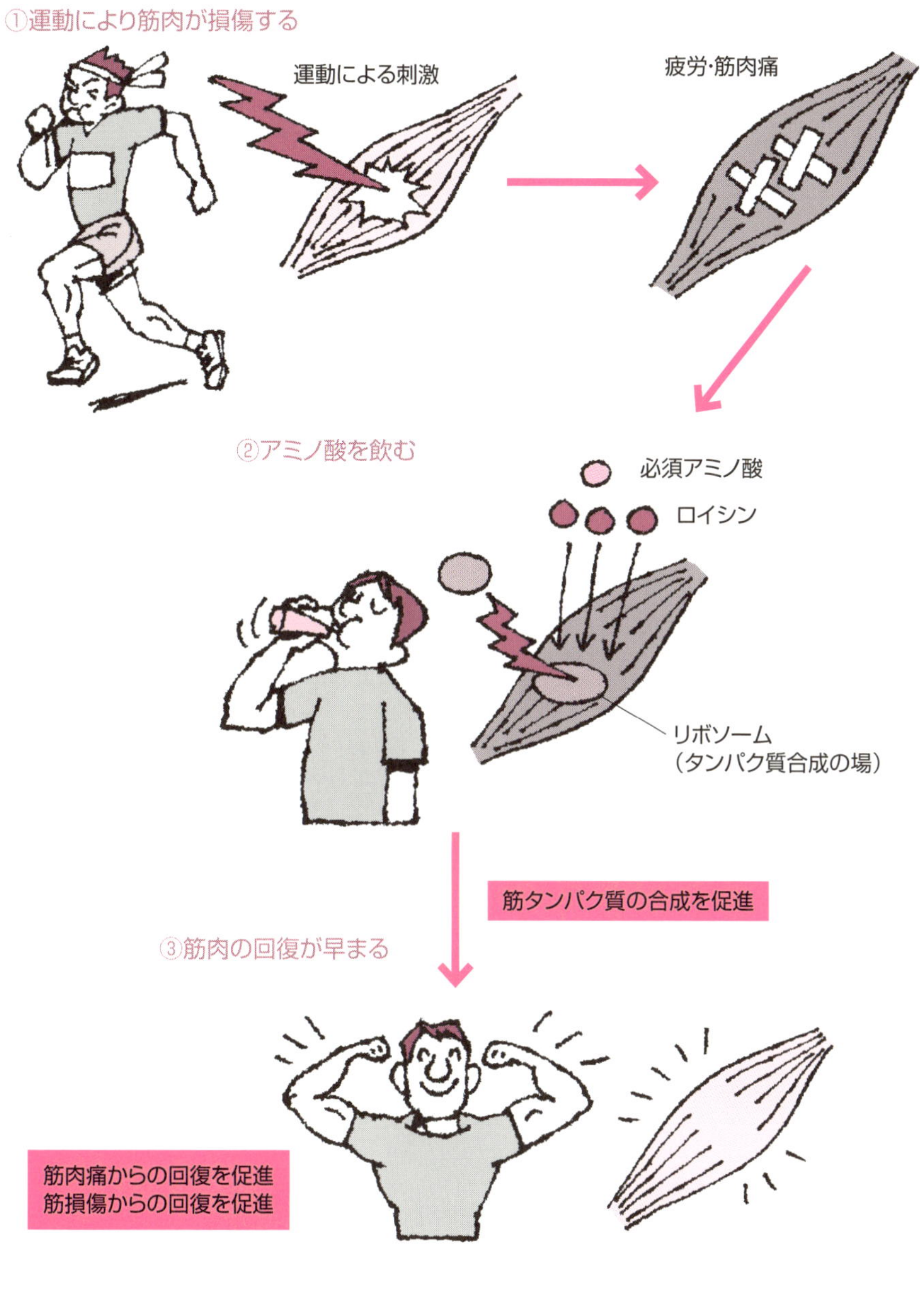

50 プロテインで不足しがちな栄養素を補給

運動量が極めて多いアスリートは、一般の人（男性）で推奨されているタンパク質摂取量（60g）の1・5～2倍を摂取する必要性が指摘されています。このような大量のタンパク質を三食（朝食・昼食・夕食）のみから摂取することは容易ではなく、そのため、食事と食事の間に不足しがちな栄養素を摂るための食事である「補食」として、プロテイン製品が幅広く活用されています。これら製品中のプロテインは主に、牛乳から作られるホエイや大豆などから作られており、トレーニングと組み合わせることでより効率良く筋肉量を増やすことや理想の体作りに役立つため、アスリートからスポーツ愛好者まで幅広く利用されています。

こうしたプロテインは体内で分解されて、最小単位になったものがアミノ酸です。プロテインはそのままでは体の中へ吸収できず、消化器官の中で消化酵素の働きを受けて摂取してから数時間ほど後に、ほとんどすべてがアミノ酸に分解されるのです。

体作りを行う上で、運動によってダメージを受けた筋肉を、運動後にできるだけ速やかに修復することが重要だと言われています。一方、運動中あるいは運動直後において、体の中の血液は筋肉をはじめとした全身の臓器の高い需要に応じて集められるため、消化器官には十分な量の血液が行かず、消化吸収に時間を要することがあります。こうしたことから、消化の手間がかからず素早く吸収することができるアミノ酸を、運動直後の最も大切なタイミングで摂取して筋肉の修復に役立てることは、体作りにとって非常に効果的であるとされています。

また、プロテインのカロリー摂取は1回分として100kcal強となりますが、アミノ酸のそれはごくわずかです。このことから、体脂肪の増加を心配することなく体作りを行いたい場合、アミノ酸はより適した食品形態と言えるかもしれません。

要点BOX

- ●製品中のプロテインは主にホエイや大豆などから作られている
- ●プロテインはアミノ酸に分解され吸収される

タンパク質摂取

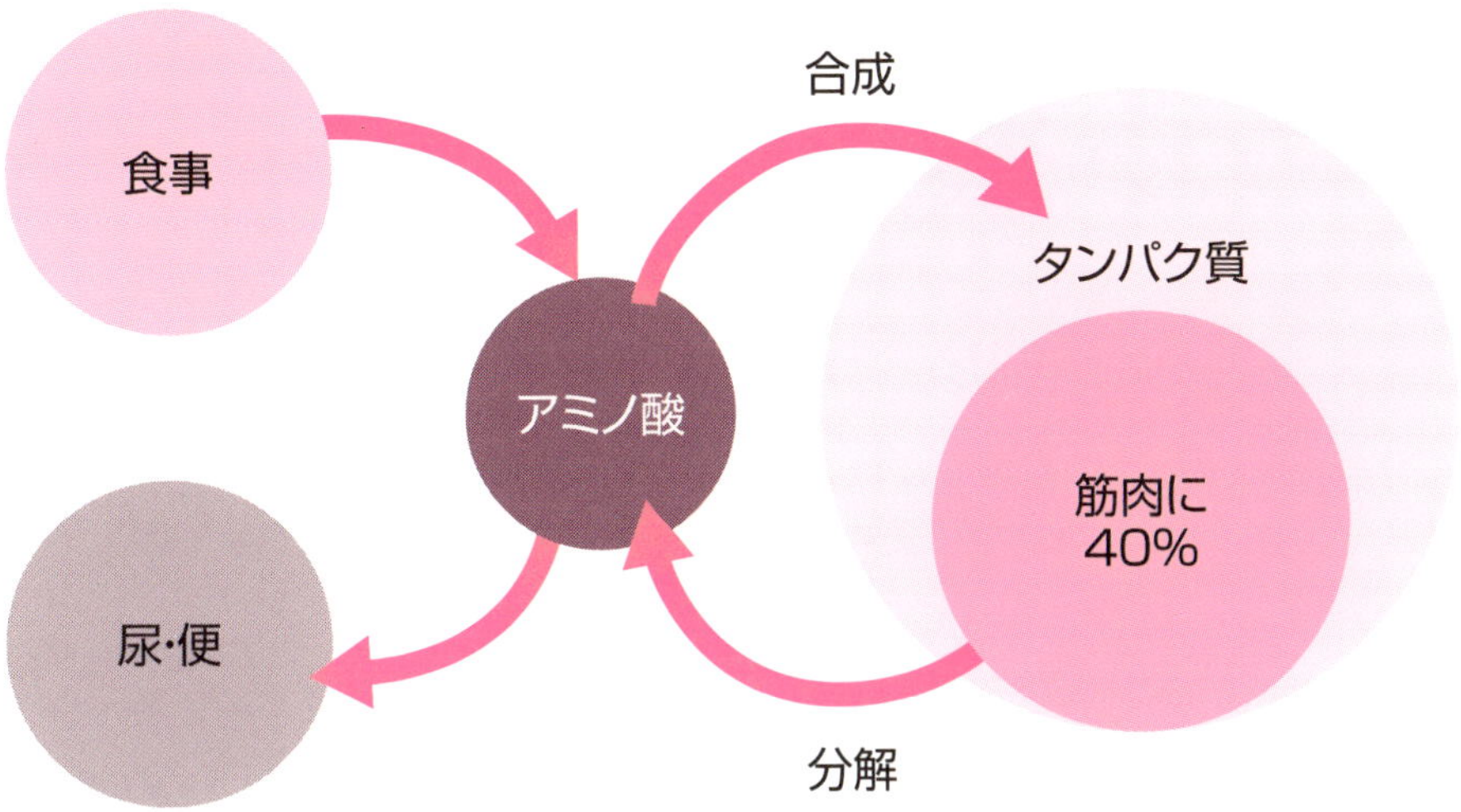

筋タンパク質はアミノ酸の重要な供給源。
体内でアミノ酸が不足すると、筋肉はタンパク質を分解してアミノ酸を供給する。

タンパク質・ペプチド・アミノ酸の違い

アミノ酸は、分解の過程が不要。
体に負担をかけずに、約30分後に体内へ吸収。

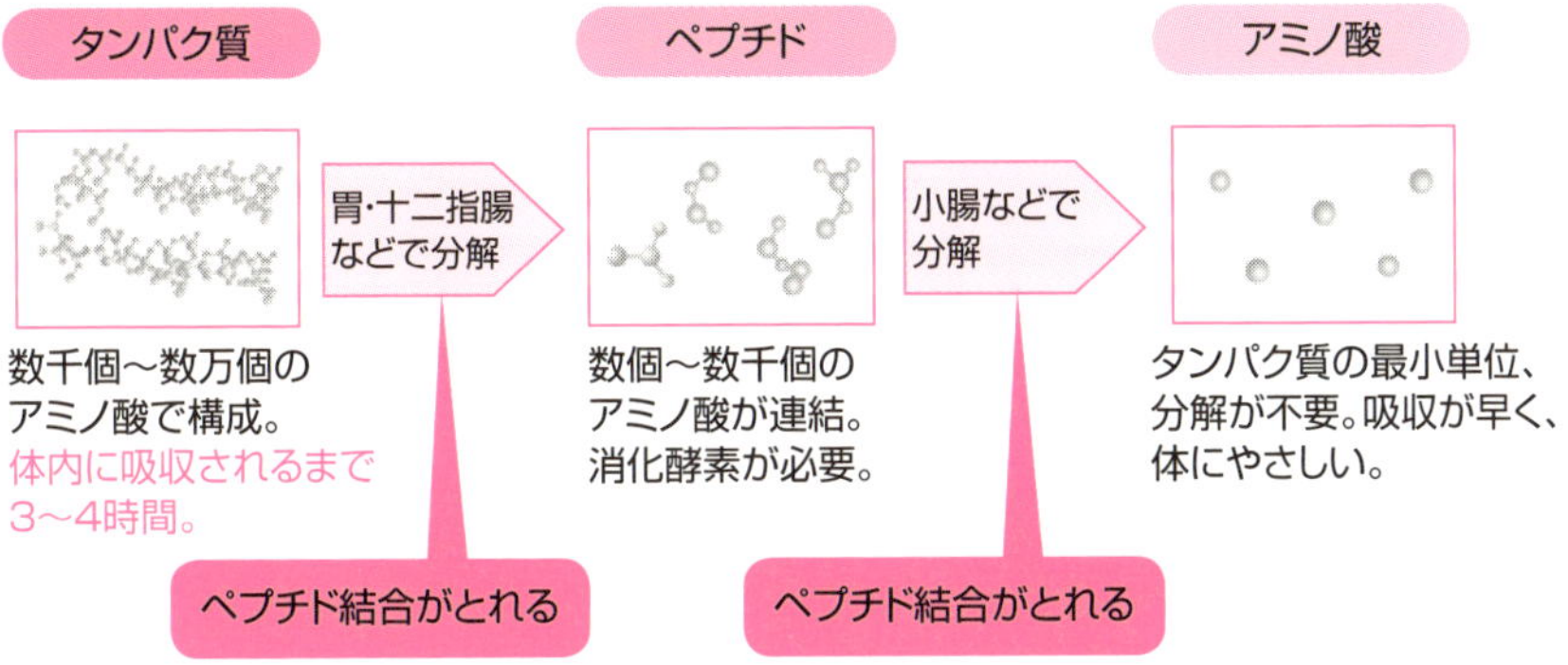

Column

アスリートの海外での食事事情

日本人アスリートの多くが国際大会などで海外遠征した時に宿泊施設などで困ることの1つとして、食事があります。現地に到着してしばらくの間は、もの珍しい食材を使った、日本ではなかなか味わうことのできないメニューを体験するのも楽しく、いろいろと試してみたくなるものです。しかし、何日も滞在していると、パサパサした食材、脂っこい調理法や塩コショウや香辛料のみの単純な味付けに、自然と飽きがきてしまいがちです。飽きてくると、自然と食欲も落ちてしまいます。

アスリートはただでさえ、ハードな練習やトレーニングを実施することによって筋肉だけでなく胃腸も疲れている状態にあり、十分な量の食事や栄養を摂取することが難しくなっています。それにもかかわらず食欲がそそられない食事を無理に摂り続けていると、胃腸障害を生じやすくなり試合の間際になって体重が減ってしまったり体調管理が難しくなることもしばしばです。その結果、本番でベストパフォーマンスを発揮することが難しくなってしまった、というケースもよく聞かれます。

最近はアジア人選手のために炊いたコメを調理したメニューや味噌汁などを提供する宿泊施設も多くなってきています。しかし、よくあるみそ汁は出汁の効いていないお湯にみそを溶いた程度のもので、日本人が日ごろ慣れ親しんでいる汁物の味とは言えず、日本人アスリートの満足度は決して高くないようです。

このような場合でも、だしの成分であり、「うま味調味料」としても汎用されているグルタミン酸を持参していれば簡単に、よりおいしく食事を摂ることができるようになります。

運動後の胃腸が疲れた状態でもアスリートがしっかりと栄養摂取するために、グルタミン酸の持つ唾液の分泌促進機能によって、食物をよりスムーズに嚥下《えんげ》させることが可能になります。そして、胃液の分泌も促すとともに胃腸の粘膜も守り、消化管に入ってきた食物の消化促進にも貢献するため、おいしく食べるためだけでなく、選手の食事面から競技力向上を支える重宝されるツールとなっています。

第7章

アミノ酸と医療

51 アミノ酸で「がん」を見る

新しいタイプのがんの早期発見技術

がん細胞は無限に細胞分裂ができ、免疫機能からの攻撃を巧みに避けるような性質を獲得しており、通常の細胞と代謝が異なり、その影響が周囲の細胞・組織だけでなく全身に及ぶことも知られています。その結果、がん患者では、血中のアミノ酸濃度バランスに影響を及ぼしていると考えられています。

実際に、がんのない健康人とがん患者の血中のアミノ酸濃度バランスは異なっていること、その変化は早期がん患者でも見られること、がんの発生部位に関係なくがん患者で共通して濃度バランスが変化するアミノ酸と特定のがんだけで変化するアミノ酸があることが知られています。

しかしながら、あるアミノ酸Ａの濃度がある部位（例えば肺）にがんがあるがん患者と健康人の間でアミノ酸濃度バランスの変わり方が異なっていても、それ以外の疾患、例えば胃がんやがんでない疾患でも同じように異なっている場合、アミノ酸Ａの濃度の情報だけでは目的とするがんの患者のみを識別することはできません。この問題を解決するには、統計解析の手法の1つである多変量解析を用いることが有効と考えられます。すなわち、複数のアミノ酸の濃度を用いた数式（＝判別式）を作成し、がんがあるかないかをその数式の値をもとに判別することができます。

この方法を利用して、がんのリスクを判別する新しい検査「アミノインデックス®がんリスクスクリーニング（ＡＩＣＳ）」が開発されました。これまでのがん検診ががんの種類ごとに様々な検査を受ける必要があったことに対して、ＡＩＣＳは1回採血するだけで複数のがんの罹患リスクを見ることができること、同じ血液を用いた検査である腫瘍マーカーなどよりもがんの早期段階でがんを見つけることができるなどの利点があり、現在人間ドックなどで受診することができます。

要点BOX

- がん組織ではアミノ酸代謝が変わる
- 血中アミノ酸濃度は早期がんでも変わる
- 複数のアミノ酸濃度の差を統計的に検出

がんの影響

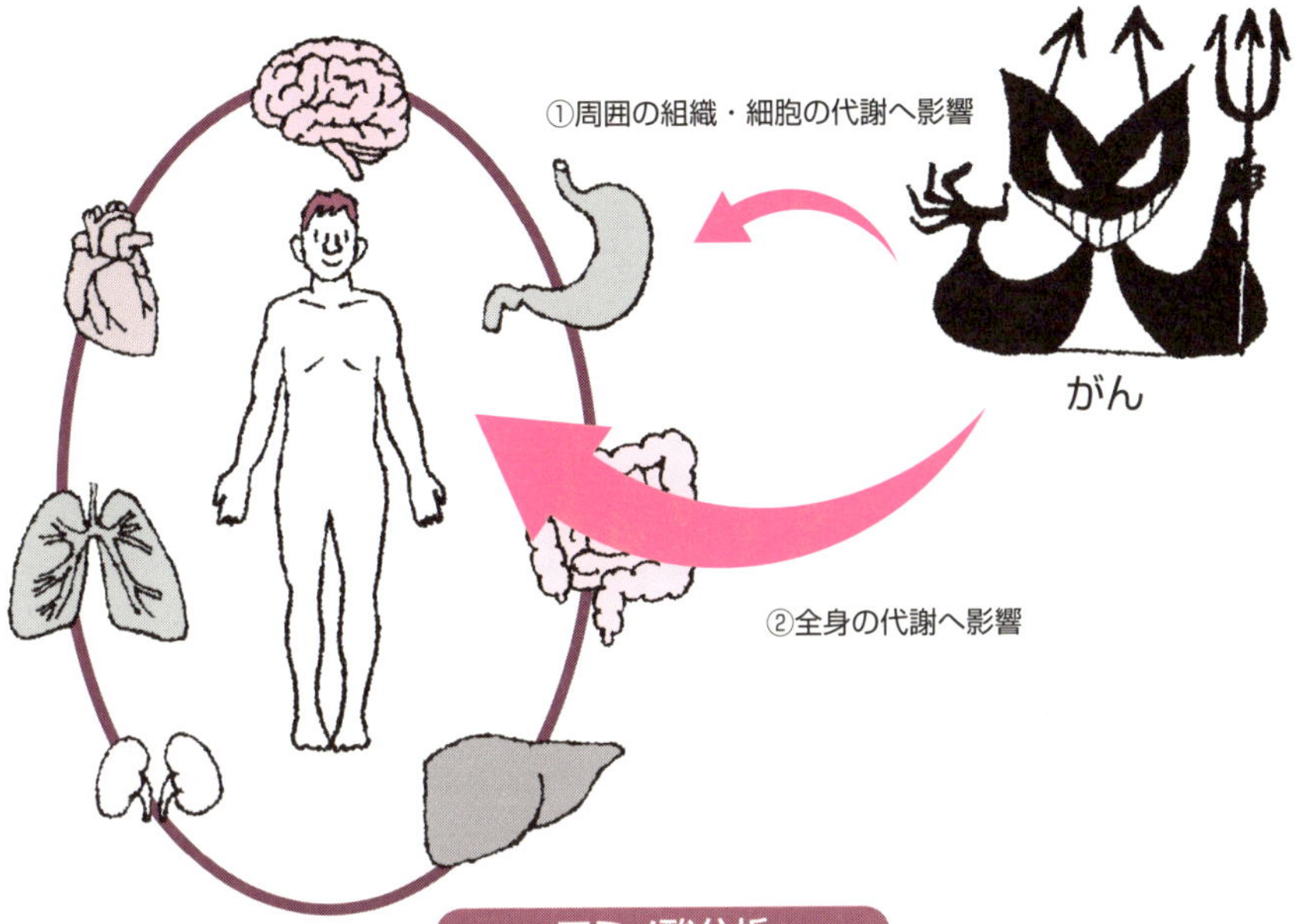

アミノ酸分析

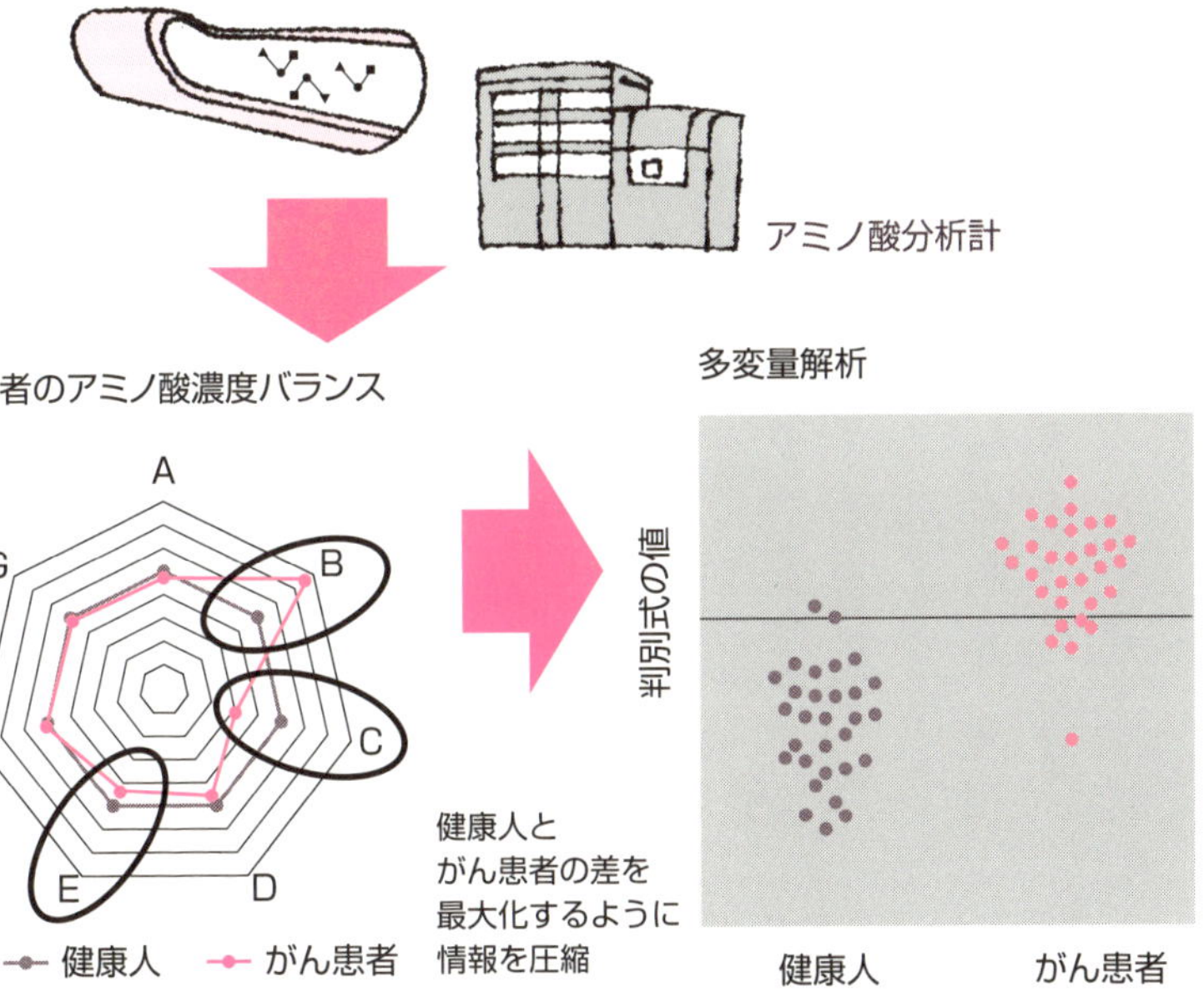

52 アミノ酸のみで設計された栄養輸液

輸液療法は、経口からの水分や栄養素の補給ができない場合や、緊急に全身への投与が必要な場合に有用な治療法です。血液などの体液の成分とそのバランスは厳密に保たれており、恒常性が維持されています。特に水分・電解質・酸塩基平衡の維持は生命維持において重要です。これらの成分バランスの維持管理に用いられる輸液は「電解質輸液」と言われ、救命救急における体液を管理する場合や、薬剤を混ぜて点滴投与したり、緊急時の薬剤を投与するルートとして「血管確保」の目的で使われます。

一方、経口から栄養摂取ができない場合の栄養補給の目的で使われる輸液が「栄養輸液」です。栄養素の中でも、タンパク質はアレルゲンとなるため、アミノ酸に置き換えて投与されます。初期の「アミノ酸輸液」は、牛乳カゼインや、卵白アルブミンなどを加水分解して作られていましたが、結晶アミノ酸が安定供給できるようになり、安定した品質の「アミノ酸輸液」が作られるようになりました。現在では、患者さんが体内に効率的にアミノ酸が保持できるように分岐鎖アミノ酸の配合を強化した処方が主に用いられています。さらに、病態に合わせた特別なアミノ酸処方の製品も開発されています。例えば、腎不全用には必須アミノ酸の比率を高めた処方および肝不全用には分岐鎖アミノ酸と窒素代謝を円滑にするアルギニンの比率を高めた処方が開発されています。

なお、アミノ酸は他の栄養素と反応して変質しやすいため1つの輸液にまとめて作ることができません。また、グルタミンとアスパラギンは水溶液中では不安定なため配合されていません。「アミノ酸輸液」は通常糖電解質液と一緒に投与され、必要に応じてビタミンやミネラルが混合されます。このため、利便性を考慮して1つのプラスチックバッグにこれらの栄養素を分割して配置し、用事に開通して混合して用いる栄養輸液製剤が一般に普及しています。

要点BOX

- 分岐鎖アミノ酸配合を強化した処方が主流
- 病院に合わせた特別なアミノ酸処方の製品も開発

輸液とアミノ酸

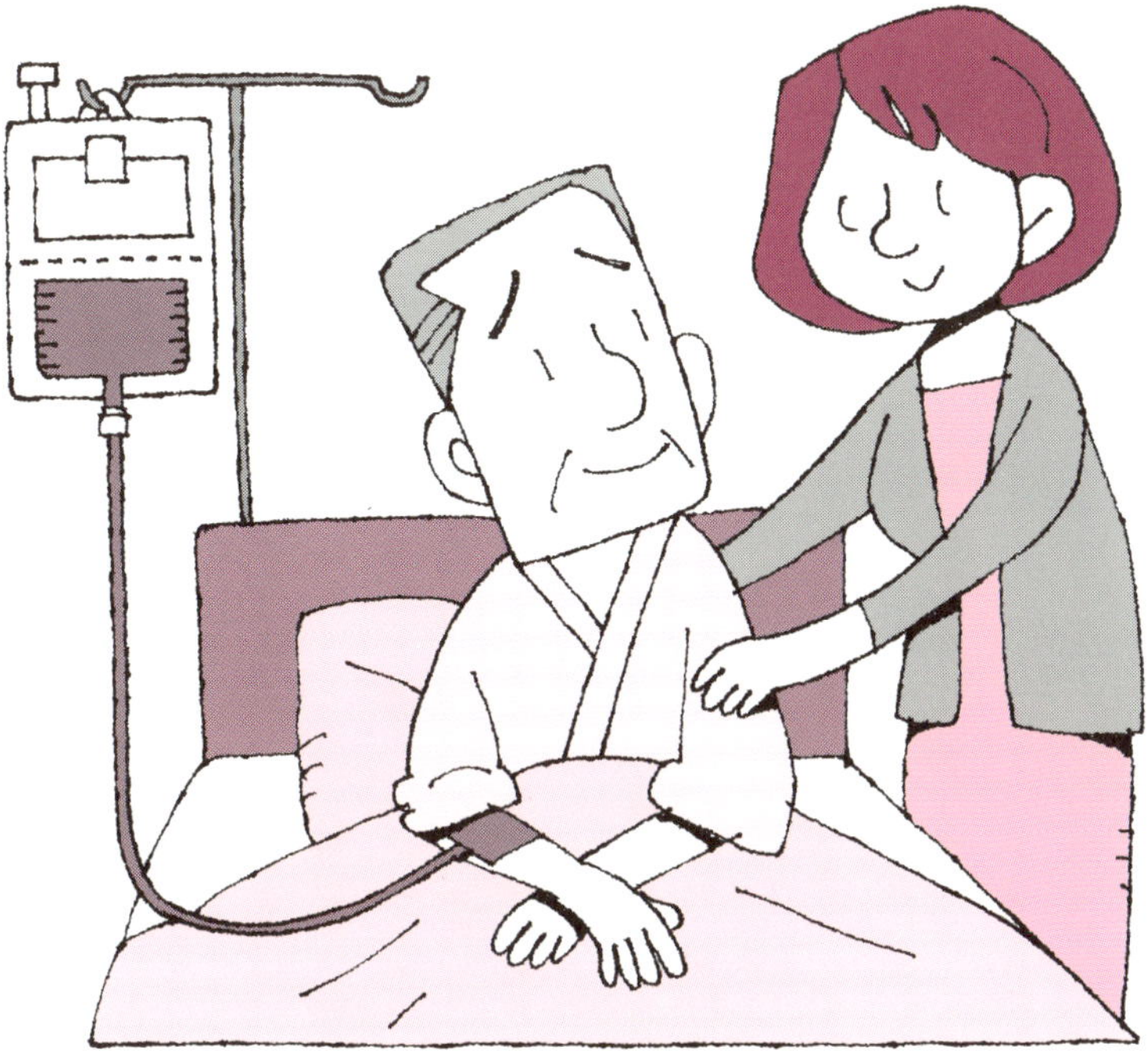

輸液の分類

- 輸液の分類
  - 電解質輸液：不足した水、電解質を補い、体液の異常をなおす
  - 栄養輸液：エネルギー補給、アミノ酸補給などの栄養管理
  - その他
    - 血漿増量剤：血漿量を増やし循環血液量を維持。輸血の代わりに用いられる
    - 浸透圧利尿剤：腎臓での水分再吸収を抑制し、利尿を促す

53 クローン病と成分栄養剤

タンパク源をアミノ酸とする栄養剤

　クローン（Crohn）病とは、小腸・大腸などの消化管に特殊な炎症を起こす原因不明の病気です。慢性の特殊な炎症が口から肛門まで消化管のどの部分にも起こりますが、小腸（特に大腸に近い部分）、大腸、そして肛門の周りによくみられます。炎症の結果、その部分に特徴のある潰瘍（深い傷）を作って腸が硬くなり、時に出血することがあります。普通は10歳代後半から30歳代前半の若いころに病気が始まり、腹痛、下痢、血便、発熱、肛門付近の痛みや腫れ、体重減少などの症状が、よくなったり（寛解期：症状はないが、弱い炎症はひそかにある状態）、悪くなったり（活動期：再び炎症が生じ症状が現れる再燃状態）しながら長い年月続きます。

　この病気を完全に治す治療法はまだありませんが、適切な治療により病気を抑えて、健康な人とほとんど変わらないほどの日常生活を続けることが可能です。

　食事摂取における、特に高タンパク質・高脂肪食の摂取が患者さんの症状悪化の大きな因子であるとする疫学的・実験的な研究成果が存在します。その点において、エレンタール®は脂肪含量が少なく、消化の必要がないアミノ酸を主成分とする栄養剤であるため、１９８０年代半ば以降、クローン病の主要な治療薬となってきました。

　近年、クローン病の新規治療薬として登場した抗ＴＮＦ-α抗体製剤は、画期的な治療効果を発揮しています。現在ではクローン病の主要な治療薬として汎用され、従来の治療体系は大きく変貌しつつあります。

　しかしながら、エレンタール®は含有するアミノ酸の炎症を抑える作用とともに、近年病気によって異常となっている腸内細菌を改善している可能性も示唆され、主な治療薬に併用する薬剤としてのエレンタール®の意義が再認識されつつあります。

要点BOX

- ●エレンタール®はアミノ酸を主成分とする栄養剤
- ●エレンタール®は脂肪含量が少なく消化管を安静にする

アミノ酸の炎症への作用

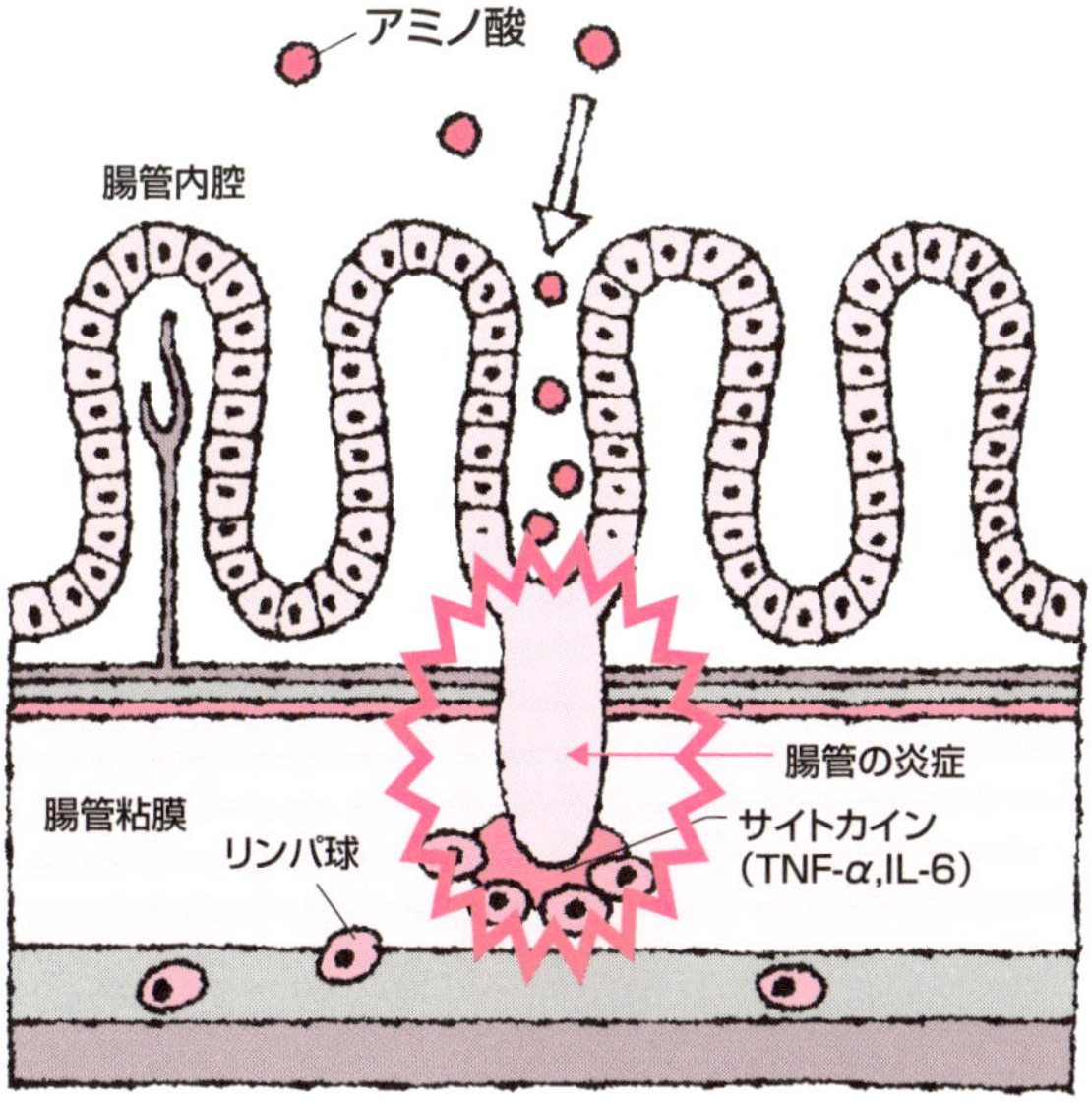

腸管局所の炎症への影響

●粘膜上皮機能の改善
・グルタミン　・アルギニン
・トリプトファン

●炎症性細胞の活動抑制
・ヒスチジン　・グリシン

●局所炎症抑制
・ヒスチジン

●サイトカインの産生抑制
(TNF-α,IL-6)
・ヒスチジン

エレンタール®の組成

●エレンタール® の成分

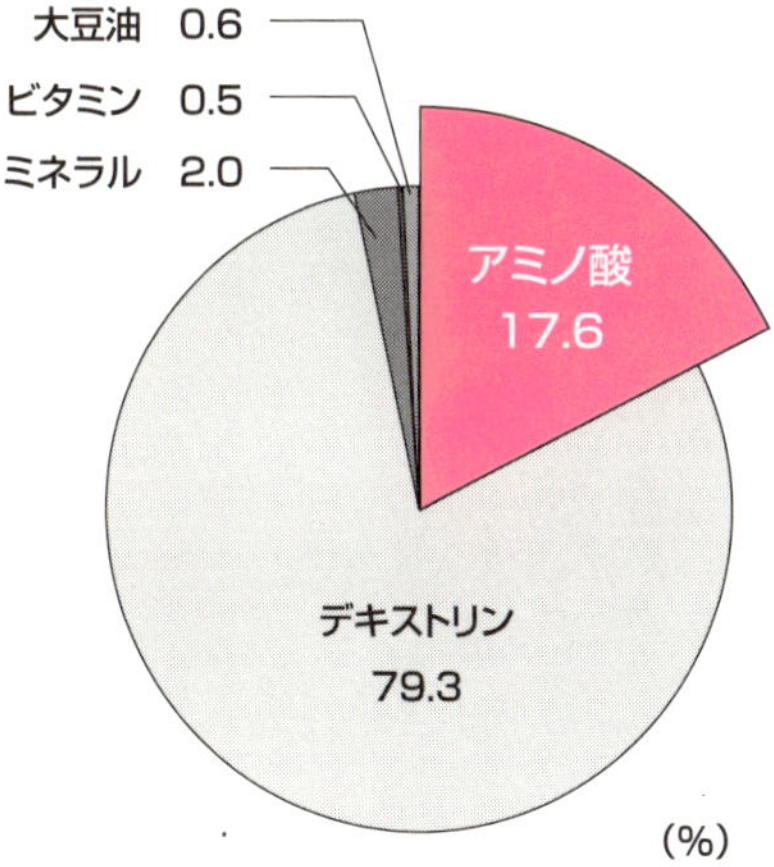

●エレンタール® に含まれるアミノ酸

L-イソロイシン	803mg
L-ロイシン	1124mg
L-リシン塩酸塩	1110mg
L-メチオニン	810mg
L-フェニルアラニン	1089mg
L-トレオニン	654mg
L-トリプトファン	189mg
L-バリン	876mg
L-ヒスチジン塩酸塩水和物	626mg
L-アルギニン塩酸塩	1406mg
L-アスパラギン酸マグネシウム・カリウム	1295mg
L-アスパラギン酸ナトリウム一水和物	1084mg
L-グルタミン	2415mg
グリシン	631mg
L-プロリン	788mg
L-セリン	1449mg
L-チロシン	138mg

100g(375kcal)中

全卵タンパク質のアミノ酸組成を元に 17 種類のアミノ酸を配合しています

54 肝疾患と分岐鎖アミノ酸

ＢＣＡＡ投与の有用性

　肝疾患により、代謝の中心臓器である肝臓が障害され肝機能が低下した状態である肝不全、特に肝硬変病態では血液中の分岐鎖アミノ酸（ロイシン、イソロイシン、バリンの3種。ＢＣＡＡ）濃度が低下し、芳香族アミノ酸（フェニルアラニン、チロシン、トリプトファン）濃度が上昇することが知られています。これらのアミノ酸代謝異常は、肝不全で起こる意識障害（肝性脳症）との関連性から注目され、ＢＣＡＡを増量した特殊組成アミノ酸輸液が治療に用いられてきました。しかし肝性脳症の症状がなくても、肝硬変の患者では、血液中の重要なタンパク質であるアルブミンの濃度低下（低アルブミン血症）などの低タンパク質栄養状態が問題となります。低タンパク質栄養状態では足がむくむ（浮腫）、お腹に水がたまる（腹水）などの症状が生じたり、筋肉が分解して痩せ衰えたりします。そこで、肝硬変患者の低アルブミン血症改善を効能とした経口ＢＣＡＡ製剤であるリーバクト®配合顆粒が１９９６年に開発上市されました。

　ＢＣＡＡの低アルブミン血症改善は、当初タンパク質合成の材料として不足しているＢＣＡＡを補充し、アミノ酸バランスを改善することによると考えられてきましたが、最近の研究により、直接アルブミンなどのタンパク質の合成を促進するメカニズムもあることがわかってきました。

　さらに、ＢＣＡＡの投与は肝硬変時の低アルブミン血症を改善するのみならず、肝不全の病態悪化や合併症の発現を抑制することが確認され、肝硬変患者に対するＢＣＡＡ投与の意義と有用性とが再認識されています。また、一部の肝硬変患者において肝細胞がんの発症が抑えられることも判明し、ＢＣＡＡの肝細胞がん発症予防に関する検討にも期待が寄せられています。

要点BOX

- 肝硬変ではBCAA濃度が低下し、低アルブミン血症が生じる
- BCAA製剤により低アルブミン血症が改善

正常な肝臓と肝硬変

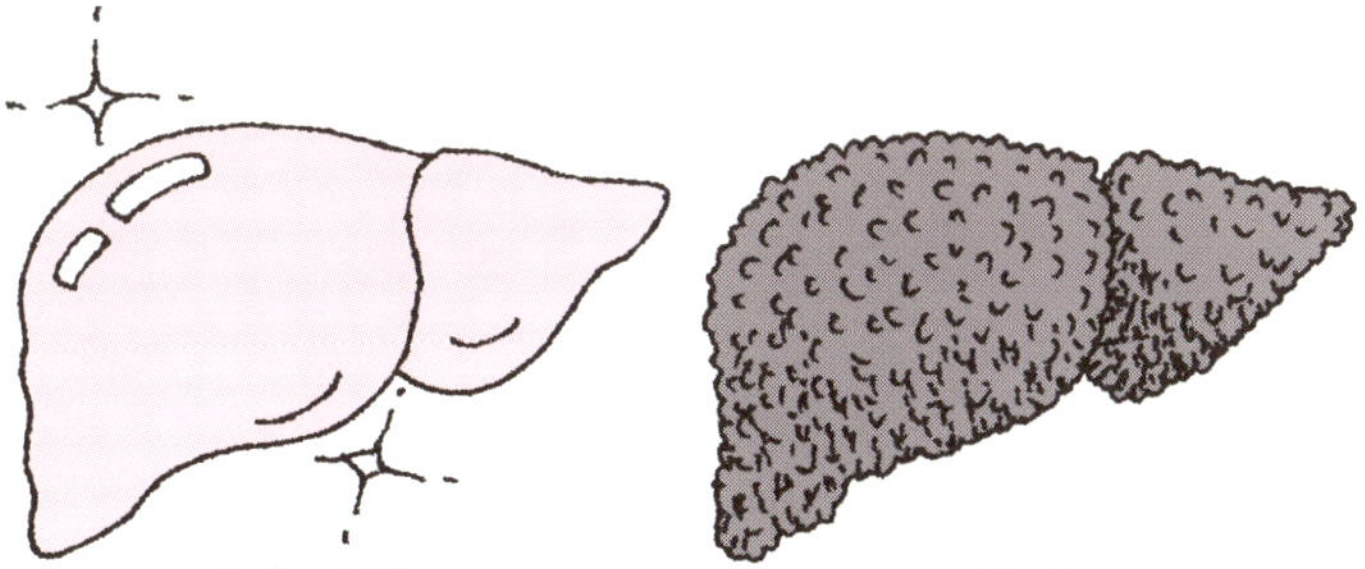

正常な肝臓　　肝硬変

肝硬変時の栄養状況

肝硬変になると…

↓	↓
BCAA 消費 増 →	タンパク質合成 低
↓	↓
筋肉消費 増	血中アルブミン濃度 低
↓	↓
筋肉量 低	浮腫、腹水、胸水

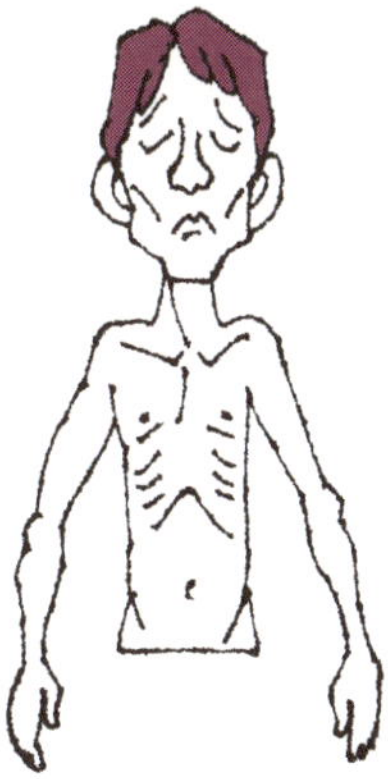

肝臓が弱ると筋肉がその役割の一部を果たそうとし、エネルギー源としてBCAAを消費します。弱った肝臓ではアルブミンなどのタンパク質合成が低下、血中のアルブミン濃度も低下し、栄養状態が悪化します。

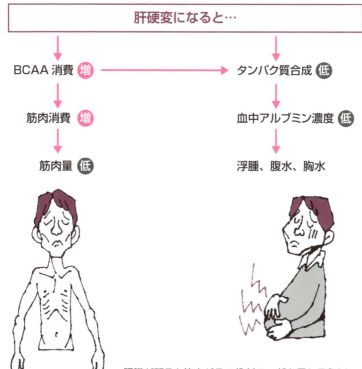

55 腎不全用栄養剤

効率的なタンパク質の摂取

腎臓は体の恒常性を保つために重要な臓器の1つです。すなわち、血液中に反映される水分および体内の栄養成分や栄養成分由来の代謝物など、不要となった成分を適切に体外に排泄し、体に害のないレベルに保つ機能は最も重要です。腎臓の機能が失われる要因は様々ですが、腎臓に過剰な負荷がかかることで、腎臓の組織が壊れて炎症を起こすことで組織破壊が広がっていきます。それを繰り返すことで腎臓の機能は徐々に低下して慢性腎不全となります。やがて腎臓の機能が完全に失われると透析が必要な状態となります。近年は糖尿病に由来する腎不全患者の割合が増えています。

腎臓は尿を作り出す機能の他にも、赤血球の産生を促すホルモン（エリスロポエチン）や血圧を調節するホルモン（アンジオテンシン）を産生したり、ビタミンDを活性型に代謝する機能の一躍を担うなど、恒常性を維持するために大切な役割を果たしています。このため腎臓の機能を少しでも長く維持するために、腎臓への負荷を少しでも減らす工夫が必要です。毎日の栄養素の摂取は必要不可欠なため、その代謝物を排泄するための負荷は避けられませんが、不要な栄養成分や代謝物の産生を極力抑えたバランスの良い食事を摂ること（食事療法）により腎臓への負荷を軽減することが可能です。特に腎機能が残っている慢性期においては、電解質や尿素の排泄の負担を減らすため、減塩やタンパク質の摂取量の制限が行われます。一方で、タンパク質の制限は体に負荷を与えることになるため、効率的なタンパク質の摂取を工夫する必要があります。

そこで、食事が十分摂りにくい方に向けた腎不全用栄養剤が開発されています。これらは尿素の産生を極力低くするために適したアミノ酸バランスとして、必須アミノ酸の配合割合を高め、体への負担が少なくなるように工夫された処方設計になっています。

要点BOX

- ●腎不全用栄養剤は食事が十分にとりにくい方に向けて開発
- ●必須アミノ酸の配合割合を高めた処方設計

腎臓の主な働き

1.体液の調節	尿量を調節して体内の水分量を一定に保つ
2.老廃物の排泄	尿素などの老廃物を尿として排泄
3.電解質の調節	電解質(ナトリウム、カリウム、カルシウム、リンなど)の濃度や量を調節する
4.酸塩基の調節	血液のpHを弱アルカリ性に保つ
5.ビタミンDの活性化	ビタミンDを活性型ビタミンDに変える
6.赤血球の産生促進	赤血球の産生を促すエリスロポエチンを産生する
7.血圧の調節	血圧を調整するペプチドホルモンのレニンを産生する

尿を作る仕組み

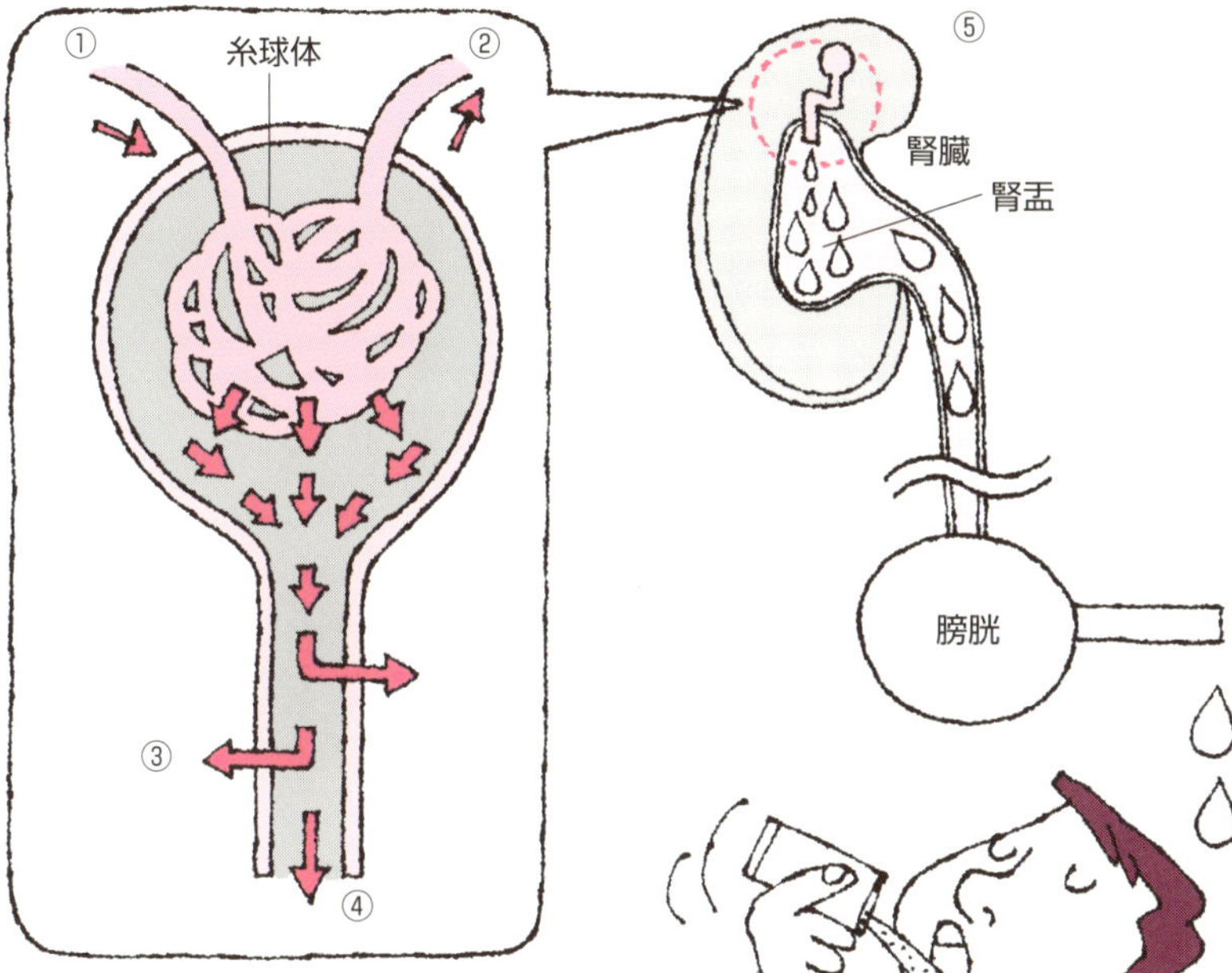

①不要な成分のたまった血液
②不要な成分が除かれ、きれいになった血液
③必要な成分だけを再吸収します
④不要な成分は尿として捨てられます
⑤尿は尿細管から集合管を経て腎盂に集まります

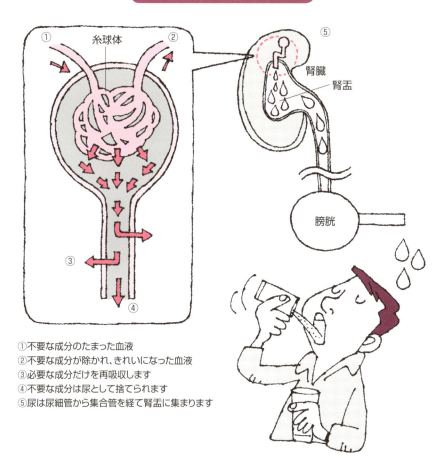

56 がん化学療法とアミノ酸

グルタチオン

がんは日本人の2人に1人が罹患すると言われるほど非常に多い疾患です。がんは自分自身の細胞が変化したものであるため、宿主である自分自身を傷つけることなく治療することは困難です。治療手段としては手術での除去、抗がん剤や放射線治療が選択されますが、これらの治療による副作用はしばしば重篤なものとなるため、治療を続けたくても中止せざるを得ないこともまれではありません。

現在使われている主な抗がん剤は、がん細胞の異常な増殖性を標的としたもので、細胞の増殖が盛んな組織である消化管粘膜や免疫細胞の供給を担う骨髄に強い副作用が現れます。口内炎、胃腸障害、下痢などの消化器症状は食事の摂取量の低下を招き、がんと戦うための体力をさらに奪うことになります。また、骨髄の障害は免疫細胞の数を減らし免疫力を低下させ、消化管でのバリア機能の低下も相まって、感染への抵抗力が低下します。

グルタミンは、消化管で最も利用されるアミノ酸であり、消化管粘膜を保護する効果があり、胃腸薬にも配合される成分で、口内炎の治療にも効果があることが報告されています。また、シスチンとテアニンを組み合わせて摂取すると、抗がん剤の治療に伴う下痢や口内炎といった消化器症状を中心に副作用が軽減されることが報告されています。

抗がん剤の多くは酸化ストレスの発生によって細胞にダメージを与えますが、生体成分の1つであるグルタチオンの働きで防御されています。グルタチオンを構成する3つのアミノ酸のうちシスチンはシステインの、テアニンはグルタミン酸の効率的な供給源となり、細胞内のグルタチオンの量を増やすことで、酸化ストレスによる細胞の機能低下を防いだり、免疫システムを維持することにより化学療法時の副作用を防ぐメカニズムが想定されています。

要点BOX

- グルタチオンの働きで抗がん剤による細胞ダメージを防御し、副作用を防ぐ
- シスチンとテアニンはグルタチオンの材料

グルタチオンができるまで

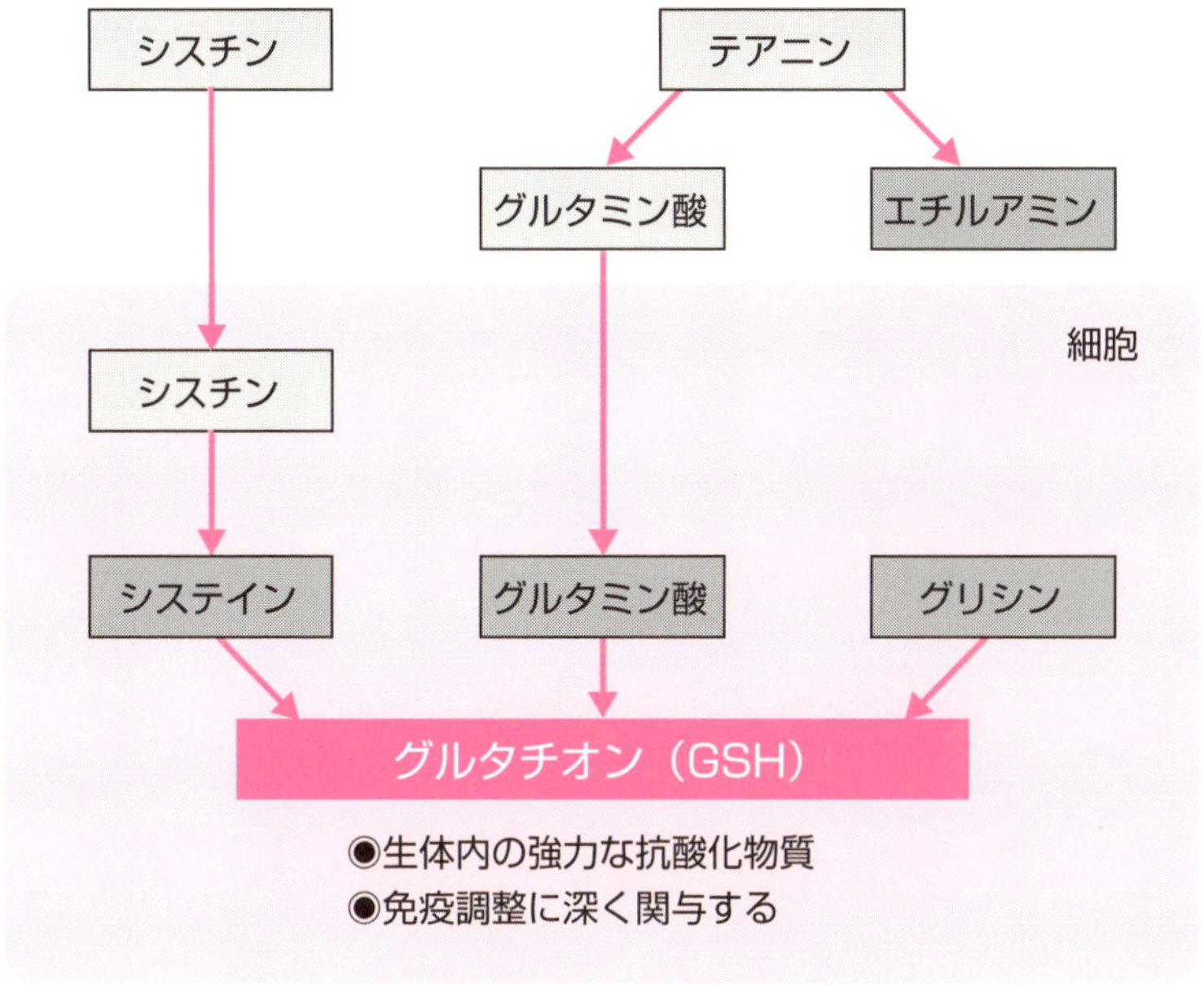

支持療法の対象となる症状と副作用

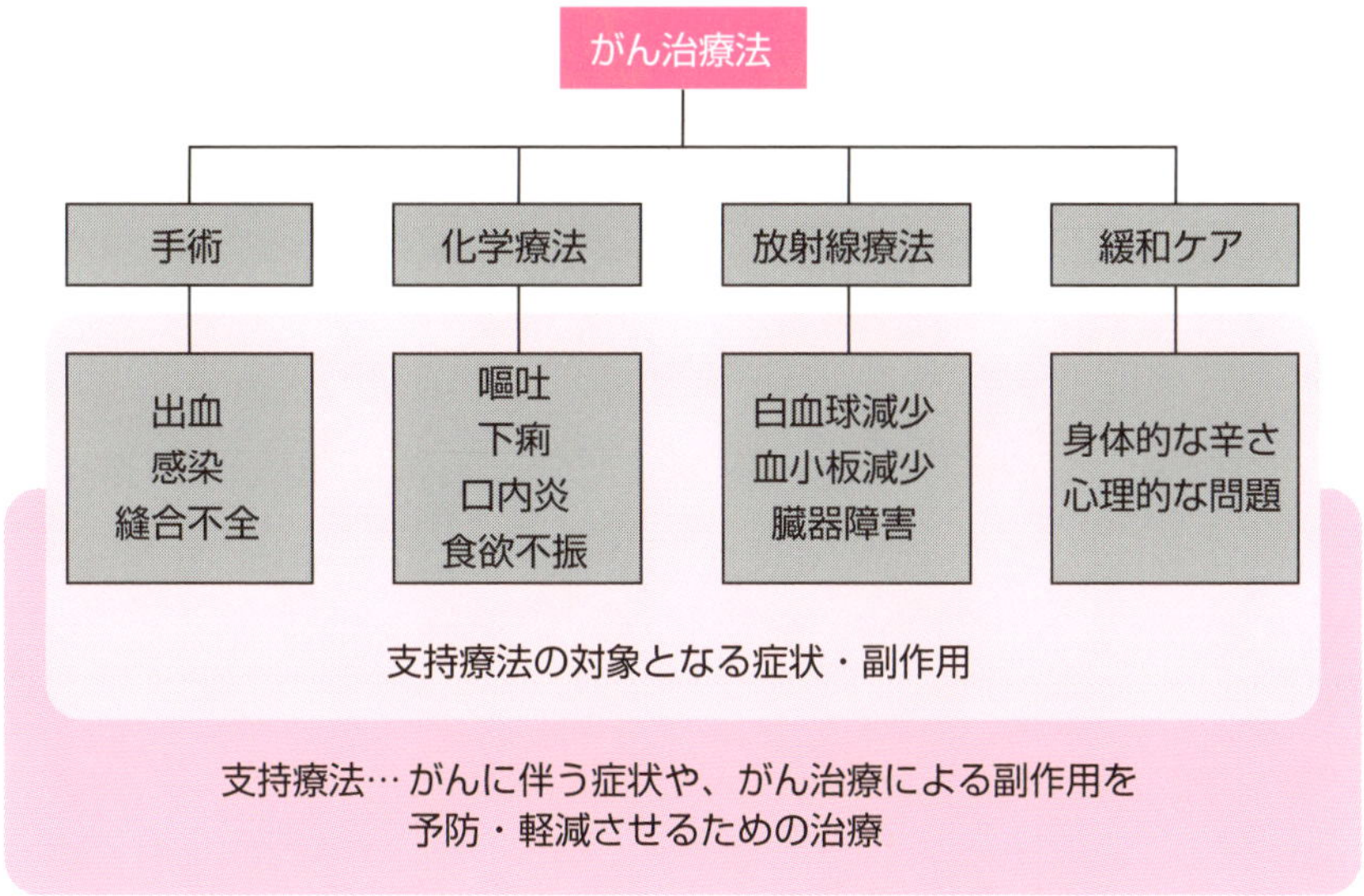

Column

成分栄養剤のはじまりは宇宙食

成分栄養剤は宇宙食に端を発しています。米国では１９５０年代より宇宙食が開発されており、1粒の丸薬で1日分の食事をまかなうといったSFがよくありますが、積み荷の制限される宇宙船の乗組員の食物を開発する時、宇宙服に身を固めた飛行士たちが狭い宇宙船の中で食事をするには、かなり内容の制約を受けなければなりませんでした。

そのような要求に現在の成分栄養剤の先駆けとなる栄養剤（化学的既成食）が宇宙食として合致していました。しかしながら、この宇宙食も宇宙船の大型化とともにいらなくなり、病院で使用される栄養剤として軟着陸しました。国内では元高知医科大学教授の小越章平先生の「外科の患者にElemental dietは必要」との強い熱意に味の素㈱が賛同し、米国の化学的既成食とは組成の異なる成分栄養剤を開発し、１９８１年に医薬品として上市しました。

成分栄養剤の特徴は、窒素源がすべてアミノ酸のみで組成されているという点です。この特徴のおかげで、身体に投与された成分栄養剤は、消化過程を経ることなく、そのまま消化管から吸収され、ほとんど残渣が残らないようになっています。

なぜこのようなものが必要なのでしょうか?それは腸の安静を保つためです。具体的には、クローン（Crohn）病の患者さんや消化吸収機能が低下した患者さんなどに使用します。

成分栄養剤は、最も消化管への刺激性、負担が小さく、胃と腸を使用して栄養を摂取しながらも、消化管を休ませることができるというメリットがあります。ほとんど脂質も含まれておらず、エネルギー源としては糖質が大半を占めています。

国内で上市されている成分栄養剤は数が少なく、エレンタール®（組成）、エレンタール®P（小児用）、ヘパンED®（肝不全用）しかありません。

エレンタール®の発売以降、特有の「アミノ酸臭」に対する対策として10種類に及ぶフレーバー、食感改善のためのゼリー・とろみ剤の開発、原料、味の改良が実施されました。また、有効性のメカニズムとして、数々のアミノ酸の薬理作用が明らかになってきています。発売後長い期間が経過していますが、ますます患者さんのQOLの改善、向上に寄与できる期待が高まっています。

第8章

アミノ酸利用の広がり

57 アミノ酸による途上国の栄養改善

“ＫＯＫＯ Ｐｌｕｓ”によるガーナでの栄養改善の取り組み

世界で約8億人が慢性的な栄養不良であり、約20億人がビタミン・ミネラルの不足、5歳以下の子どものうち約３００万人が栄養不足を原因として死亡しています。特に、妊娠から子どもの2歳の誕生日までの「最初の１０００日」の栄養不足による栄養不良、特に低身長は、その後、栄養改善しても取り戻すことが難しいと言われています。知能の発達とも関係し、将来的な生産性低下からＧＤＰの4～11%を損失するとの報告もあります。国連は２０１５年に「持続可能な開発目標」を設定し、栄養不良の改善は世界的な動きです。

開発途上国では一般的に穀類が主食で、例えばガーナでは、トウモロコシのお粥である「ｋｏｋｏ」が伝統的な離乳食として用いられます。トウモロコシは微量栄養素、タンパク質の質（アミノ酸のリジンが不足）、量が足りていないことが知られており、30%以上ある低身長率、高い貧血率の原因でもあります。現在、その解決のため「ｋｏｋｏ」に不足する栄養素を補充したサプリメント「ＫＯＫＯ Ｐｌｕｓ」が開発されています。微量栄養素の他、良質な植物タンパク質である大豆粉、さらにリジンを強化することで「ｋｏｋｏ」のタンパク質の利用効率が向上しています。「ＫＯＫＯ Ｐｌｕｓ」は、ガーナで生産され、各種アカデミア、ＮＧＯ、政府、援助機関、民間企業と共働で栄養効果試験が実施されました。「ＫＯＫＯ Ｐｌｕｓ」を継続摂取することで、低身長、貧血の改善の他、血中亜鉛濃度、急性炎症などの有意な改善が認められ、栄養効果が確認されています。

開発途上国では栄養価の高い動物性タンパク質を十分に摂ることは困難です。しかし、アミノ酸を利用することで食物性タンパク質の利用性を向上させ、途上国の栄養不足など、社会課題の改善に貢献できる可能性が示されました。

要点BOX

- ●最初の1000日の栄養が子どもたちの健康な未来を作る
- ●アミノ酸を活用して途上国の栄養改善に貢献

子供の発育を決める「最初の1000日」の栄養

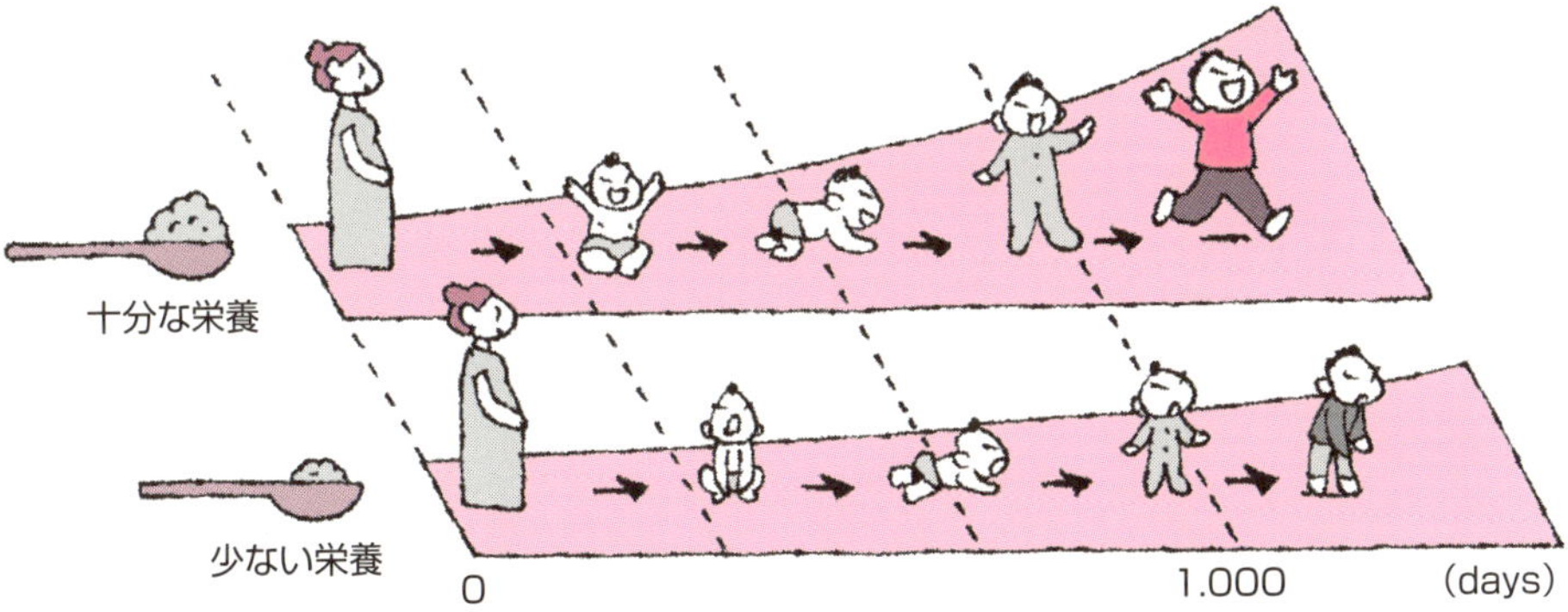

ガーナでは、主に生後6カ月以降の離乳期の栄養不足が原因で、2歳児の約30%が低身長

KOKO Plus

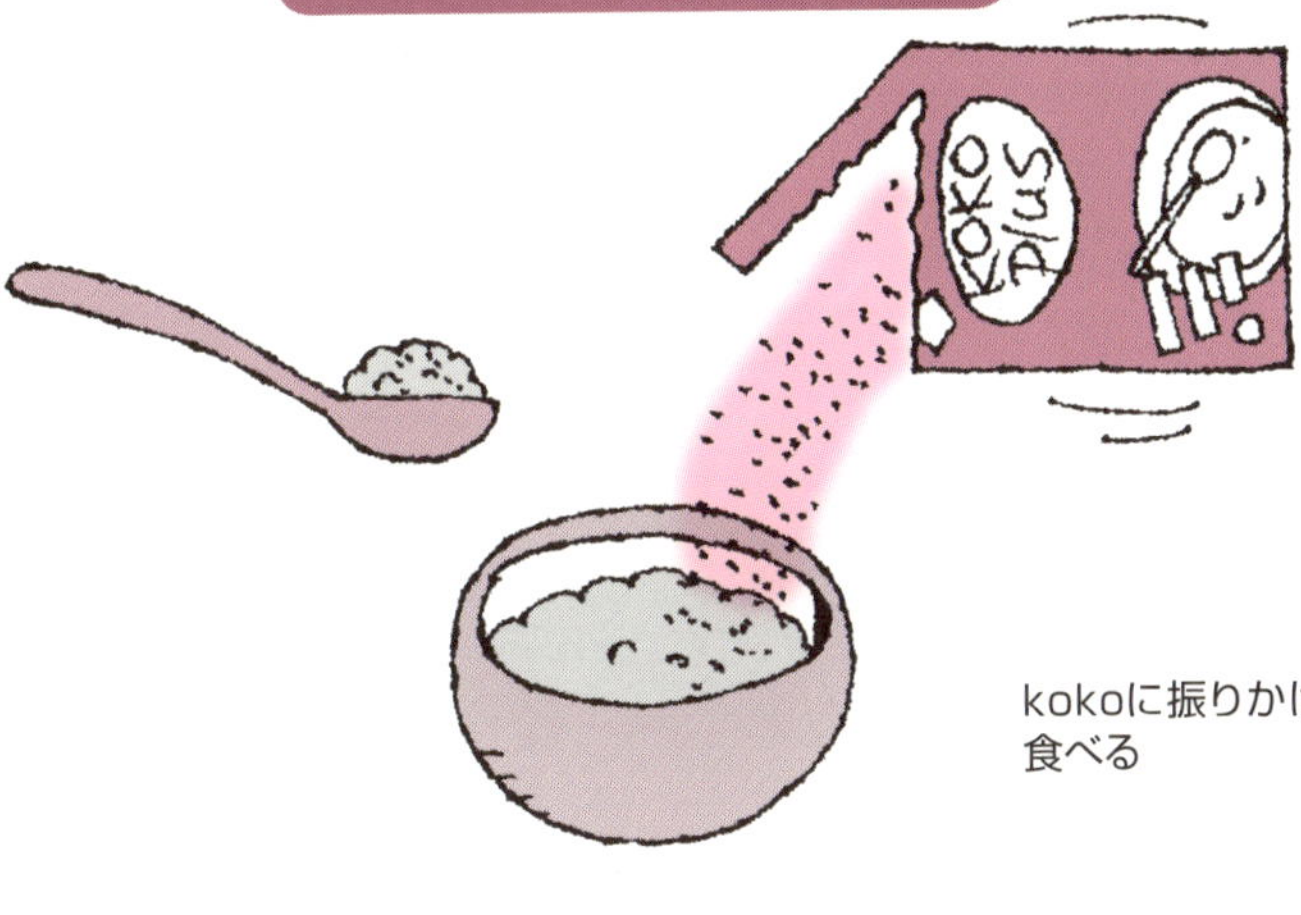

+

「KOKO Plus」組成

	g
大豆粉	7.31
パーム油	0.98
砂糖	5.60
リジン	0.11
ビタミン・ミネラル	1.00
合計	15.00

母乳と栄養補助食(「koko」、「KOKO Plus」)の組み合わせで栄養要求量の100%を満たすように設定。トウモロコシのアミノ酸スコア*は約30%であるが、リジンを足すことで100%に改善

*食品中の必須アミノ酸の含有比率

58 細胞培養用培地

先端バイオ医薬品の製造や再生医療用細胞の培養への利用

バイオ医薬品生産への動物細胞の利用、さらにはｉＰＳ細胞などを用いた再生医療開発など、近年、細胞培養技術の新しい医療への応用可能性が大いに期待されています。細胞培養に必要不可欠な「培地」の構成成分としての「アミノ酸」の重要性が、新しい医療の発展とともにますますその重みを増しています。

　培養細胞の増殖や効率の良い物質の生産を実現するため、培地中には必須アミノ酸はもとより、非必須アミノ酸が相当量含まれます。培地中に添加されたアミノ酸は、細胞内に取り込まれた後、細胞自体を構成するタンパク質の成分として利用される他、目的生産物であるタンパク質を合成するための材料として使用されます。

　培地中のアミノ酸の中でも「グルタミン」が他のアミノ酸よりも高濃度で添加されます。グルタミンは非必須アミノ酸ですが、細胞のエネルギー源として重要な役割を果たしていることが、１９５０年代にイーグルにより見いだされました。グルタミンは培地中では不安定であり、速やかに分解されてしまうことから、グルタミンに別のアミノ酸をつなげた2つのアミノ酸からなる「ジペプチド」として供給する培地の普及が進んでいます。これにより、培養液中で細胞を長時間にわたり維持、活性化できます。ジペプチドとしての培地へのアミノ酸添加は溶液中での安定性向上にとどまらず、細胞内に取り込まれるアミノ酸量の調整にも寄与すると考えられ、高性能培地の開発ポイントの1つとなっています。

　また、一口に培養細胞と言っても、細胞種ごとに要求する栄養素組成も多岐にわたります。細胞増殖における培地中のアミノ酸組成は、培地や細胞内のアミノ酸分析により必要量を補うなど種々の改変が加えられることで、目的とする細胞の増殖や物質生産をさらに飛躍的に向上できる可能性があります。

要点BOX

- ●細胞ごとにアミノ酸の必要量が異なる。性能を引き出すにはアミノ酸組成の最適化がカギ
- ●グルタミンはジペプチドの形で用いられる

細胞にとっての培地とは

培地とは細胞が必要とするアミノ酸、糖、脂質、ビタミン、ミネラルに加えて、成長因子などをバランス良く含む栄養液

人間の体の場合

食品から栄養を摂る

生命を維持する
成長する

細胞培養の場合

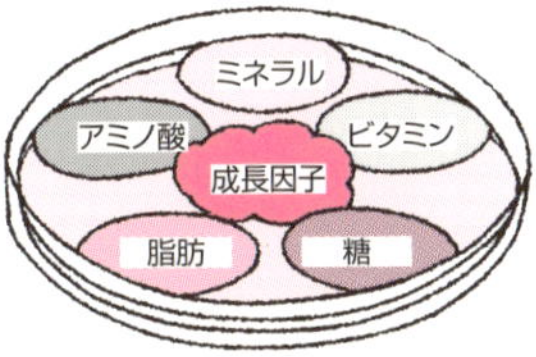

培地から栄養を摂る

細胞機能を維持する
細胞が増える

バイオ医薬品

遺伝子組み換え技術により、微生物や動物細胞を用いて産生されるタンパク質（成長ホルモン、抗体など）の医薬品を指します。がんや糖尿病などの患者数の多い疾患や稀な病気の治療にも使用されています。単純な化学合成工程で作られる低分子化合物とは異なり環境変化に敏感な生物（細胞）を用いて製造されるため、その特性や性質は製造工程の様々な因子の影響を受けます。特に動物細胞を用いたバイオ医薬品の製造には、高品質な細胞用培地が不可欠となっています。

59 海・川を育てるアミノ酸コンクリート

防災と環境の両立を目指す

海に四方を囲まれた日本は津波や高波から国土を守るため、コンクリート製品が広く使用されています。コンクリートは人間の安らかな暮らしに必要です。

しかし、海や川の水質環境を変化させてしまって藻類や魚が住みにくい環境になることもあり、自然環境を破壊する存在として扱われてしまうこともあります。

防災しながら環境も保つ、そんな機能が求められています。この問題を手助けするのがアミノ酸です。アミノ酸の1つであるアルギニンがあの硬いコンクリートに入ったのです（味の素㈱、日建工学㈱、徳島大学共同開発）。

アルギニンはコンクリートの強度を損なわずに、コンクリートの中から長期にわたって水中に溶け出すという特徴を持ちます。溶け出したアルギニンは、コンクリート表面を早期に藻類で覆い、また藻類の生長速度を促進させる効果があります。

アルギニンは藻類に窒素源として利用される他、生長の過程に応じて様々な使い方をされていることが研究でわかってきました。さらに、藻類だけではなく、多くの水生生物の活動に必要な必須アミノ酸でもあります。

藻類が生長する時には、水中の栄養塩類や炭酸ガスを吸収して酸素を供給するといった海水の浄化をしています。そして生長後には、アワビやサザエといった貝類やアユなどの魚類やナマコなど様々な水生生物の餌となります。さらに、そうした水生生物が集まることで、コンクリートブロックが卵や稚魚を無事に育てる巣としての機能も提供します。

私たちの生活を支える貴重な資源の宝庫である海や川のいのちを守るためにアミノ酸が一役買う未来が近づいています。

要点BOX

- ●アミノ酸で海や川の藻類の生長を促進させる
- ●長期にわたり環境に役立つアミノ酸

アミノ酸コンクリートの海藻繁茂状況

アミノ酸コンクリート活用イメージ

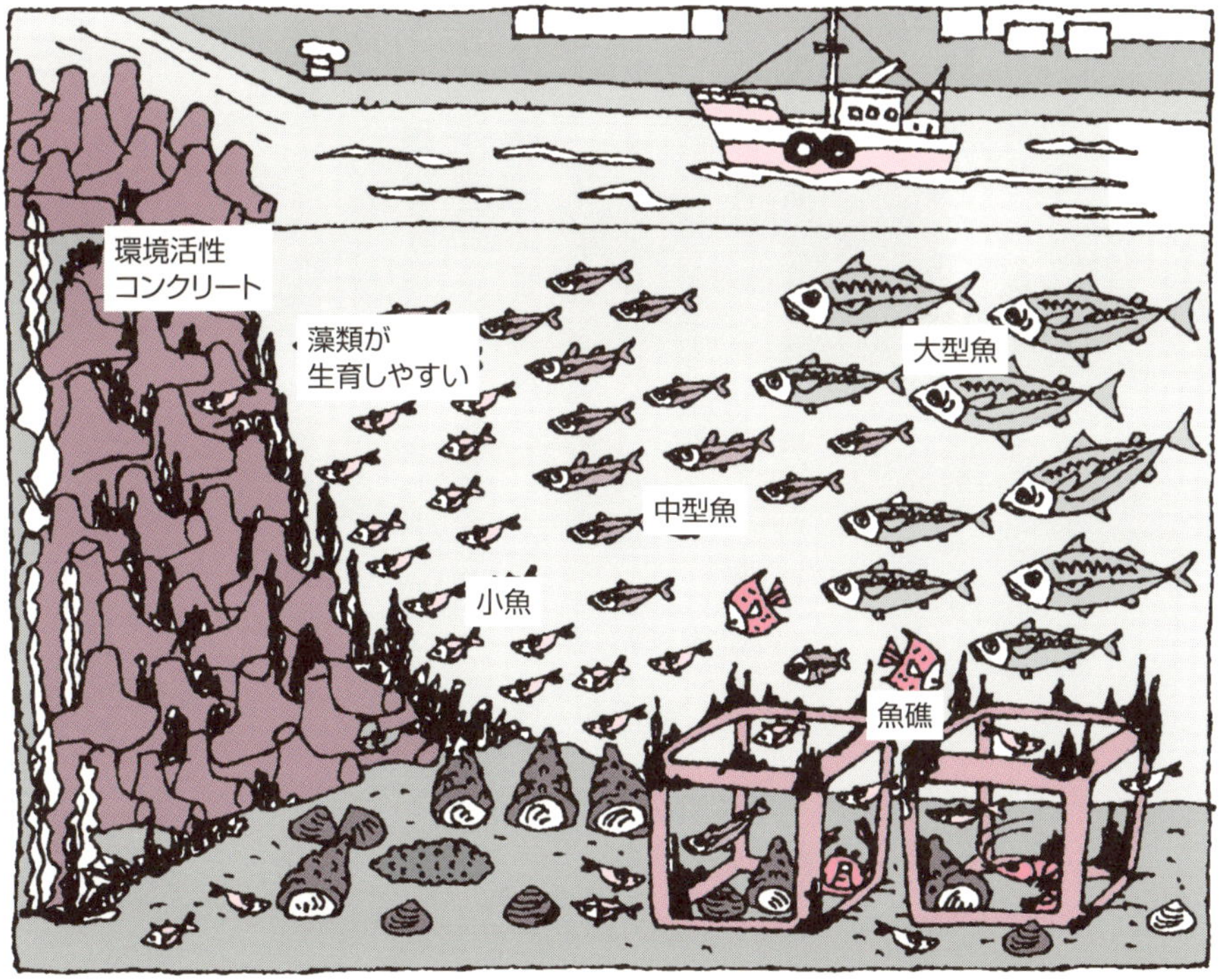

60 動物のエサにもアミノ酸

ムダを省いて公害・地球温暖化を抑制

畜肉生産量は人口増、経済発展に伴い年率２％以上増え続け、例えば豚肉は全世界で年間1億トン以上消費されています。家畜用の配合飼料はおもに大豆粕（大豆から油を搾った残り）やトウモロコシなどの天然原料を組み合わせて設計されます。その際、各種栄養素を必要なレベル以上に保ち、かつ最も安価になるように計算します。

アミノ酸栄養は「桶の理論」に基づいて考えるのが一般的です。これは1種類の必須アミノ酸を桶の1枚の桶板に見立てるモデルです（上図a）。桶の水は最も低い桶板の高さまでしかたまりません。同様に動物にとって不足している必須アミノ酸が1種類でもあると、他のアミノ酸が十分に与えられても、不足したたった1つのアミノ酸の量に動物の成長が制限されます。そのため動物の健全な成長のためには、すべての必須アミノ酸が不足しないように飼料を設計する必要があります。

タンパク含量の高い天然原料を多く配合すれば十分量の必須アミノ酸を与えることができますが、多すぎるアミノ酸は糞や尿から排出されるだけです。商業的な家畜生産ではそのムダを避けるため、タンパク系の天然原料の配合量を減らし、その代わりとして不足する一部の必須アミノ酸のみを添加する方法が取られます（上図b）。現在、飼料用のアミノ酸として、リジン、メチオニン、スレオニン、トリプトファンなどが商業的に利用されています。例えばリジンは全世界で年間２３０万トン使用されています（２０１４年）。

加えて、家畜の排泄物中の窒素は公害や温室効果ガスのもとになることが知られていますが、アミノ酸の活用で排泄物中の窒素を減らすことでそれらを低減させることができます（下図）。さらに将来的に食用タンパク源の枯渇が懸念されている中、天然タンパク源の使用量を節約することにもつながります。

要点BOX

- アミノ酸の活用で飼料のムダを低減
- 公害・環境・食糧対策に貢献

桶の理論とアミノ酸

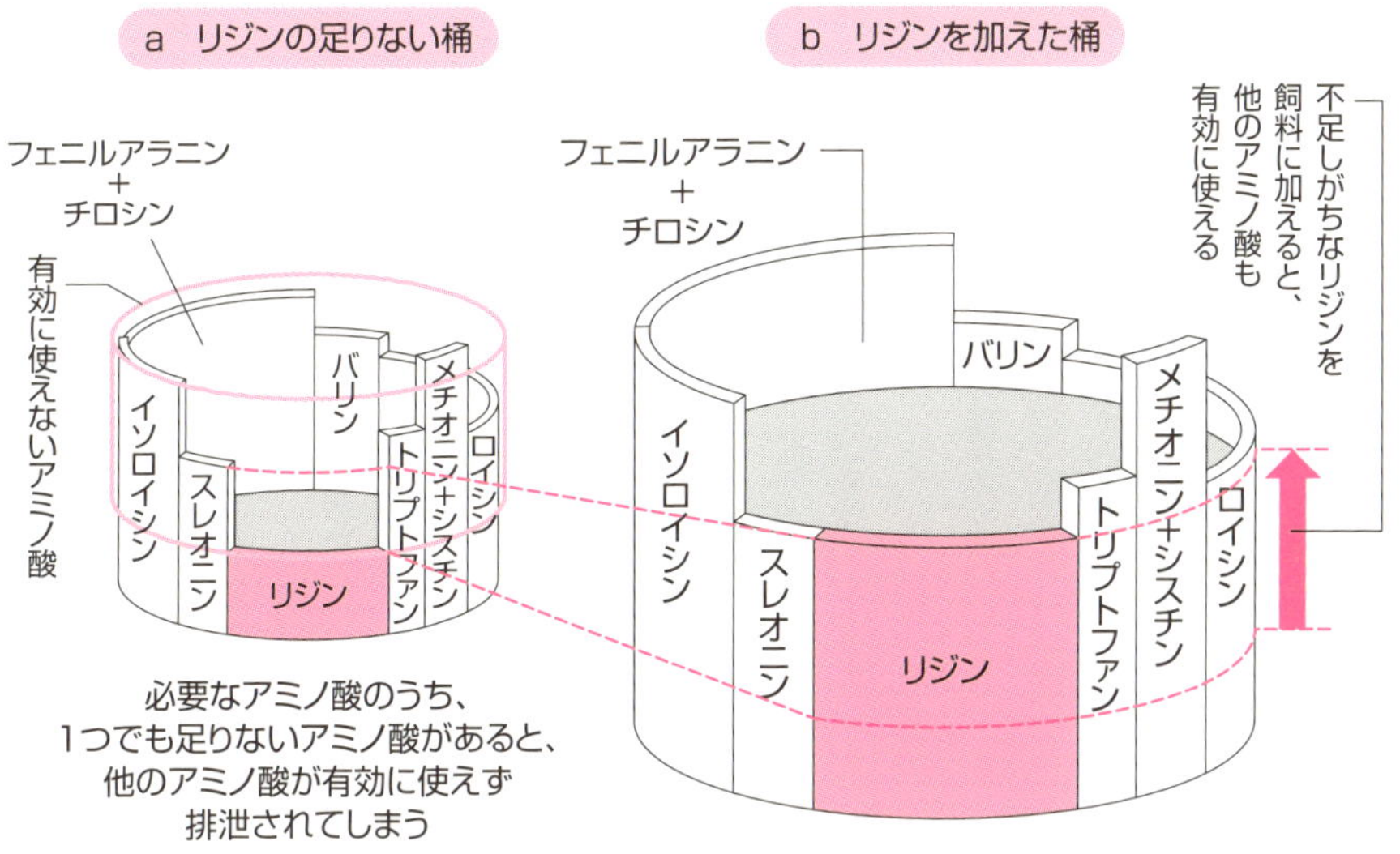

糞尿排泄物と温室効果ガス

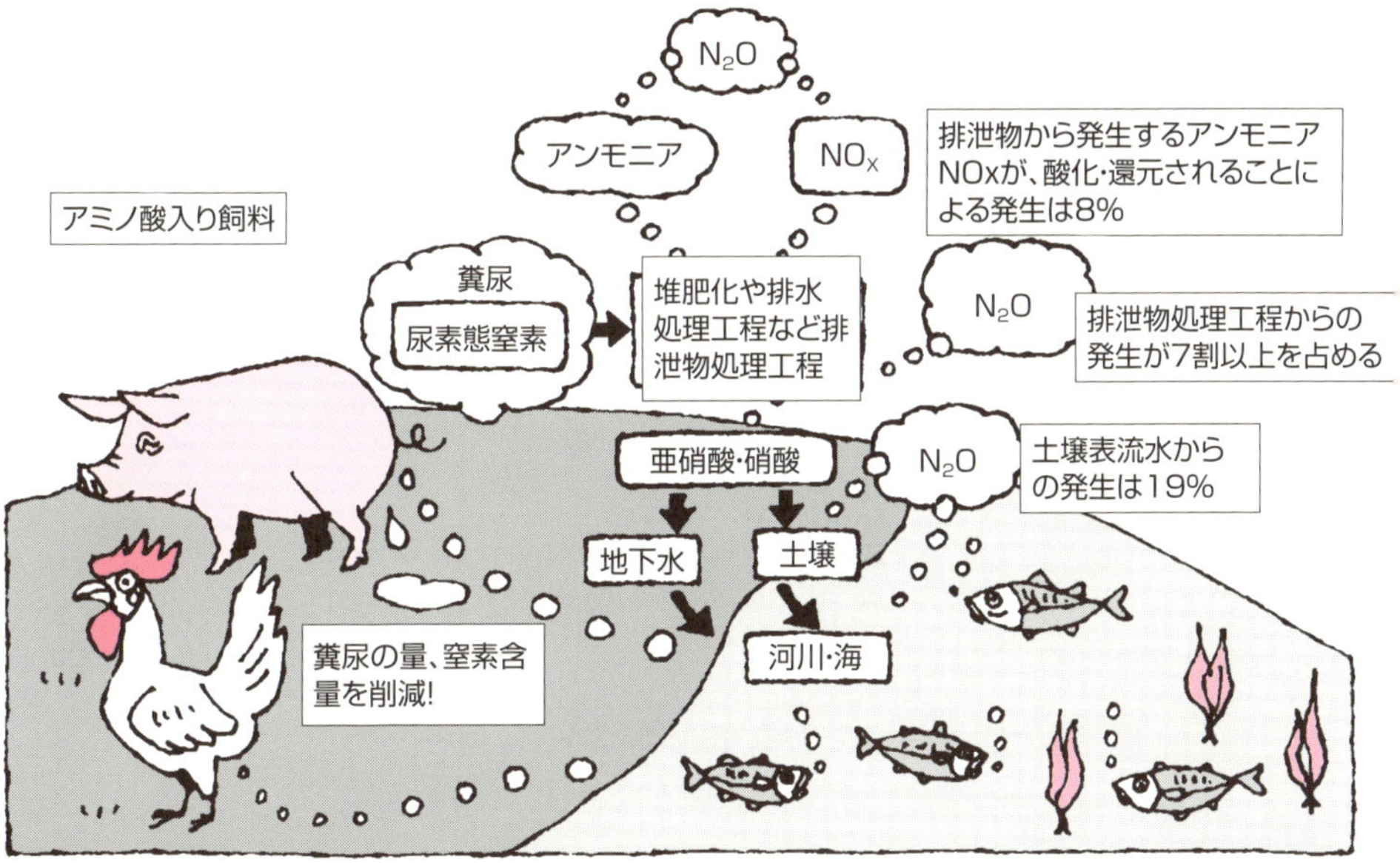

61 乳牛用アミノ酸

4つの胃を持つ牛に合わせたアミノ酸製剤

反芻動物である乳牛には4つの胃があります。ルーメンと呼ばれる第1胃は、成牛では約２００Ｌもある巨大な発酵タンクで、多くの微生物が共生しています。乳牛が食べた牧草やコーンなどの飼料はこの微生物により分解利用され（ルーメン発酵）、産生された揮発性脂肪酸が乳牛の主要なエネルギー源となります。また、増殖した微生物はアミノ酸バランスの優れたタンパク源として、私たちの胃と同じ役割を持つ第4胃以降で消化吸収され、体タンパク合成や乳生産に使われます。

乳生産量が高い乳牛では、腸で吸収されるアミノ酸の約50～60%が微生物タンパク由来で、残りが飼料由来です。ところが飼料由来の植物性タンパク質はリジンやメチオニンが少ないため、結果的にこれらが制限アミノ酸となってしまいます。しかし、これらアミノ酸をそのまま与えてもルーメンで分解されてしまい、吸収部位である腸まで届きません。

この課題を解決したのが、バイパスアミノ酸製剤化技術です。この技術には乳牛の生理に対応した多くの要素が含まれています。それは、ルーメン液や微生物による分解を受けず（ルーメン保護）、反芻咀嚼を逃れ、なるべく早くルーメンを通過させる（ルーメンバイパス）、そして第4胃以降で効率的にアミノ酸を放出させる（小腸溶出）機能です。

近年この技術の完成により、乳生産向上や健康改善目的でバイパスリジン製剤などが広く使われるようになりました。また、吸収されるアミノ酸のバランスを最適化することでムダな窒素源を削減でき、大豆などの農産物の使用量削減や糞尿への窒素排泄低減を可能にしました。特に耕地面積が少なく飼料原料の多くを輸入に頼る日本では有用な技術です。

このようにアミノ酸は、地球的な視野において環境に優しく持続可能な食料生産に貢献しています。

要点BOX

- ●乳牛にもアミノ酸で乳量増加、環境貢献
- ●ルーメンで分解せず小腸で溶出させる製剤化技術がカギ

乳牛のタンパクアミノ酸栄養

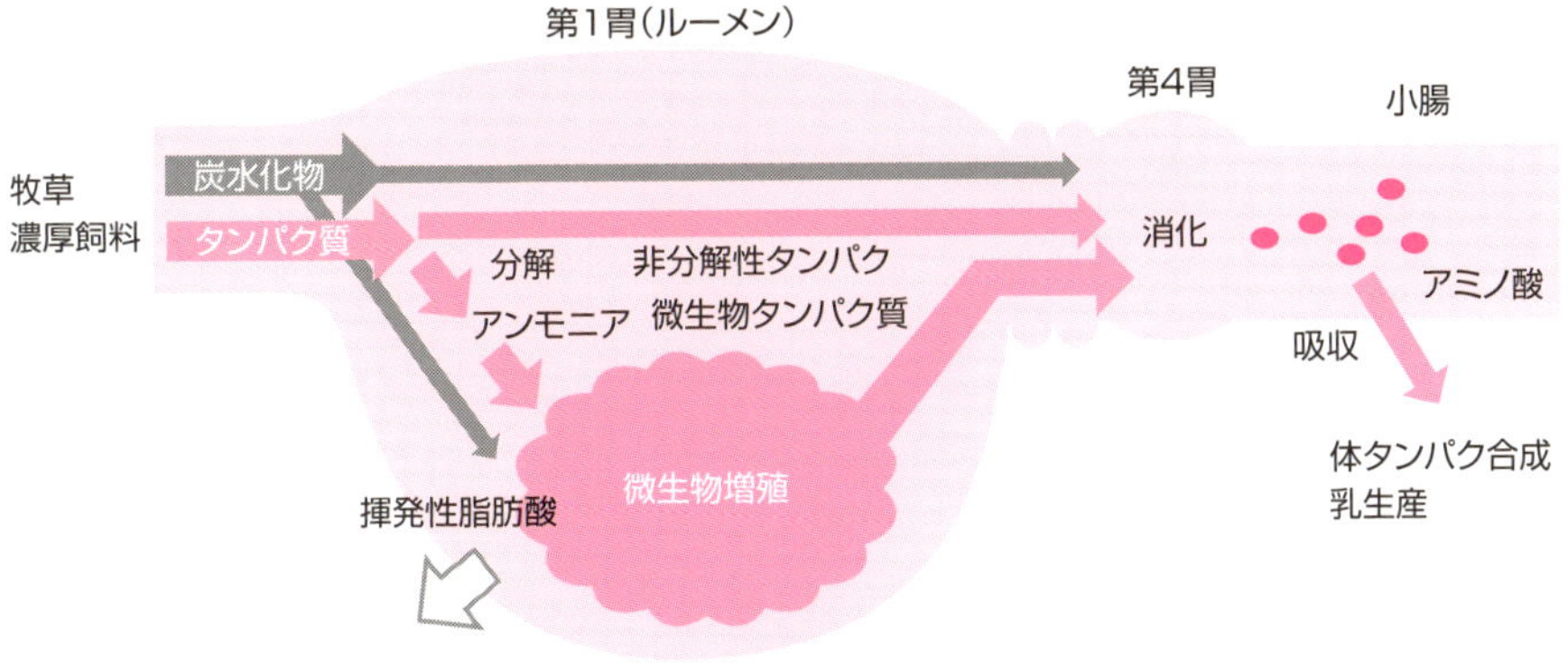

タンパク質100g当たりのアミノ酸含有量（g）

	Lys	Met	Arg	Thr	Leu	Ile	Val	His	Phe	Trp
乳牛体組成	6.4	2.0	6.6	3.9	6.7	2.8	4.0	2.5	3.5	0.6
牛乳	7.6	2.7	3.4	3.7	9.2	5.8	5.9	2.7	4.8	1.5
ルーメン微生物	7.9	2.6	5.1	5.8	8.1	5.7	6.2	2.0	5.1	-
圧ぺんトウモロコシ	3.1	2.0	4.7	3.7	10.9	3.3	4.8	3.1	4.6	0.7
コーングルテンミール	1.7	2.4	3.2	3.4	16.8	4.1	4.6	2.1	6.4	0.5
大麦	3.1	1.5	4.3	2.9	6.0	3.0	4.6	2.3	5.1	1.2
大豆粕	6.3	1.5	7.4	4.0	7.8	4.6	4.7	2.8	5.3	1.3

ルーメン微生物のアミノ酸組成は牛乳に近いが、飼料原料ではリジン（Lys）、メチオニン（Met）が不足しがちである

乳牛でのルーメンバイパスアミノ酸製剤の利用

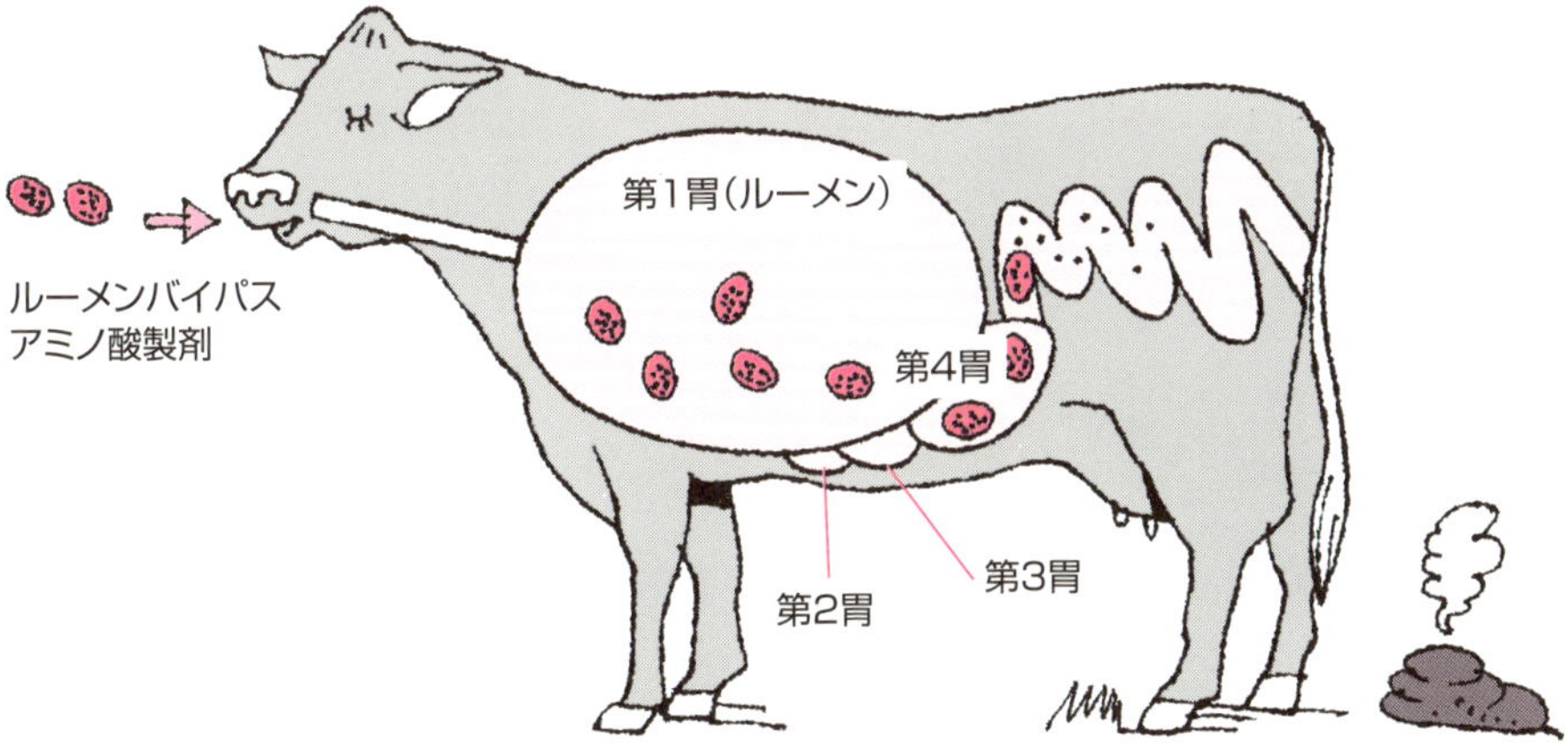

62 肥料としてのアミノ酸の利用

植物に対して多様な作用を持つアミノ酸

人間の体を構成するタンパク質は20種類の生体構成アミノ酸からできていますが、そのアミノ酸の一部（必須アミノ酸）は人間の体内では作り出すことができないため、食事から摂取しなければならない重要な栄養源です。併せてアミノ酸はタンパク質の材料になるだけではなく、人間の健康にとって重要な働きを担っていることがわかっています。

一方、植物にとって外から肥料として与えるアミノ酸にはどのような意味があるのでしょうか。人間とは異なり植物は、タンパク質を構成する20種のアミノ酸を根から吸収した窒素栄養と光合成で生産した炭素源から自ら合成することができます。したがって外部からアミノ酸が供給されなくても、植物は生育することが可能です。しかし、土壌中の窒素栄養が不足している時、天候不順で十分に光合成ができない時、様々なストレスによって根から栄養をしっかりと吸収できない時などは、アミノ酸の施用が有効に働き、植物の生育を助ける、とされています。

一方、近年根や葉面から供給されたアミノ酸は単純にタンパク質合成に使われるだけではなく、植物の免疫機能を高める作用を持つことが報告されています。すなわちアミノ酸の力で、植物の免疫機能を高め、病気を抑制することで減/無農薬栽培が可能になる可能性があります。この他にも、アミノ酸の施用には、果実のおいしさを向上させる効果や、土壌中の微生物の栄養として働くことで豊かな有用土壌微生物層の形成を促す効果があります。

アミノ酸肥料として、各種発酵液と魚汁などの抽出精製液などが知られており、様々な「アミノ酸の効果」をうたった肥料が存在しています。一方で個々のアミノ酸のそれぞれの特徴的な作用に着目した研究はその緒についたばかりであり、今後の発展と農業現場でのさらなるアミノ酸の活用機会の拡大が期待されています。

要点BOX

- ●アミノ酸は植物の根や葉から吸収され利用される
- ●作物にアミノ酸を与えるとストレスに強くなる

植物へのアミノ酸の施用効果

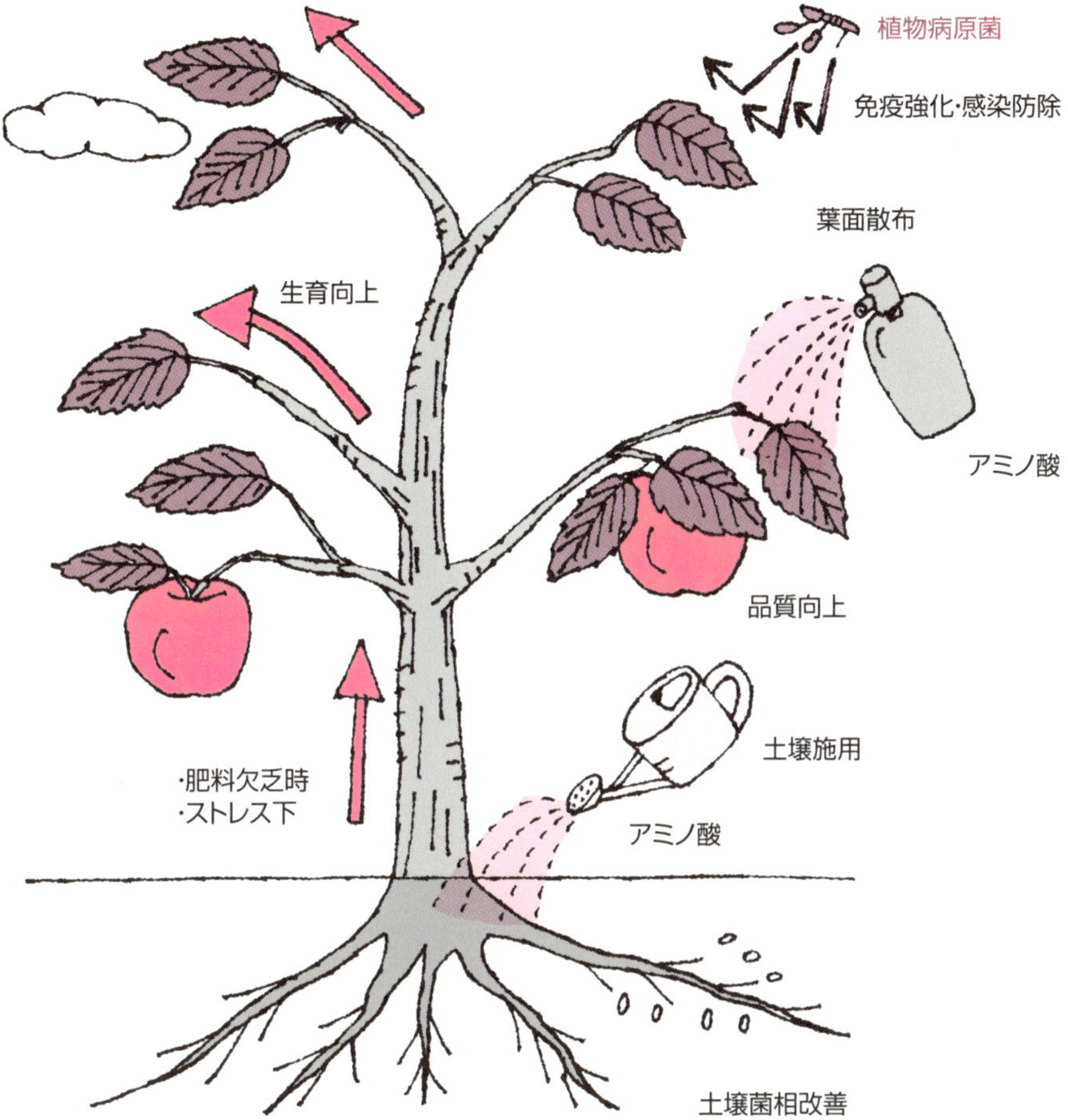

植物の免疫機能を高めるアミノ酸

キュウリ炭そ病

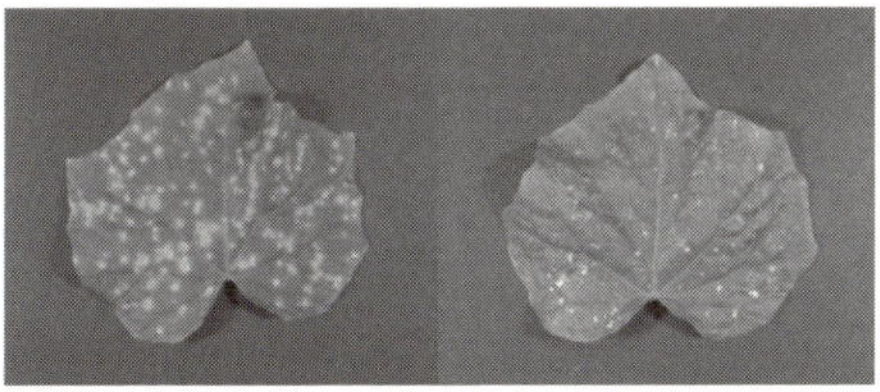

無処理　　　アミノ酸施用

キュウリうどんこ病

無処理　　　アミノ酸施用

63 アミノ酸を菌でつなげる

タンパク質を発酵法で作る

アミノ酸は微生物を用いて発酵法で作られますが、アミノ酸がつながったタンパク質も、発酵法で作ることができます。どうやって目的のタンパク質を作るかというと、アミノ酸がつながる順番をDNAが決めている、という仕組みを利用します。DNAがA・T・Gと並ぶとメチオニンというアミノ酸ができるように、3つのDNAごとにアミノ酸が1つ割り当てられています。この仕組みはすべての生物でまったく同じなので、欲しいタンパク質の配列になるようにDNA配列をつなげて設計図を作ります。この設計図を遺伝子組換え技術を用いて微生物に組み込むことで、目的のタンパク質を生産する菌を作ることができます。

組換えタンパク質の生産に使われる微生物は、大腸菌や酵母など様々な種類があります。味の素㈱では得意のグルタミン酸生産菌を用いて新しいタンパク質生産系も開発してきました。微生物の種類によってそれぞれ異なる特徴があり、また作れるタンパク質の得意・不得意があるので、最適な菌を選択することが重要です。

生産菌ができた後は、アミノ酸発酵と同じように培養条件を最適化して生産量を高める工程、不純物を分離してきれいに精製する工程を経て、目的のタンパク質を取得します。アミノ酸発酵と異なる点としては、タンパク質は高分子であるため、分解や修飾（アミノ酸以外の物質が付くこと）が起きたり、間違った構造のタンパク質ができたり、品質が変わりやすいことが大きな違いです。生産量だけでなく「正しい立体構造」のものを効率的に作る方法を開発することが、タンパク質発酵のポイントです。

タンパク質はアミノ酸のつながり方によってまったく別の機能を持ち、洗剤用の酵素から医薬品の原料まで、様々なタンパク質が発酵法で作られます。微生物は、1分子のアミノ酸から高分子のタンパク質まで作れるので、ものづくりの天才と言えます。

要点BOX

- ●DNAでタンパク質の設計図を書く
- ●タンパク質は「正しい立体構造」が重要!
- ●洗剤用酵素や医薬タンパク質も発酵法で生産

タンパク質発酵の流れ

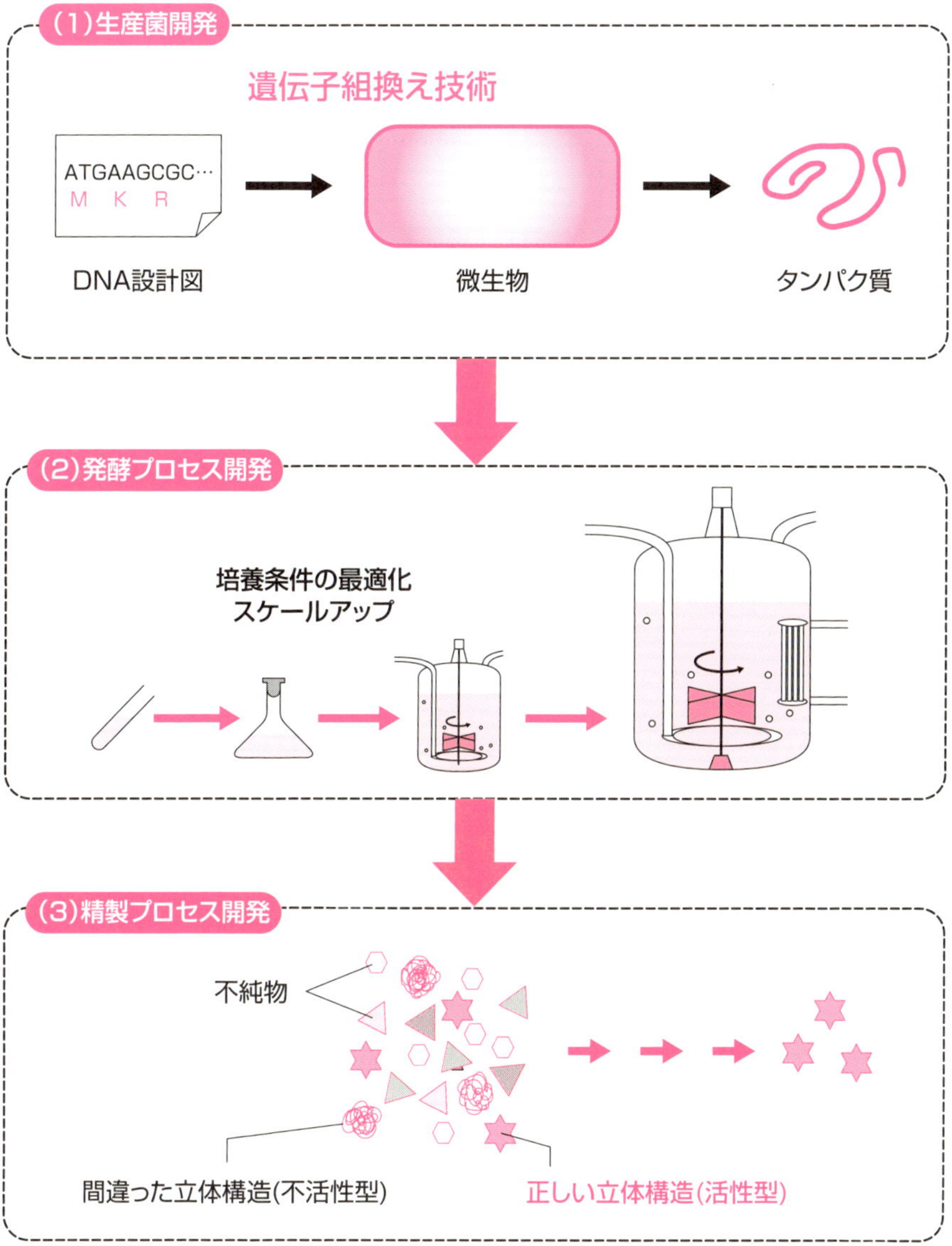

タンパク質が活性を持つためには、
①正しいアミノ酸順序②正しい立体構造が必要

64 アミノ酸のもう1つの世界「D-アミノ酸」

D-アミノ酸の知られざる存在と機能

アミノ酸には左手と右手のように対称な関係のL型とD型が存在します。生体内のアミノ酸はすべてL型であり、D型は存在しないと考えられていましたが、最近、D型のアミノ酸（以下、D-アミノ酸）も生体に存在することが明らかになってきました。さらに、D-アミノ酸はL-アミノ酸とは異なる機能を持っていることがわかってきており、新たな機能成分として注目されています。

D-アミノ酸の一種であるD-セリンは人の脳の中に多く分布し神経伝達を助ける役割をしています。D-アスパラギン酸はホルモンを分泌する臓器に多く分布しており、ホルモンの産生や分泌をコントロールしています。このようにD-アミノ酸は私たちの健康と密接に関連した生体物質であることがわかってきています。腎臓病や肝臓病では血液中のD-アミノ酸が増加することが知られています。また、タンパク質を構成しているアミノ酸はほとんどがL型ですが、老化やストレスによりその一部がD型に変換されることがわかっています。

人以外の生物もD-アミノ酸を活用しています。細菌はD-アミノ酸を自ら生合成することができ、菌体の細胞壁の構成成分として利用しています。菌を利用して製造される発酵食品（チーズ、ヨーグルト、酢、お酒など）の中にはD-アミノ酸が多く含まれています。また、貝やエビ、カニなどもD-アミノ酸を多く持っており、海水中で体内の浸透圧を調節する役割をしていることが知られています。私たちはD-アミノ酸の存在を知るよりもずっと昔からD-アミノ酸を食品から摂取していたのです。

D-アミノ酸の機能はL-アミノ酸に比べるとまだまだ未知なことばかりです。これからD-アミノ酸が私たちの健康な暮らしに役立つ日が来ることを目指して、D-アミノ酸に関する研究が世界中で進められています。

要点BOX

- ●D型アミノ酸とL型は機能が違う
- ●D-アミノ酸は私たちの体の中にも、身近な食品にも含まれている

L-アミノ酸とD-アミノ酸

アミノ酸には左手と右手のように対称な2つの構造がある

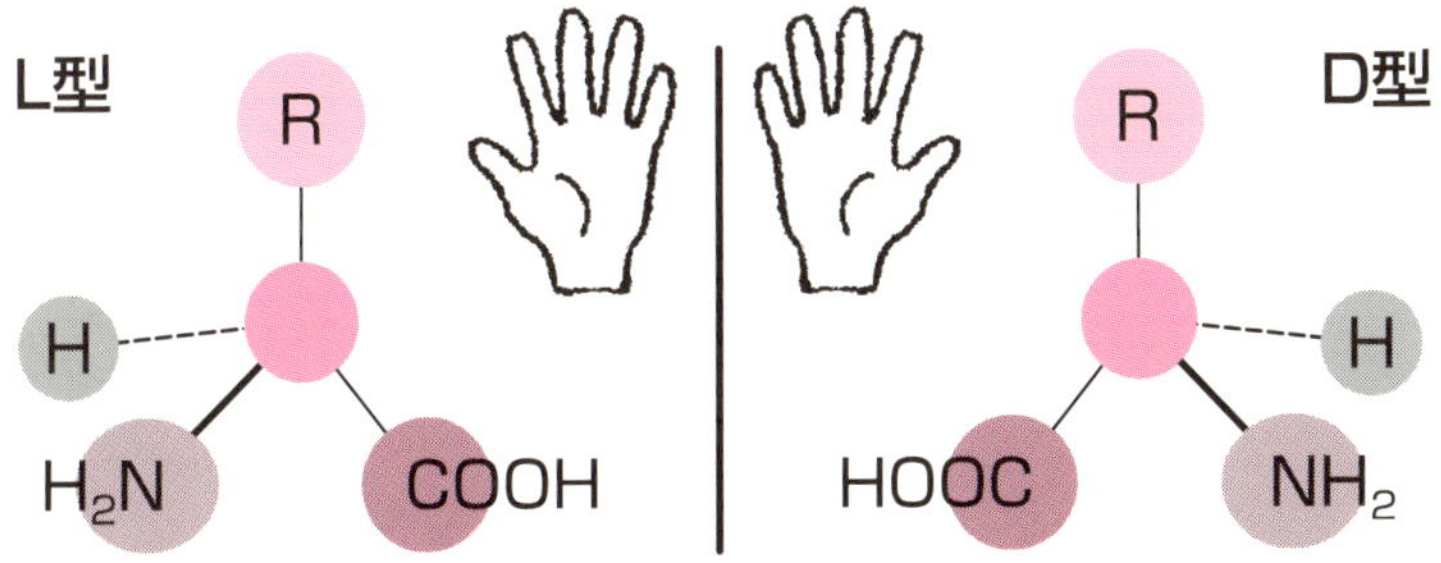

D-アミノ酸の機能

D-セリン	・脳における神経伝達を調節
	・運動の記憶学習に関与
D-アスパラギン酸	・ホルモン分泌調節
	・美肌効果

D-アミノ酸が含まれる食品

	D-アラニン	D-アスパラギン酸	D-グルタミン酸
あさり	371	15.7	2.01
しじみ	881	17.2	2.75
甘えび	282	2.79	0.83
たらばがに	227	8.85	1.58
黒酢	305	72.6	37.1
乳酸菌飲料	2.07	8.34	15.4

(μg/g)：あさり、しじみ、甘えび、たらばがに
(μg/mL)：黒酢、乳酸菌飲料
味の素(株)調べ

Column

ノーベル賞とアミノ酸

２０１６年のノーベル生理学・医学賞を、東京工業大学の大隅良典栄誉教授が受賞されました。オートファジーのメカニズムの解明が受賞の理由です。オートファジーのオートは「自己」、ファジーは「食べる」を意味し、日本語では「自食作用」などと呼ばれるように、オートファジーは、細胞がその細胞内に有する細胞内器官などの自己成分を分解する機能です。この仕組みは、体内でのアミノ酸代謝の重要な部分を担っています。オートファジーによって細胞内のタンパク質が分解され、アミノ酸が取り出されます。取り出されたアミノ酸はエネルギー源として使われたり、またリサイクルされて、新たなタンパク質を作るために使用されます。これは生命体が健康状態を保つためにとても大事な仕組みです。

この現象を初めて発見したのは、ベルギーの細胞生物学者のド・デューブです。彼は１９５３年から１９５５年にかけて細胞内に、タンパク質の分解酵素を含む小器官リソソームを発見し、１９６３年には細胞が自身のタンパク質を小胞としてリソソームと融合し分解する現象をオートファジーと命名しています。ド・デューブも、１９７４年にこの発見によりノーベル生理学・医学賞を受賞しました。

大隈教授は、酵母でオートファジーの存在を観察したことを契機に、オートファジーに必要な14種類の遺伝子を発見し、１９９３年に発表しました。この発表のあと、オートファジーの機構やその役割、また疾患との関係を解明するための研究が一気に進みました。現在では、新たな創薬のターゲットとして盛んに研究がすすめられています。

オートファジーの機能に異常が起こることによって、細胞内に不要なタンパク質などが蓄積して疾患が生じることがわかりました。例えばパーキンソン病、アルツハイマー病、ハンチントン病といった神経変性疾患がその例です。これらに対しては細胞内のオートファジーの活性を上げることによって治療を行おうとする研究が進んでいます。

一方、がん細胞においては、オートファジーが活性化しているものと考えられます。増殖が速いがん細胞はたくさんのアミノ酸を必要とするからです。がん細胞に対しては、オートファジーを阻害することにより死滅させようとする臨床試験が実施されています。

【参考文献】

- 「アミノ酸セミナー」岸恭一、2003、工業調査会
- 「アミノ酸　タンパク質と生命活動の化学」船山信次、2009、東京電機大学出版局
- 「アミノ酸と生活習慣病　最新アミノグラムで探る「いのち」の科学」杤久保修・安東敏彦、2010、女子栄養大学出版部
- 「アミノ酸の科学　その効果を検証する」櫻庭雅文、2004、講談社
- 「アミノ酸の科学と最新応用技術」門脇基二・鳥居邦夫・高橋迪雄、2008、シーエムシー出版
- 「アミノ酸の科学の最前線　－基礎研究を活かした応用戦略－」鳥居邦夫・門脇基二、2014、シーエムシー出版
- 「アミノ酸バイブル－ダイエット・美肌・元気のもと」神谷俊一、2002、三水社
- 「アミノ酸ハンドブック」味の素株式会社、2003、工業調査会
- 「タンパク質・アミノ酸の科学」岸恭一・西村敏英、2007、工業調査会
- 「タンパク質・アミノ酸の必要量―WHO/FAO/UNU 合同専門協議会報告」日本アミノ酸学会翻訳小委員会、2009、医歯薬出版

- 「アミノ酸大百科」味の素株式会社　https://www.ajinomoto.co.jp/amino/
- 「生命活動と暮らしを支えるアミノ酸」日本アミノ酸学会 http://www.asas.or.jp/jsaas/pdf/Aminoacidposter_guide.pdf
- 日本アミノ酸学会HP　http://www.asas.or.jp/jsaas/index.html
- 「日本食品標準成分表2015年版（七訂）」文部科学省HP http://www.mext.go.jp/a_menu/syokuhinseibun/1365295.htm
- 「日本人の食事摂取基準（2015年版）」厚生労働省HP http://www.mhlw.go.jp/stf/seisakunitsuite/bunya/kenkou_iryou/kenkou/eiyou/syokuji_kijyun.html

さ

索引

英・数

あ

か

た

な

は

アミノ酸略号一覧

和名	英名	三文字略号	一文字略号
アスパラギン	Asparagine	Asn	N
アスパラギン酸	Aspartic acid	Asp	D
アラニン	Alanine	Ala	A
アルギニン	Arginine	Arg	R
イソロイシン	Isoleucine	Ile	I
グリシン	Glycine	Gly	G
グルタミン	Glutamine	Gln	Q
グルタミン酸	Glutamic acid	Glu	E
システイン	Cysteine	Cys	C
スレオニン	Threonine	Thr	T
セリン	Serine	Ser	S
チロシン	Tyrosine	Tyr	Y
トリプトファン	Tryptophan	Trp	W
バリン	Valine	Val	V
ヒスチジン	Histidine	His	H
フェニルアラニン	Phenylalanine	Phe	F
プロリン	Proline	Pro	P
メチオニン	Methionine	Met	M
リジン	Lysine	Lys	K
ロイシン	Leucine	Leu	L

●編著者

味の素株式会社

http://www.ajinomoto.com/jp/

●編集委員

小林　久峰	研究開発企画部
不藤　亮介	研究開発企画部

●執筆者（五十音順）

五十嵐　大亮	（いがらし だいすけ）	イノベーション研究所
石井　博治	（いしい ひろじ）	バイオ・ファイン研究所
今泉　明	（いまいずみ あきら）	イノベーション研究所
畝山　寿之	（うねやま ひさゆき）	グローバルコミュニケーション部
大倉　冬美恵	（おおくら ふみえ）	バイオ・ファイン研究所
太田　史生	（おおた ふみお）	甘味料部
岡元　訓	（おかもと さとる）	バイオ・ファイン研究所
梶原　賢太	（かじわら けんた）	ダイレクトマーケティング部
片山　美和	（かたやま みわ）	スポーツニュートリション部
唐川　幸聖	（からかわ さちせ）	イノベーション研究所
河合　美佐子	（かわい みさこ）	イノベーション研究所
北澤　学	（きたざわ まなぶ）	イノベーション研究所
小林　久峰	（こばやし ひさみね）	研究開発企画部
坂井　良成	（さかい りょうせい）	イノベーション研究所
佐藤　斉	（さとう ひとし）	ダイレクトマーケティング部
佐藤　和博	（さとう かずひろ）	知的財産部
四方　菜穂子	（しかた なほこ）	イノベーション研究所
鈴木　克也	（すずき かつや）	イノベーション研究所
惣中　一郎	（そうなか いちろう）	EAファーマ株式会社　研究開発企画部
瀧野　嘉延	（たきの よしのぶ）	バイオ・ファイン研究所
多良　千鶴	（たら ちずる）	バイオ・ファイン研究所
中條　剛具	（ちゅうじょう よしとも）	EAファーマ株式会社　研究開発企画部
外内　尚人	（とのうち なおと）	バイオ・ファイン研究所
飛田　和彦	（とびた かずひこ）	化成品部
二宮　くみ子	（にのみや くみこ）	グローバルコミュニケーション部
中川　一輝	（なかがわ かずき）	バイオ・ファイン研究所
野草　義人	（のぐさ よしひと）	イノベーション研究所
平林　由理	（ひらばやし ゆり）	広報部
藤條　武司	（ふじえだ たけし）	バイオファイン研究所
不藤　亮介	（ふどう りょうすけ）	研究開発企画部
松田　吉彦	（まつだ よしひこ）	バイオ・ファイン研究所
松本　英希	（まつもと ひでき）	イノベーション研究所
水越　利己	（みずこし としみ）	イノベーション研究所
村上　仁志	（むらかみ ひとし）	研究開発企画部
安居　昌子	（やすい まさこ）	イノベーション研究所

今日からモノ知りシリーズ
トコトンやさしい
アミノ酸の本

NDC 464.25

2017 年 3 月 30 日　初版 1 刷発行

©編著者　味の素株式会社
発行者　井水 治博
発行所　日刊工業新聞社
東京都中央区日本橋小網町 14-1
（郵便番号 103-8548）
電話　書籍編集部　03（5644）7490
販売・管理部　03（5644）7410
FAX　03（5644）7400
振替口座　00190–2–186076
URL http://pub.nikkan.co.jp/
e-mail info@media.nikkan.co.jp
印刷・製本　新日本印刷

●DESIGN STAFF
AD ―――――― 志岐滋行
表紙イラスト――― 黒崎　玄
本文イラスト――― 小島サエキチ
ブック・デザイン― 大山陽子
（志岐デザイン事務所）

●
落丁・乱丁本はお取り替えいたします。
2017 Printed in Japan
ISBN　978-4-526-07692-3　C3034